Die wettbewerbsbezogene Abgrenzung
des relevanten Marktes

Europäische Hochschulschriften
Publications Universitaires Européennes
European University Studies

Reihe II
Rechtswissenschaft

Série II Series II
Droit
Law

Bd./Vol. 2850

PETER LANG
Frankfurt am Main · Berlin · Bern · Bruxelles · New York · Oxford · Wien

Michael Schwalba

Die wettbewerbsbezogene Abgrenzung des relevanten Marktes

PETER LANG
Europäischer Verlag der Wissenschaften

Die Deutsche Bibliothek - CIP-Einheitsaufnahme

Schwalba, Michael:

Die wettbewerbsbezogene Abgrenzung des relevanten Marktes / Michael Schwalba. - Frankfurt am Main ; Berlin ; Bern ; Bruxelles ; New York ; Oxford ; Wien : Lang, 2000
(Europäische Hochschulschriften : Reihe 2, Rechtswissenschaft ; Bd. 2850)
Zugl.: Berlin, Freie Univ., Diss., 1999
ISBN 3-631-36112-2

D 188
ISSN 0531-7312
ISBN 3-631-36112-2

Meinen großzügigen Eltern
Manfred und Christa Schwalba

Vorwort

Wer versucht, mit verbundenen Augen auf eine Zielscheibe zu schießen, wird kaum ins Schwarze treffen. Ins Wirtschaftsleben übersetzt bedeutet dies: Wenn ein Unternehmen heutzutage einen Markt bearbeiten will, muß es zunächst umfassende Marktanalysen vornehmen. Ansonsten läuft es Gefahr, ein Produkt an den Bedürfnissen des Marktes vorbei zu positionieren.
Am Anfang solcher Analysen steht die Frage nach den Marktgrenzen. Welche Erzeugnisse zählen zu Konkurrenzprodukten und welche eben nicht ? Diese Frage ist nicht immer eindeutig zu beantworten. Wer eine der EG-Norm entsprechende Banane aus der französischen Karibik-Kolonie Martinique anbieten möchte, wird sich im Klaren darüber sein, daß zu seinen Konkurrenten die Chiquita-Banane zu zählen sein wird. An ihr wird er sich im Preis- und Qualitätswettbewerb zu messen haben. Gelingt es Chiquita, bei gleicher oder überlegener Qualität ihre Banane zu einem günstigeren Preis anzubieten, dann wird es um den Importeur der EG-Banane in aller Regel schlecht bestellt sein. Nicht so einfach zu beantworten ist die Frage nach weniger augenfälligen Substituten. Können günstige Preise bei Weintrauben, Birnen oder Tiefkühl-Pizza bewirken, daß unser Importeur seine EG-Banane nicht mehr absetzen kann ? Weil eben solche Fragen nicht ohne weiteres beantwortet werden können, hat die betriebswirtschaftliche Wissenschaft eine ganze Reihe von mulitvariaten Analysemethoden entwickelt. Diese Verfahren sind von den für Marktabgrenzungen zuständigen Behörden und Gerichten bisher nicht adäquat berücksichtigt worden. Man verläßt sich lieber auf die eigene Sachkunde – ein Blickwinkel der bei einem Unternehmer schnell den Gang zum Konkursgericht zur Folge haben kann.

Die vorliegende Arbeit beschäftigt sich mit den Möglichkeiten, die multivariate Analysemethoden für die systematische Abgrenzung relevanter Märkte bieten. Nach einer ausführlichen Rechtsprechungsanalyse wird ein Verfahren vorgestellt, welches die Strukturen von wettbewerbsbezogenen Märkten basierend auf den von Michael E. Porter (Harvard Business Shool) ertwickelten Grundsätzen transparent macht. Ich habe die Arbeit im Februar 1999 als rechtswissenschaftliche Dissertation an der Freien Universität Berlin eingereicht.

Mein Dank gilt dem Betreuer dieser Arbeit, Herrn Professor Dr. Dr. Franz Jürgen Säcker, durch den die Wahl des Themas maßgeblich beeinflußt wurde. Seine Aufgeschlossenheit gegenüber interdiziplinären Ansätzen und seine kompetenten Anregeungen haben das Ergebnis dieser Arbeit in hohem Maße gefördert. Herrn Professor Dr. Jürgen Pröls danke ich für die Erstattung des Zweitgutachtens.

Meiner lieben Freundin Svenja Pietsch habe ich besonders für ihre zahlreichen medizinischen Erläuterungen bei der Betrachtung der Märkte für Arzneimittel und für das aufmerksame Korrekturlesen zu danken. Herrn Helge Hannaske bin ich für die intensiven volkswirtschaftlichen Diskussionen sehr verbunden, die mein Verständnis der Materie wesentlich verbessern konnten. Last but not least gilt mein Dank den weiteren Korrekturlesern Christa Schwalba, Ute Schwalba sowie Enrice Gonzales Don Schwago.

Kiel, im Dezember 1999

Michael Schwalba

Inhaltsverzeichnis

Kapitel 1: Einführung in Markt und Wettbewerb ... 1

1. Der Begriff des wettbewerbsbezogenen Marktes ... 15

2. Die Verbindung von Markt und Wettbewerb ... 17
a.) Funktionen und Voraussetzungen von freiem Wettbewerb ... 17
aa.) Private Verfügungsrechte ... 18
bb.) Unternehmerische Betätigungsfreiheit ... 19
cc.) Sanktionsmechanismen ... 19
dd.) Wettbewerbsgesinnung ... 19
ee.) Möglichkeit des Marktzutritts ... 20
b.) Marktentwicklung ohne Schutzbestimmungen ... 20
aa.) Entstehungsphase ... 21
bb.) Wachstumsphase ... 21
cc.) Marktreifephase ... 22
dd.) Stagnationsphase ... 23
ee.) Zusammenfassung ... 24
c.) Folgen von Kartell- und Monopolbildung ... 24
aa.) Folgen der Kartellbildung ... 25
bb.) Folgen der Monopolbildung ... 28
d.) Die Entwicklung des Marktbegriffes in der Wirtschaftswissenschaft ... 29
aa.) Der Markt als Wettbewerbsraum für technisch homogene Güter ... 29
bb.) Der Markt als Wettbewerbsraum für substitutive Güter ... 30
(1) Die Theorie der Substitutionslücke ... 30
(2) Die Theorie der Marktbeziehungen ... 31
(3) Bedarfsmarktkonzept ... 31
e.) Ergebnis ... 32

3. Der Schutz des Wettbewerbs vor machtbedingten Beschränkungen ... 33
a.) Mögliche Ansätze staatlicher Wettbewerbspolitik ... 33
b.) Internationale Regelungen zum Schutz des Wettbewerbs ... 34
aa.) Französische Schutzbestimmungen des Wettbewerbs ... 35
bb.) Britische Schutzbestimmungen des Wettbewerbs ... 36
cc.) Wettbewerbsschutz in den USA ... 37
dd.) Europäisches Wettbewerbsrecht ... 40
c.) Das deutsche Recht gegen Wettbewerbsbeschränkungen ... 41
aa.) Historische Entwicklung ... 41
bb.) Schutzbereich ... 43
cc.) Systematik ... 43
dd.) Alleinige Möglichkeit der Mißbrauchskontrolle ... 44

4. Zusammenfassung 45

5. Zum weiteren Aufbau der Arbeit 45

Kapitel 2: Marktabgrenzung in Literatur und Rechtsprechung 47

1. Das Bedarfsmarktkonzept 50
a.) Die Ermittlung der Möglichkeit einer Nachfragesubstitution 50
aa.) Das Konzept des verständigen Verbrauchers 51
bb.) Das Konzept der Kreuzpreiselastizität 52
(1) Modelltheoretischer Ansatz 52
(2) Kritik am Konzept der Kreuzpreiselastizität 53
(3) Unterschiedliche Märkte für Präferenz- und Preisgüter 54
cc.) Marktabgrenzung aus der Sicht der Unternehmenspläne 57
(1) Unternehmenspläne als Indikator für das Bestehen von Marktmacht 57
(2) Unternehmenspläne als Instrument zur Ermittlung von Marktgrenzen 59
(3) Stellungnahme 60
b.) Abgrenzung aufgrund der Möglichkeit einer Angebotssubstitution 61
c.) Abgrenzung mit Hilfe der Wertschöpfung 62
d.) Die Bedeutung von Substituten 63

2. Fehlende Notwendigkeit der Abgrenzung relevanter Märkte 64

3. Fazit 66

Kapitel 3: Branchenbezogene Rechtsprechungsanalyse 67
1. Entscheidungsanalyse - Sachlich relevanter Markt 67
a.) Güter für den privaten Konsum 67
aa.) Nahrungs- und Genußmittel 67
(1) Kreuzpreiselastizität - Chiquita, Pillsbury/Sonnen-Bassermann 67
(2) Qualität - Pilzkonserven 69
(3) Marktstruktur - Unilever/Braun, Mars/ Langnese-Schöller 70
(4) Geschmack - Whisky und Gin 72
(5) Räumliche Marktabgrenzung bei Lebensmitteln 73
bb.) Gebrauchsartikel 74
(1) Elektronische Geräte - Pinoneer Hi-Fi-Geräte 74
(2) Haushaltswirtschaft - Melitta/Kraft, Kampffmeyer/Plange 75
(3) Markenartikel - Maison Jalatte, Henkel/Colgate 76
(4) Luxusartikel - Omega, WMF 77
cc.) Kultur und Sport 79

(1) Musik - Miller , WEA-Filipacchi Music S.A., Rock- und Popkonzerte 79
(2) Künstlerische Darbietungen - RAI/UNITEL 81
(3) Musikinstrumente - BBI/Boosey & Hawkes 82
(4) Sportveranstaltungen - Inter Mailand 82
dd.) Sonstige Konsumgüter 83
(1) Kosmetik und Parfums - Yves Saint Laurent Parfums 83
(2) Hygieneartikel - Johnson & Johnson 84
(3) Spielzeug - Fisher-Price/Quaker Oats Ltd - Toyco 84
(4) Baugrundstoffe - Bockhorner Klinker 85
b.) Pharmazeutische Produkte 86
aa.) Sachliche Marktabgrenzung - Vitamin-B-12, Valium, Fresenius/Schiwa.. 86
bb.) Räumliche Marktabgrenzung - Sandoz 89
c.) Investitionsgüter - Anlagen und Produktionsmittel 89
aa.) Verpackungsmaterial 89
(1) Metall -Continental Can Company Inc. 89
(2) Verbundstoffe - Elopak / Metal Box 90
bb.) Düngemittel - Kali und Salz 91
cc.) Bolzen - Eurofix-Bauco/Hilti 92
dd.) Aggregate - Sachs 93
ee.) Reifen - Michelin 94
ff.) Chemische Verbindungen - ECS/AKZO, Messer Griesheim - Buse 95
gg.) Vitamine - Vitamine 97
hh.) Besonderheiten bei möglicher Angebotssubstitution 99
(1) Industrieanlagen - Tetra-Pak I 101
(2) Kopiergeräte - Olivetti/Canon 103
ii.) Qualität und Verarbeitungsgrad 104
jj.) Besonderheiten von Rohstoffbörsen 104
kk.) Besonderheiten von Verbundgeschäften - Tetra Pak II 105
ll.) Räumliche Marktabgrenzung - Flachglas 107
d.) Handelsunternehmen - Metro-Kaufhof, Coop-Wandmaker 108
e.) Energie - Erdgas Schwaben, Texaco - Zerssen 114
f.) Dienstleistungen 115
aa.) Transport 116
(1) Post - Eilkurierdienste in den Niederlanden 116
(2) Passagierflüge - Aer Lingus/British Midland 117
(3) Massenguttransporte - EATE-Beitrag 118
(4) Seefracht - Reederausschüsse in der Frankreich-Westafrika-Fahrt 119
(5) Flugreservierungen - London European/SABENA 120
bb.) Reisen und Tourismus - TUI-Partnerschaftsbonus, Lufthansa-f.i.r.s.t. 120
cc.) Sonstige Dienstleistungen 122
(1) Navigationssysteme - Decca Navigator Systems 122
(2) Versicherungen - Versicherung von Fernsehreparaturkosten 123
(3) Messen - Expo Dental 123

g.) Medien und Informationen ... 124
aa.) Sachliche Marktabgrenzung ... 124
bb.) Räumliche Marktabgrenzung ... 130
h.) Besonderheiten von Nachfragemacht - Sonderungsverfahren ... 130

2. Konzept einer wettbewerbsbezogenen räumlichen Marktabgrenzung ... 131
a.) Globalisierung von Märkten ... 131
b.) Nationale räumliche Marktabgrenzung in der BRD - BGHZ 131, 107ff. .. 133
c.) Europäische räumliche Marktabgrenzung ... 134
d.) Wettbewerbsbezogene räumliche Marktabgrenzung ... 135

3. Die zeitliche Dimension einer wettbewerbsbezogenen Marktabgrenzung .. 138

4. Zusammenfassung: Katalog allgemeingültiger Kriterien ... 139

Kapitel 4:Die wettbewerbsbezogene Abgrenzung des relevanten Marktes ... 141

1. Schwächen des Bedarfsmarktkonzeptes ... 142
a.) Ausbeutungsmißbrauch und Behinderungsmißbrauch ... 142
b.) Potentieller Wettbewerb ... 146
aa.) Determinanten der Markteintrittsentscheidung ... 146
bb.) Bestimmung der für einen Markteintritt kritischen Kosten ... 148
cc.) Implikationen für eine wettbewerbsbezogene Marktabgrenzung ... 150
c.) Das Konzept des verständigen Verbrauchers ... 151
aa.) Konsumgüter ... 152
bb.) Investitionsgüter ... 155
cc.) Konsequenzen für eine wettbewerbsorientierte Marktabgrenzung ... 156
d.) Zusammenfassung ... 157

2. Konzept einer wettbewerbsbezogenen Marktabgrenzung ... 157
a.) Das Entstehen von Märkten - die Verbraucherseite ... 158
aa.) Die Bedürfnisstruktur eines Individuums ... 160
bb.) Die Nachfrageseite des relevanten Marktes ... 163
cc.) Die Clusteranalyse ... 166
dd.) Zusammenfassung ... 169
b.) Das Marktangebot ... 170
aa.) Die Unvollkommenheit des Angebots ... 170
bb.) Definition der horizontalen Markt-Feld-Dimension ... 170
cc.) Die adäquate Beschreibung von Gütern ... 171
dd.) Die Conjoint-Analyse ... 172
ee.) Anwendungsbereich der Conjoint-Analyse ... 177

c.) Die Abgrenzung des sachlich relevanten Marktes 179
aa.) Die Markt-Feld-Matrix 179
bb.) Austauschbarkeit für einen erheblichen Teil des Marktes 180
cc.) Vereinbarkeit mit der bestehenden Rechtslage 183
dd.) Zusammenfassung 185

Kapitel 5: Anwendbarkeit der Markt-Feld-Matrix in der Praxis 187

1. Nahrungs- und Genußmittel 187
a.) Die Abnehmerseite 187
b.) Das Marktangebot 188
c.) Urteilsanalyse 188
aa.) Chiquita 188
bb.) Mars/Langnese-Schöller 189

2. Gebrauchsartikel 190
a.) Die Abnehmerseite 190
b.) Das Marktangebot 190
c.) Urteilsanalyse 190

3. Pharmazeutische Erzeugnisse 191

4. Kultur und Sport 196
a.) Die Abnehmerseite 196
b.) Das Marktangebot 196
5. Investitionsgüter 197
a.) Abnehmerseite 197
b.) Das Marktangebot 197
c.) Urteilsanalyse 198
aa.) Tetra-Pak II 198
bb.) Vitamine 199

6. Handel 200
a.) Abnehmerseite 200
b.) Das Marktangebot 201
c.) Urteilsanalyse 201

7. Energie 202
a.) Abnehmerseite 202
b.) Das Marktangebot 202
c.) Urteilsanalyse 202

8. Transport 203
a.) Abnehmerseite 203
b.) Das Marktangebot 203
c.) Urteilsanalyse 203

9. Tourismus 204

10. Medien und Informationen 204
a.) Die Abnehmerseite 204
b.) Das Marktangebot 205
c.) Urteilsanalyse 205

11. Einbeziehung der Kriterien ohne Branchenbezug 206

12. Schlußbetrachtung der operationalisiertenMarktabgrenzung 209

Literaturverzeichnis 213

Kapitel 1

Einführung in Markt und Wettbewerb

1. Der Begriff des wettbewerbsbezogenen Marktes

Der Begriff des Marktes hat in vielerlei Art und Weise in unser juristisches Sprachsystem Eingang gefunden. Wir verwenden ihn beispielsweise im Zusammenhang mit der marktwirtschaftlichen Ordnung (§ 1 Satz 2 StabG), mit Marktbeherrschung (§ 19 GWB), mit dem Gemeinsamen Markt (Präambel EGV), mit sozialer Marktwirtschaft und in vielen weiteren Bedeutungen. Die deutschen und europäischen Wettbewerbsgesetze und -verordnungen verwenden den Marktbegriff nahezu ebenso häufig, wobei auch hier der Gebrauch keineswegs einheitlich erfolgt.

Die verschiedenen ökonomischen Definitionen eines Marktes sind mit den in den gesetzlichen Regelungen verankerten Marktbegriffen nur teilweise identisch.

Nach einer allgemeinen betriebswirtschaftlichen Interpretation sind unter einem Markt alle diejenigen potentiellen Kunden zu verstehen, die ein bestimmtes Bedürfnis aufweisen und willens und fähig sind, durch einen Austauschprozeß das Bedürfnis oder den Wunsch zu befriedigen[1]. Eine vergleichbare Reduktion des Marktbegriffes auf die Nachfrageseite läßt sich in den gesetzlichen Regelungen nicht finden.

Im Sinne von § 21 Absatz 3 Nr. 3 GWB ist gleichförmiges Verhalten von Unternehmen dann verboten, wenn es die mit dem Leistungsaustausch verbundenen Beziehungen zu anderen Wirtschaftssubjekten berührt. Es muß dem Verhalten der Anbieter oder Nachfrager ähnlich sein, die in derselben Austauschposition sind und als Alternative für den Austausch geeignet erscheinen. Damit beschränkt sich § 21 Absatz 3 Nr. 3 GWB auf den Leistungsaustausch . Der in dieser Vorschrift enthaltene Marktbegriff ist demzufolge deckungsgleich mit einem allgemeinen volkswirtschaftlichen Marktverständins, welches diesen dort abgrenzt, wo Güterangebot und Investitions- bzw. Konsumnachfrage aufeinandertreffen[2].

---

[1] Vgl. Kotler/Bliemel, Marketing-Management, 8. Auflage, Stuttgart 1995, S. 13.
[2] Vgl. Felderer/Homburg, Makroökonomik und neue Makroökonomik, 5. Auflage, Berlin 1991, S. 74f.

Die Vorschriften über marktbeherrschende Unternehmen sind dagegen nicht auf den bloßen Leistungsaustausch beschränkt. § 19 Absatz 2 Nr. 1 GWB stellt beispielsweise darauf ab, ob ein Unternehmen „wesentlichem Wettbewerb“ ausgesetzt ist. In diesem Zusammenhang erhält der Begriff des Marktes seine Bedeutung erst durch die Verknüpfung mit dem Wettbewerbsbegriff. Die Marktabgrenzung dient im Rahmen dieser Vorschrift dazu, das Objekt der Beherrschung zu umschreiben. § 19 Absatz 3 GWB nennt mit seinen Legalvermutungen eine Reihe von Kriterien, die sich zur Feststellung von Marktmacht eignen.

Nachvollziehbare Kriterien sind auch für den zuvor erforderlichen Schritt der Marktabgrenzung zu fordern, wenn man letztere als verläßliches Rechtsinstrument einsetzen will. Nur auf einer objektiv meßbaren Grundlage kann eine Marktabgrenzung überhaupt sinnvolle Ergebnisse liefern.

§ 19 Absatz 2 GWB spricht in diesem Zusammenhang von einem Markt für eine bestimmte „Art von Waren oder gewerblichen Leistungen“. Objektiv nachvollziehbare Kriterien lassen sich dieser Formulierung freilich nicht entnehmen.

In dieser Arbeit sollen keine Verbrauchermärkte und auch keine Austauschbeziehungen untersucht werden. Unsere Untersuchung wird sich mit der Abgrenzung von wettbewerbsbezogenen Märkten beschäftigen[3]. Unter Wettbewerb wollen wir zunächst allgemein einen Prozeß verstehen, in dem die marktbeteiligten Unternehmen danach streben, durch das Erbringen einer Leistung auf Kosten ihrer Konkurrenten Nachfrage zu gewinnen[4].

Wir können in diesem Zusammenhang a priori feststellen, daß der Begriff eines wettbewerbsbezogenen Marktes drei konstitutive Elemente enthält: die Nachfrager mit ihrem ursprünglichen Bedürfnis, die Anbieter und die gehandelten Güter, die den Reflex der Anbieter auf das Bedürfnis darstellen.

Für die Abgrenzung relevanter Märkte sind zwei Voraussetzungen zu nennen, deren positives Vorliegen als notwendige Bedingung anzusehen ist:

1. Die Marktabgrenzung muß im Hinblick auf den mit ihr verfolgten Zweck sinnvoll sein. Dieses ist nur dann der Fall, wenn sie dazu beitragen kann, Machtkonzentrationen zu messen und so die Ziele der Wettbewerbspolitik zu erfüllen;

[3] Wenn wir im folgenden von Marktabgrenzung sprechen, soll damit also die Abgrenzung von wettbewerbsbezogenen Märkten gemeint sein.
[4] Vgl. Vahlens großes Wirtschaftslexikon, 2. Auflage, München 1994, Band 4, S. 2354.

2. Es muß ein Verfahren operationalisierbar sein, welches die Marktabgrenzung durch die Anwendung weitgehend objektiver Kriterien zu einem verläßlichen Rechtsinstitut machen kann.

Im Rahmen der ersten beiden Kapitel dieser Arbeit werden wir der Frage nachgehen, ob die Marktabgrenzung überhaupt als ein sinnvoller Schritt zum Schutz vor Wettbewerbsbeschränkungen angesehen werden kann. Nachdem dieses positiv festgestellt worden ist, werden wir uns in den nachfolgenden drei Kapiteln mit der zweiten Frage beschäftigen und versuchen, ein auf objektiven Kriterien beruhendes Verfahren zur Marktabgrenzung zu entwickeln.

2. Die Verbindung von Markt und Wettbewerb

Die Marktabgrenzung soll im Rahmen von § 19 GWB und Art. 82 EGV die Feststellung ermöglichen, ob sich ein Unternehmen unabhängig von Wettbewerbern verhalten kann. Wenn ein Marktteilnehmer über eine derart starke Marktstellung verfügt, muß davon ausgegangen werden, daß auf dem betreffenden Markt freier Wettbewerb nicht mehr besteht. In einem solchen Fall erlauben die genannten Vorschriften den Wettbewerbsbehörden, ein Verhalten der marktmächtigen Unternehmen für die Zukunft zu untersagen, wenn es sich als unlauteres Ausnutzen von wirtschaftlicher Überlegenheit darstellt. Nach § 19 Absatz 4 Nr. 1 bis 4 GWB sollen sowohl Abnehmer als auch Mitbewerber vor der mißbräuchlichen Beeinträchtigung durch das Ausspielen wirtschaftlicher Überlegenheit geschützt werden.

Im folgenden wollen wir uns zunächst der Frage zuwenden, warum freier Wettbewerb überhaupt geschützt werden muß. Eine Marktabgrenzung kann nämlich nur dann sinnvoll sein, wenn der ihr übergeordnete Zweck – hier also der Schutz des freien Wettbewerbs – ebenfalls als sinnvoll und wünschenswert anzusehen ist.

a.) Funktionen und Voraussetzungen von freiem Wettbewerb

Freier Wettbewerb führt zu im allgemeinen als positiv bewerteten Ergebnissen, die sich folgendermaßen zusammenfassen lassen[5]:

- **Steuerungsfunktion:** Es wird im Ergebnis ein Angebot bereitgestellt, das den Konsumentenwünschen entspricht;
- **Allokationsfunktion:** Nur der Marktteilnehmer, der zu den günstigsten Konditionen anbietet, wird langfristig bestehen können. Die Anbieter werden da-

[5] Vgl. Berg, Wettbewerbspolitik, in: Bender (Hrsg.), Vahlens Kompendium der Wirtschaftstheorie und Wirtschaftspolitik, 5. Auflage, München 1992, Band 2, S. 239ff. (240).

her die Produktionsverfahren anwenden, die eine optimale Effizienz des Faktoreinsatzes gewährleisten;

- **Innovationsfunktion:** Die Konkurrenz um die Abnehmer führt ebenfalls dazu, daß sowohl Produktionsverfahren als auch die Produkte selbst durch technische Innovation verbessert werden;
- **Verteilungsfunktion:** Auf den Faktormärkten wird eine gerechte Verteilung des Faktoreinkommens gewährleistet;
- **Kontrollfunktion:** Auf eine erfolgreiche Produktinnovation erfolgt regelmäßig eine Imitation durch die Konkurrenz. Dieses führt zu einer Kontrolle von wirtschaftlicher Macht.

Damit diese Funktionen erfüllt werden können, müssen eine Reihe von Voraussetzungen erfüllt sein. Um die Notwendigkeit von staatlicher Überwachung des Wettbewerbsverhaltens der Unternehmen verdeutlichen zu können, ist es zunächst erforderlich, diese Voraussetzungen näher zu untersuchen[6].

aa.) Private Verfügungsrechte

Damit unternehmerische Tätigkeit entstehen kann, bedarf es der Möglichkeit, Güter oder Dienstleistungen von einem Wirtschaftssubjekt auf ein anderes zu übertragen. Erforderlich ist, daß ein Wirtschaftssubjekt das Bedürfnis eines anderen Wirtschaftssubjekts befriedigen kann, sei es in Form von materiellen Gütern oder Dienstleistungen. Hierfür wird das leistende Wirtschaftssubjekt in aller Regel eine Gegenleistung verlangen.

Art. 14 Absatz 1 GG schützt das private Eigentum. Die Möglichkeit über dieses Eigentum zu verfügen, wird im wesentlichen durch das BGB ausgestaltet. Die Verfügung findet nach deutschem Recht durch Einigung und Übergabe im Sinne von § 929 BGB statt und zwar aufgrund eines abstrakt geschlossenen schuldrechtlichen Vertrages. Ursprünglich entsprach es der Grundtendenz des BGB, die freie Entwicklung der Einzelperson und die privaten Eigentumsrechte wie Vertragsfreiheit und die freie Verfügung über die dem einzelnen zugeordneten Rechtsgüter zu gewährleisten. Zusammenschlüsse von Großkapital und die Erkenntnis sozialbedingter Abhängigkeit der Menschen voneinander führten jedoch zu der Überzeugung, daß gegenseitige Rücksichtnahme bei der Ausübung privater Rechte geboten ist. Hierdurch bedingt ist aus der ursprünglichen „unbeschränkten Sachherrschaft“ das sozialgebundene Eigentum im Sinne von Art. 14 Absatz 2 GG geworden[7]. Private Verfügungsrechte sind ein wesentlicher Bestandteil der derzeitigen Wirtschaftsordnung der BRD. Indem Art. 4 Absatz 1 EGV den freien Wettbewerb postuliert, sind auch innerhalb der anderen Mit-

---

[6] Vgl. hierzu auch Berg l.c., S. 243ff.

[7] Vgl. Palandt-Heinrichs, Bürgerliches Gesetzbuch, Kommentar, 56. Auflage, München 1997, Einleitung, Nr. III 3.

gliedsstaaten der Europäischen Gemeinschaft die privaten Verfügungsrechte gewährleistet.

bb.) Unternehmerische Betätigungsfreiheit

Das Streben nach Gewinn im Zusammenhang mit den privaten Eigentumsrechten an den dafür erforderlichen Produktionsfaktoren ist ein konstitutives Element einer marktwirtschaftlichen Ordnung. Erst die Option, mit seinen Produktionsfaktoren in den marktwirtschaftlichen Prozeß einzutreten, eröffnet dem Individuum die Möglichkeit, Gewinne zu erwirtschaften. Durch die Freiheit, mit den eigenen Produktionsfaktoren am Marktprozeß teilzunehmen, wird das Individuum zum Unternehmer. Das Streben anderer Individuen, ebenfalls Gewinne zu erwirtschaften, bewirkt das Entstehen alternativer Angebote. Der Abnehmer erhält hierdurch die Möglichkeit zwischen den Alternativen zu wählen. Er wird, orientiert an Kosten und Nutzen, das für ihn am günstigsten erscheinende Angebot auswählen. Demnach ist unternehmerische Betätigungsfreiheit eine der Grundbedingungen für freien Wettbewerb.

cc.) Sanktionsmechanismen

Alternative Angebote sind eine Folge der freien unternehmerischen Betätigung. Zusätzlich ist aber erforderlich, daß die Anbieter durch den Wettbewerb untereinander auch entsprechend sanktioniert werden. Ein in Produktausgestaltung und Preis marktgerechtes Angebot wird dem Unternehmer einen Gewinn ermöglichen, der ihn in positiver Hinsicht für sein effizientes Angebot sanktioniert. Ein Produkt, das nicht marktgerecht ist, wird dagegen Verluste erzeugen und zumindest mittelfristig einen Marktaustritt durch den Unternehmer bedingen. Dieses ist die Sanktionierung in negativer Hinsicht durch ein ineffizientes Produkt. Auch die Sanktionsmechanismen sind ein wesentliches Merkmal des freien Wettbewerbs. Im Einzelfall können sie durch Subventionen oder durch Marktmacht bedingtes unflexibles Abnehmerverhalten erheblich gestört sein. Das Versagen von Sanktionsmechanismen kann daher ein deutlicher Indikator für auftretende Wettbewerbsstörungen sein.

dd.) Wettbewerbsgesinnung

Um einen dauerhaft beständigen Wettbewerb zu gewährleisten, ist eine wettbewerbsfreundliche Gesinnung der Anbieter erforderlich. Diese erfordert die prinzipielle Bereitschaft, die Konkurrenz allein durch ein leistungsgerechtes Angebot und nicht etwa durch mißbräuchliche Praktiken zu bekämpfen. Weiter ist erforderlich, daß die Anbieter dazu bereit sind, auf kartellartige Absprachen zu verzichten, soweit letztere dazu geeignet sind, den Wettbewerb zu beschränken. Schließlich müssen alle Unternehmer willens sein, das Risiko der eigenen Existenzgefährdung hinzunehmen. Der Markt muß dieses Risiko in ausreichender Weise vergüten.

Häufig ist es eben jener „Spirit of Competition“, der bei der mißbräuchlichen Ausnutzung einer marktbeherrschenden Stellung oder der Kartellbildung fehlt. Diese Art von Wettbewerbsgesinnung bei allen oder auch nur bei der Mehrzahl der Marktteilnehmer vorauszusetzen, ist sicherlich illusorisch. Aufgabe des Staates wird es demnach insbesondere sein, diesen „Spirit of Competition“ gewissermaßen künstlich durch gesetzliche Vorschriften zu erhalten, indem diesem widersprechende Verhaltensweisen grundsätzlich verboten werden. Nur hierdurch kann das Funktionieren des freien Wettbewerbs auf dem betrachteten Markt nachhaltig gewährleistet werden.

ee.) Möglichkeit des Marktzutritts

Wettbewerb erfordert die Möglichkeit für potentielle Konkurrenten, in einen neuen Markt einzutreten. Eine solche ist nur dann gegeben, wenn die bestehenden Eintrittsbarrieren nicht als unüberwindlich erscheinen. Betriebsgrößenvorteile, Erfahrungskurven, Patentschutz, Rohstoffzugang, Kartellbildung, Kundenbindung, Marktaustrittsschranken durch hohe Sunk Costs und viele weitere Gründe können dazu führen, daß die Gefahren und Kosten für einen Markteintritt zu hoch sind. Die hierdurch erzeugte Abschreckung führt dann dazu, daß potentielle Neueinsteiger die erforderlichen Investitionen scheuen, da sie nur unzureichende Gewinne erwarten. Die vorhandenen Anbieter können dadurch hohe Gewinne realisieren. Dieses führt, zum einen durch zu hohe Preise und zum anderen durch das Fernhalten neuer Anbieter, zu einer Verknappung des Angebots und damit zu einer wettbewerbspolitisch unbefriedigenden Situation. Zu hohe Markteintrittsschranken widersprechen damit dem freien Wettbewerb, da sie dessen Funktionen nachhaltig stören.

b.) Marktentwicklung ohne staatliche Intervention

Bisher wurden neben den Vorteilen und Funktionen auch die Voraussetzungen für das Bestehen von freiem Wettbewerb behandelt. Um aber Aussagen über die Notwendigkeit von hoheitlicher Wettbewerbsaufsicht und damit mittelbar auch über die Abgrenzung relevanter Märkte machen zu können, muß zunächst die grundsätzliche Schutzbedürftigkeit des Wettbewerbs positiv festgestellt werden.

Hierzu wollen wir kurz näher auf die vier Phasen einer Marktevolution eingehen[8].

aa.) Entstehungsphase

Der Entstehung eines Marktes geht ein zumindest latent vorhandenes Bedürfnis derjenigen Individuen voraus, die den zu diesem Zeitpunkt noch fiktiven Markt bilden. Dabei ist nicht erforderlich, daß sich die Individuen auch über ihr Bedürfnis bewußt sind. Voraussetzung ist vielmehr, daß letzteres im Falle des Entstehens eines Angebots und entsprechender Kommunikation durch den Anbieter in ihr Bewußtsein rückt.

Wenn ein Unternehmer dieses bisher unbefriedigte Bedürfnis erkennt, wird er hierin eine Chance sehen, da auf diesem Markt noch keine Konkurrenz vorhanden ist. Er wird mit der Suche nach verschiedenen Problemlösungen beginnen und sich für die nach seiner Ansicht beste Alternative entscheiden. Nachdem er sich für eine Lösung entschieden hat, wird er damit beginnen, in diese Richtung Forschung und Entwicklung zu betreiben. Schließlich wird er seinen Prototypen mit Hilfe von Markttests auf die Akzeptanz durch die Verbraucher untersuchen. Nachdem alle diese Vorstadien durchlaufen sind, kommt es zur eigentlichen Markteinführung des innovativen Produktes. Begleitend wird der Unternehmer versuchen, für den von ihm neu entdeckten Markt Zutrittsschranken zu errichten. Dieses können beispielsweise Patente auf die neue Technologie sein.

In dieser Entstehungsphase des Marktes ist der Innovator praktisch Monopolist. Auch wenn potentielle Konkurrenten spätestens seit der Testmarktphase von dem neuen Produkt Kenntnis erhalten haben, werden sie sich auch bei Imitationsabsicht noch in der eigenen Produktentwicklungsphase befinden. Ein nennenswerter Wettbewerb findet in dieser Phase nicht statt.

bb.) Wachstumsphase

Zumindest wenn sich das neue Produkt gut verkauft, ist dieses ein deutliches Marktsignal für potentielle Konkurrenten, die damit beginnen werden, mit Konkurrenzprodukten in den neu entstandenen Markt einzutreten. Hierdurch entsteht Wettbewerb.

Der Markt befindet sich in dieser Phase in einem Wachstumsstadium, da das Nachfragevolumen nach dem neuen Produkt zunächst noch ansteigt. Der Konkurrenzdruck ist noch nicht besonders hoch. Es ist daher ohne weiteres möglich,

[8] Im Rahmen dieser Untersuchung werden wir feststellen, daß sich ein Markt keineswegs „von selbst" im Gleichgewicht hält, wobei auf eine ausführliche Betrachtung im Hinblick auf den Umfang der Arbeit freilich verzichtet werden muß.

den Absatz zu steigern, ohne daß es erforderlich wird, den anderen Anbietern Marktanteile abzunehmen. Wettbewerb findet in diesem Stadium im wesentlichen über den Preis statt. Das Monopol hat sich in ein weites Oligopol verwandelt. In dieser Phase verfügt der Markt über die maximale Anzahl der Marktteilnehmer. Allerdings werden neben den vielen kleineren Anbietern auch Konzerne mit einem großen Produktionsvolumen vertreten sein, so daß der idealtypische Markt der vollständigen Konkurrenz im volkswirtschaftlichen Sinne auch in diesem Stadium nicht gegeben ist. Die großen Anbieter verfügen aus zwei Gründen über erhebliche Vorteile:

- **Erfahrungskurven**: mit jeder Verdoppelung der im Zeitablauf kumulierten Ausbringungsmenge eines Erzeugnisses besteht bei konstanten Geldwerten ein Stückkostensenkungspotential von 20%-30%, bezogen auf den Wertschöpfungsanteil der Erzeugniskosten[9]. Dieses liegt maßgeblich an der fortschreitenden Erfahrung in der Herstellung, der Arbeitsplatzspezialisierung, der verbesserten Kenntnis über die Kundenbedürfnisse und an einem zunehmend effektiver arbeitenden Management;

- **Größendegressionen:** Bei einem höheren Output ist es möglich, Fixkosten für Verwaltung, Management, Marketing und Vertriebssystem auf die größere Stückzahl umzulegen. Dadurch lassen sich diese Kosten leichter und zu einem niedrigeren Endpreis amortisieren.

Durch diese Vorteile der Massenproduktion können die größeren Anbieter ihre Erzeugnisse zu einem niedrigeren Preis als die kleineren Hersteller anbieten, ohne dabei einen kleineren Ertrag realisieren zu müssen.

cc.) Marktreifephase

Nachdem der Markt zunächst durch ein starkes Wachstum geprägt war, wird ein Stadium erreicht, in welchem das Produktionsvolumen der Hersteller die Nachfrage vollständig decken kann. Teilweise existieren sogar Überkapazitäten. Die größeren Unternehmen bieten zu günstigeren Preisen an, als die kleineren Wettbewerber. Letztere spezialisieren sich auf bestimmte Marktsegmente oder treten als Grenzanbieter ganz aus dem Markt aus. Nach und nach beginnen die größeren Anbieter in dieser Phase, ihr Sortiment weiter aufzuspalten und das Produkt mit verschiedenen Zusatznutzen auszustatten. Der Markt erfährt eine Fragmentierung in eine Vielzahl kleinerer Marktsegmente. Hierdurch kann zwar das gesamte Marktvolumen nicht mehr gesteigert werden, aber es ist möglich, Nachfrage von Konkurrenzanbietern durch eine bessere Befriedigung des Abnehmerbedürfnisses auf das eigene Produkt umzulenken.

[9] Vahlens Großes Wirtschaftslexikon l.c., Band 1, S. 577f.

Wettbewerb findet in dieser Phase also neben dem Preis hauptsächlich über implementierte Zusatznutzen statt. Durch das Eindringen der Großanbieter in die bisher schützenden Marktsegmente geraten die kleineren Anbieter schließlich auch hier unter Druck. Viele werden zum Marktaustritt gezwungen. Nur wenigen wird es gelingen, durch einen einmaligen Zusatznutzen ein Markseg-ment dauerhaft zu besetzen.

In der Marktreifephase beginnt ein starker Konzentrationsprozeß. Das weite Oligopol wandelt sich in ein immer weniger Marktteilnehmer beinhaltendes enges Oligopol.

dd.) Stagnationsphase

Schließlich stagniert oder fällt das Nachfragevolumen des Marktes. Dieses liegt an einem fallenden Gesamtbedürfnisniveau oder an einer die alte Technologie ersetzenden Produktinnovation. Manchmal pendelt sich das Marktvolumen auf einem bestimmten Nachfrageniveau ein, auf dem es Jahrzehnte lang bestehen bleiben kann.

In dieser Phase existiert im wesentlichen nur noch ein enges Oligopol von einigen Großanbietern. Diese betreiben zum Teil einen harten Verdrängungswettbewerb, so daß am Ende nur noch ein den Markt beherrschender Marktführer übrigbleibt. Dann ist aus dem engen Oligopol ein Monopol geworden.

Häufig ist ein solcher Existenzkampf mit enormen Kosten verbunden, da auch die übrigen Großanbieter über starke finanzielle und personelle Ressourcen verfügen. Diese werden oft allein aus Prestigegründen dazu bereit sein, die auf dem betreffenden Markt operierende Geschäftseinheit intern zu subventionieren. In einem solchen Fall erscheint es den Marktteilnehmern regelmäßig angebracht, in einem gefundenen Orientierungspunkt zu verharren und den status quo nicht zu gefährden. Diese Situation ermöglicht dann allen Marktteilnehmern dauerhaft solide Gewinnaussichten. Eine Motivation zur Produktverbesserung ist nicht gegeben, da eine solche einen ruinösen Wettbewerbskrieg auslösen könnte.

Durch Marktsignale verständigen sich die verbleibenden Wettbewerber und versuchen, den anderen Marktteilnehmern notwendig gewordene Maßnahmen nahezubringen. Die Gefahr, daß ein gesetzlich gerade noch zulässiges bewußtes Parallelverhalten so in Absprachen einmündet, ist außerordentlich groß. Eine Kartellbildung wird geradezu induziert.

ee.) Zusammenfassung

Der Markt ist demnach einem evolutionären Prozeß unterworfen. Nach der Pionierarbeit eines innovativen Unternehmens bildet sich schnell ein umfassender Wettbewerb heraus. Diese Phase ist jedoch nur ein Durchgangsstadium, welches über zunehmende Konzentration zur Monopolbildung oder einer die Kartellbildung induzierenden Situation führt.

In der klassischen Marktformenlehre werden idealtypische Märkte unterschieden, die durch vollkommenen Wettbewerb einerseits und durch monoplistische Strukturen andererseits gekennzeichnet sind[10]. Die verschiedenen Marktphasen zeigen jedoch, daß diese Marktformen keineswegs stabil sind. Der Markt weist in der Entstehungs- und frühen Wachstumsphase Strukturen auf, die der vollkommenen Konkurrenz ähnlich sind. Im Laufe seiner Evolution bewegt er sich jedoch allmählich auf das Stadium des engen Oligopols zu, welches einer monopolistischen Situation am nächsten kommt. Demzufolge ist der Wettbewerb in der wirtschaftlichen Realität zumeist unvollkommen. Die Kategorien der Marktformenlehre vermögen diesen, sich in Marktphasen vollziehenden Bewegungsablauf nur unvollständig zu erfassen[11].

Dem marktwirtschaftlichen System ist damit ein folgenschwerer Widerspruch immanent: Freier Wettbewerb wird allgemein als Ordnungs- und Machtkontrollinstrument beschworen; trotz dessen versuchen die Marktteilnehmer nach besten Kräften, dieses Kontrollsystem im eigenen wirtschaftlichen Interesse aufzuheben. Die Konkurrenten sind also im Widerspruch zum eigentlich geforderten „Spirit of Competition“ darum bemüht, Kartelle oder verschiedene Kartellersatzformen zu bilden, um sich noch erfolgreicher am Markt durchsetzen zu können.
Insgesamt können wir feststellen, daß zwischen Marktform und Wettbewerb ein untrennbarer Zusammenhang besteht: Mit der sich wandelnden Intensität des Wettbewerbs wechselt auch die Marktform von vollständiger Konkurrenz zum engen Oligopol oder Monopol. Abbildung 1-1 verdeutlicht noch einmal die vier verschiedenen Marktphasen.

c.) Folgen von Kartell- und Monopolbildung

Die wettbewerblichen und volkswirtschaftlichen Folgen der Kartellbildung sind nicht allgemeingültig prognostizierbar. Sie hängen von der dadurch entstandenen Marktstruktur ab.

---

[10] Auf nähere Ausführungen muß an dieser Stelle im Hinblick auf den Umfang der Arbeit verzichtet werden. Zur Marktformenlehre vgl. Willeke, Marktformen, in: HdSW, Bd. 7, Stuttgart 1961, S. 136ff.
[11] Vgl. hierzu auch Gloy - Gloy l.c., § 19, Rn. 15.

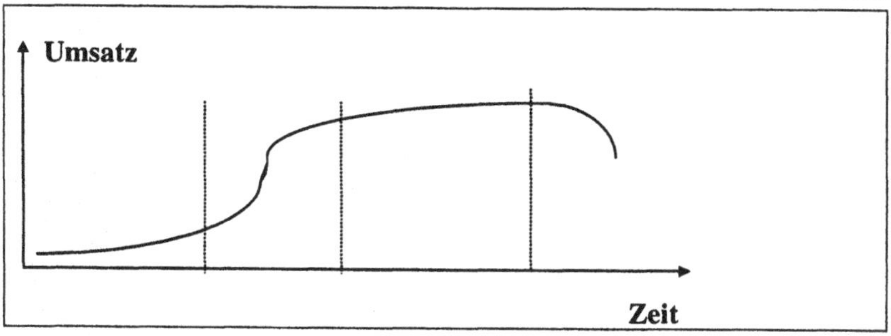

Phase:	I	II	III	IV
	Entwicklung	Wachstum	Sättigung	Stagnation
	Kein Wettbewerb	Preiswettbewerb	Nichtpreiswettberb	Verdrängung o. Kartell
	Monopol	Weites Oligopol	Enges Oligopol	Monopol o. Kartell

Abbildung 1-1: Die vier Marktphasen

Monopole dagegen sind in aller Regel für Wettbewerb und Volkswirtschaft nachteilig. Um die Notwendigkeit von hoheitlichem Wettbewerbsschutz verdeutlichen zu können, ist es erforderlich, die Folgen von Kartell- und Monopolbildung zu erläutern.

aa.) Folgen der Kartellbildung

Die Folgen der Kartellen sind nicht zwangsläufig negativ. Es ist durchaus möglich, daß ein Zusammenschluß von Unternehmen eine Reihe von sogar wünschenswerten Vorteilen mit sich bringt.

Die Kooperation mehrerer kleiner oder mittelständischer Unternehmen kann beispielsweise dem Wettbewerb zuträglich sein. Diese können sich durch die Zusammenarbeit die Vorteile von großen Konzernen nutzbar machen. Dadurch sind sie langfristig für den nationalen und internationalen Wettbewerb besser gerüstet. Dieses gilt insbesondere für den Außenhandel, der in der Form von direktem Im- und Export große Mengen an Kapital dauerhaft bindet. Vorher bestehende Wettbewerbsnachteile, die durch zu geringe Unternehmensgrößen bedingt waren, können hierdurch ausgeglichen werden.

Dieses entspricht dem von Lujo Brentano und John Kenneth Galbraith entwikkelten Gegenmachtprinzip, nach welchem Marktmacht von großen Konzernen nur durch eine entsprechende Gegenmacht kontrolliert werden kann: Eine Machtkonzentration in Form unausgewogener Marktverhältnisse wird durch Interessenorganisation von Konsumenten oder kleineren Konkurrenten ausgeglichen[12]. Wenn nach der vertraglichen Vereinbarung weiterhin ausreichender Wettbewerb auf den betreffenden Märkten gesichert ist, bestehen gegen derartige Kartelle keine Bedenken.

Als Beispiel aus der europäischen Rechtspraxis kann die Transocean Marine Paint Association genannt werden, deren Mitglieder Farbenhersteller von kleinerer Unternehmensgröße sind. Diese Vereinigung wurde gegründet „zu dem Zweck, ihren Mitgliedern die Möglichkeit zu eröffnen, neben den von ihnen individuell hergestellten und vertriebenen Schiffsfarben spezielle Farben unter Ausnutzung des gemeinsamen Erfahrungsschatzes zu entwickeln, auf Grund einheitlicher Rezepte herzustellen, in derselben Aufmachung und unter demselben Warenzeichen zu vertreiben und sich durch diese Zusammenarbeit ein weltweites Absatzgebiet zu erschließen.“[13]

Durch ein einheitliches Auftreten am Markt haben diese Unternehmen also versucht, zu den großen Anbietern aufzuschließen. Die Kommission führt hierzu aus: „Die Mitglieder der Vereinigung stehen nach wie vor in einem lebhaften Wettbewerb mit anderen Schiffsfarbenherstellern, die dank ihrer Unternehmensgröße und internationalen Verflechtungen über ein weltweites Vertriebsnetz verfügen.“[14] In der Verlängerung der Freistellung nach Art. 81 Absatz 3 EGV sieht die Kommission die Vereinigung der kleineren Anbieter als „ein geeignetes und erforderliches Mittel, das Warenangebot zu bereichern, die Absatzstruktur im Schiffsfarbensektor zu verbessern und (um) in einen intensiveren Wettbewerb mit den großen Schiffsfarbenherstellern zu treten.“[15] Der Belebung des Wettbewerbs stehe auch kein drohendes Marktungleichgewicht gegenüber: „Bei einem Marktanteil von unter 10% und dem Vorhandensein einer Reihe anderer, größerer und stärkerer Anbieter werden keine Möglichkeiten eröffnet, den Wettbewerb für einen wesentlichen Teil der betreffenden Waren auszuschalten.“[16]

---

[12] Vgl. Vahlens Großes Wirtschaftslexikon l.c., Band 2, S. 758f.
[13] Kommission, Transocean Marine Paint Association, Slg. 1964-1972, S. 33ff. (34).
[14] Kommission, Transocean Marine Paint Association, Slg. 1973-1980, S. 56ff. (57).
[15] Kommission l.c., S. 705ff. (706).
[16] Kommission l.c.

Die Vorteile eines solchen Zusammenschlusses können auch darin liegen, daß aufwendige Vorhaben in Forschung und Entwicklung überhaupt erst möglich werden, oder daß es allein durch die Kooperation ermöglicht wird, auf anderen Märkten bestehende Marktbarrieren zu überwinden. Dann können Kartelle sogar einen Innovationsprozeß auslösen.

Wenn durch Kartelle Kosteneinsparungen realisiert werden können, führt dieses, bei weiterhin am Markt bestehendem Wettbewerb, zu einer verbesserten Allokationseffizienz und zur Weitergabe von eines Teils der Einsparungen an den Verbraucher. Hierin ist ein durch die Kartellbildung ausgelöster Sozialisierungsprozeß zu sehen.

Schließlich werden speziellen Kartelltypen weitere Vorteile zugeschrieben, die zu einer Ausnahme vom grundsätzlichen Kartellverbot nach § 1 GWB führen können[17].

Gegen all diese Vorteile sind aber gravierende wettbewerbstheoretische Bedenken abzuwägen. Ein Kartell bindet seine Mitglieder an die ex-ante festgelegten vertraglichen Bedingungen. Im Gegensatz zum freien Markt bildet sich das unternehmerische Verhalten nicht als eine Reaktion auf die sich wandelnden Marktbedingungen heraus, sondern ist bereits vorher vertraglich festgelegt worden. Dabei werden vom Kartellvertrag regelmäßig bestimmte Verhaltensweisen, wie zum Beispiel Preisunterbietung, Mengenerweiterung oder Produktdifferenzierung ausgeschlossen. In diesen Bereichen wird damit der Innovationsprozeß gehemmt. Die Entwicklung effizienterer Verfahren wird durch festgelegte Quoten oder sonst abgestimmtes Verhalten überflüssig. Dadurch kommt es zu negativen Auswirkungen im volkswirtschaftlichen Faktoreinsatz und es werden demzufolge keine Einsparungen realisiert, die in Form von Preisreduzierungen an den Verbraucher weitergegeben werden könnten[18].

Funktionierender Wettbewerb ist weiterhin durch eine Vielzahl von unternehmerischen Ideen gekennzeichnet, deren Umsetzung entweder in positiver oder in negativer Hinsicht sanktioniert wird[19]. Letztlich kommt es dazu, daß sich die besten Alternativen für Hersteller und auch Verbraucher am Markt durchsetzen. Sind die Möglichkeiten zur Umsetzung von Ideen allerdings von vornherein begrenzt, so ist nicht mehr gewährleistet, daß die beste Lösung überhaupt entwickelt wird. Die Summe der unternehmerischen Ideen nimmt im Kartell ab, was zu einem erheblichen Nachteil gegenüber anderen Volkswirtschaften führen kann.

---

[17] Vgl. hierzu die Auflistung von Berg l.c., S. 278ff.
[18] Vgl. auch hierzu Berg l.c., S. 281.
[19] Vgl. hierzu die Ausführungen oben in diesem Kapitel Nr. 2 a.) cc.).

Die größte Gefahr der Kartellbildung liegt aber in dem Entstehen wirtschaftlicher Macht. Der Idealfall, daß sich Kartelle aus ansonsten marktunterlegenen Unternehmen entwickeln, ist keineswegs die Regel. Häufig kommt es zur Kooperation von ohnehin großen Unternehmen, die einen ruinösen Wettbewerbskampf mit ähnlich ressourcenstarken Konkurrenten vermeiden wollen. Aus bisher großen Marktteilnehmern werden so übermächtige Partnerschaften, die im Extremfall zur Bildung von Syndikaten führen können. Normalerweise würden zu hohe Kartellpreise zum Eintritt von Neuanbietern führen, die ihrerseits an dem hohen Preisniveau partizipieren wollen. Dieses würde wiederum zu einem Sinken der Preise führen. Übermächtige Kartelle verfügen allerdings allein durch ihre Existenz über ein derartiges Bedrohungspotential, daß sie häufig eine den Eintritt von Neuanbietern verhindernde Barriere darstellen.

Auch die im Rahmen der §§ 2-7 GWB genannten Kartelle mit Ausnahmemöglichkeit haben keineswegs nur Vorteile, weil sie zu einer Beseitigung von Angebotsüberschneidungen, mangelndem Anreiz zur Preisunterbietung und fehlender Flexibilität führen können.

Hieraus wird deutlich, daß Kartelle zwar im Hinblick auf den Wettbewerbsprozeß, für die Volkswirtschaft und den einzelnen Verbraucher von Vorteil sein können. Die Gefahren, die in der Kartellbildung liegen, sind aber ungleich größer. Übermächtige Kartelle werden kleinere Konkurrenten schnell vom Markt verdrängen und bringen wettbewerbstheoretisch eine Vielzahl von Nachteilen mit sich. Eine genaue Beobachtung von vertraglichen Vereinbarungen zwischen rechtlich selbständigen Unternehmen ist damit zum Schutz des Verbrauchers vor dem mißbräuchlichen Ausnutzen von wirtschaftlicher Macht erforderlich. Letzteres ist bereits dann gegeben, wenn Kosteneinsparungen nicht in Form von Preissenkungen an den Verbraucher weitergegeben werden und die Konsumentenrente damit von den Unternehmen abgeschöpft wird.

bb.) Folgen der Monopolbildung

Im Gegensatz zu Kartellen sind Monopole praktisch immer für Wettbewerb, Volkswirtschaft und Konsumenten von Nachteil.

Eine Ausnahme hiervon bilden allein die sogenannten „natürlichen Monopole“, die durch stark subadditive Kostenverläufe und hohe Austrittsverluste dazu führen sollen, daß der Verbraucher von einem monopolisitischen Anbieter besser bedient werden kann, als von mehreren konkurrierenden Anbietern. Die tatsächliche Existenz derartiger Monopole ist umstritten und kann in ihren Einzelheiten nicht Gegenstand der folgenden Betrachtungen sein.

Das klassische Monopol ist durch eine Vielzahl von Nachfragern, aber nur einen einzigen Anbieter gekennzeichnet. Für das auf dem Markt gehandelte Gut gibt es keine nennenswerten Substitute, und der Preis des Gutes unterliegt allein dem Einfluß des Anbieters.
Als alleiniger Anbieter muß es nicht das vornehmliche Ziel des Monopolisten sein, seine Kosten zu minimieren. Trotz dessen wird auch der Monopolist in aller Regel nach einer Gewinnmaximierung trachten. Bei einer gewinnmaximalen Preisbildung des Monopolisten kommt es allerdings zu einer Unterversorgung der Volkswirtschaft bei gleichzeitiger Festsetzung eines zu hohen Preises[20].
Wettbewerb findet in dieser Situation überhaupt nicht mehr statt. Es besteht für den Monopolisten kein Anreiz zur Produktinnovation, da er keine Vorteile gegenüber seinen Konkurrenten zu gewinnen braucht. Schließlich besteht keine besondere Motivation zur Einsparung von Ressourcen, weil sich Verschwendungen über den hohen Preis wieder ausgleichen lassen. Das einseitige Abhängigkeitsverhältnis führt darüber hinaus zum Entstehen von erheblicher wirtschaftlicher Macht.

d.) Die Entwicklung des Marktbegriffes in der Wirtschaftswissenschaft

Bisher wurde festgestellt, daß ein Markt einer kontinuierlichen Entwicklung unterworfen ist, die im Ergebnis regelmäßig zu Kartell- oder Monopolbildung führen wird. Um den Grad des fortschreitenden Konzentrationsprozesses bestimmen zu können, ist es notwendig den Markt als Beherrschungsobjekt zu definieren. Für die Abgrenzung des Marktes sind weitgehend objektiv operationalisierbare Kriterien zu fordern[21]. Bevor wir uns mit den Möglichkeiten, einen Markt vor Beschränkungen des Wettbewerbs zu schützen, auseinandersetzen, wollen wir zunächst untersuchen, ob die Wirtschaftswissenschaften bisher objektiv nachvollziehbare Kriterien zu einer praktikablen Marktabgrenzung liefern können.

aa.) Der Markt als Wettbewerbsraum für technisch homogene Güter

Ein gemeinhin als „Industrie-Konzept“ bezeichneter Ansatz geht davon aus, daß Wettbewerb auf einem Markt zwischen in physikalisch-technischer Hinsicht homogenen Gütern stattfindet[22]. Alle in dieser Hinsicht homogenen Güter sind damit einem gemeinsamen relevanten Markt zuzuordnen.

---

[20] Hierbei handelt es sich um den sogenannten Cournot`schen Punkt; vgl. Herberg, Preistheorie - Eine Einführung, 3. Auflage, Stuttgart 1994, S. 271ff.
[21] Dieses haben wir bereits eingangs festgestellt; vgl. oben in diesem Kapitel Nr. 1.
[22] Vgl. Marshall, Principles of Economics, 8. Auflage, London 1956, S. 84f.

Zur Abgrenzung relevanter Märkte im Sinne unserer Untersuchung vermag ein solches Konzept freilich wenig beizutragen, weil sich die von uns geforderte Homogenität gerade nicht auf physikalisch-technische Komponenten der gehandelten Güter beziehen soll[23]. Wir sind vielmehr auf der Suche nach einem Marktbegriff, der den Markt als einen Raum von bestehenden Wettbewerbsbeziehungen auch zwischen heterogenen Gütern definiert.

bb.) Der Markt als Wettbewerbsraum für substitutive Güter

Die in der Wirtschaftswissenschaft überwiegende Ansicht geht davon aus, daß sich ein Markt aus denjenigen Gütern zusammensetzt, die sich in einem gewissen Maße durcheinander substituieren lassen. Im Rahmen dieses Konzeptes wurden verschiedene methodische Ansätze vertreten, die wir auf ihren Aussagegehalt für unsere Betrachtung untersuchen wollen.

(1) Die Theorie der Substitutionslücke

Nachdem es einer allgemeinen Ansicht entsprach, daß die Güter eines einheitlichen Marktes nicht aufgrund einer physikalisch-technischen Ähnlichkeit bestimmt werden können, stieß man schnell auf die Schwierigkeit, die auf einem gemeinsamen Markt vorhandenen Güter adäquat zu beschreiben. Namentlich Joan Robinson begegnete dem Problem, Monopole exakt zu bestimmen, weil sie die bezüglich der Preisbildung zu untersuchenden Güter nicht genau definieren konnte[24]. Ihre „Theorie der Substiturionslücke" beruht auf der Überlegung, daß alle Konsumgüter insgesamt in Konkurrenz um das Haushaltsbudget der Konsumenten stehen. Alle diese Güter bilden hiernach eine Substitutionskette, die durch sogenannte Substitutionslücken unterbrochen wird. Nach dieser Ansicht ist ein relevanter Markt dort abzugrenzen, wo eine Substitutionslücke besteht. Mit anderen Worten: Die Substituionsmöglichkeiten müssen innerhalb eines relevanten Marktes möglichst groß und zwischen den einzelnen Märkten möglichst gering sein.

Für die Abgrenzung relevanter Märkte im Einzelfall sind damit freilich keine objektiven Kriterien gewonnen. Wie genau die Substitutionslücken zu bestimmen sind, wird von Robinson nicht präzise beantwortet. Wir können allerdings feststellen, daß dieser Ansatz signifikante Parallelen zu dem aus dem Marketing

---

[23] Wir werden später feststellen, daß sich das Homogenitätskriterium auf das Austauschbarkeitsurteil der Verbraucher beziehen muß; vgl. unten Kapitel 4, Nr. 2 a.) bb.). Im übrigen wird auch von der Rechtsprechung eindeutig konstatiert, daß es bei der Abgrenzung relevanter Märkte nicht um die Bestimmung homogener Güter im physikalisch-technischen Sinn gehen kann; vgl. z.B. für die pharmazeutischen Erzeugnisse Nr. 1 b.) aa.) in Kapitel 3.

[24] Vgl. Robinson, The Economics of Imperfect Competition, 2. Auflage, London 1969, S. 4f.

stammenden Verfahren der Marktsegmentierung aufweist. Unter Marktsegmentierung wird die analytische Aufteilung eines Absatzmarktes in intern homogene und extern heterogene Submärkte verstanden[25]. Bei dem späteren Versuch, die Marktabgrenzung anhand von objektiven Kriterien zu operationalisieren, werden wir daher auf den Begriff der Marktsegmentierung zurückkommen[26].

(2) Die Theorie der Marktbeziehungen

Heinrich von Stackelberg geht von der Existenz annähernd vollkommener Elementarmärkte aus, deren wesentliches Kennzeichen das Fehlen von sachlichen, persönlichen, räumlichen und zeitlichen Präferenzen der Abnehmer ist[27]. Dabei sieht er den Elementarmarkt als größten vollkommenen Teil eines übergeordneten Gesamtmarktes an. Der Gesamtmarkt seinerseits ist durch die Existenz von Substitutionsbeziehungen und damit verbundenen unterschiedlichen Präferenzen der Abnehmer unvollkommen.

Indem Stackelberg die Homogenitätsbedingung im Sinne einer Abwesenheit von sich unterscheidenden Verbraucherpräferenzen interpretiert, setzt er implizit voraus, daß die Abnehmerseite des Marktes vergleichbare Konsumpräferenzen hat. Demzufolge müssen nach seiner Ansicht Konsumenten mit unterschiedlichen Präferenzen verschiedenen Elementarmärkten zuzuordnen sein. Diese in der Schlußfolgerung Stackelbergs enthaltene Annahme wird bei der Entwicklung der operationalisierten Marktabgrenzung im vierten Kapitel einer eingehenden Betrachtung unterzogen werden[28].

(3) Bedarfsmarktkonzept

Das Bedarfsmarktkonzept ist auf die Überlegungen von Helmut Arndt und Lawrence Abbott zurückzuführen. Ihre Betrachtung sieht alle diejenigen Güter als einem gemeinsamen Markt zugehörig an, die dazu geeignet sind, einen bestimmten gesellschaftlichen Bedarf zu decken[29]. Zur Feststellung, ob bestimmte Güter zur Deckung eines einheitlichen Bedarfs geeignet sind, wurden insbesondere die Kreuzpreiselastizität oder die Analyse der konjekturalen Unterneh-

---

[25] Vgl. Vahlens Großes Wirtschaftslexikon l.c., Band 3, S. 1409.
[26] Vgl. unten in Kapitel 4 Nr. 2 a.) bb.).
[27] Vgl. Stackelberg, Marktform und Gleichgewicht, Wien 1934, S. 29ff.
[28] Tatsächlich werden wir die Richtigkeit der Annahme Stachelbergs beweisen. Ein sinnvolles Urteil über die Austauschbarkeit von Gütern können nur Verbraucher abgegeben, die über die Substituierbarkeit der Güter auch ähnliche Vorstellungen haben; vgl. hierzu unten in Kapitel 4 Nr. 2 a.) bb.).
[29] Vgl. Arndt, Anpassung und Gleichgewicht am Markt, in: JbNSt 170 (1958), S. 217ff. (224); Abbott, Qualität und Wettbewerb, München 1958, S. 96.

menspläne vorgeschlagen[30]. Methodisch wird bei diesem Konzept das gemeinhin als wettbewerbspolitisch impraktikabel angesehene Elementarmarktmodell Stackelbergs modifiziert, indem man dem unvollkommenen Gesamtmarkt durch Bezugnahme auf einen einheitlichen Verwendungszweck Rechnung trägt[31].

Das Bedarfsmarktkonzept ist von großen Teilen der internationalen Literatur und Rechtsprechung als Grundlage für die Abgrenzung wettbewerbsbezogener relevanter Märkte herangezogen worden. Dieser Ansatz soll aufgrund seiner heutigen Bedeutung für die Rechtsanwendung im nächsten Kapitel einer genauen Analyse unterzogen werden.

e.) Ergebnis

Wettbewerb erfüllt verschiedene Funktionen, die als wirtschaftspolitisch wünschenswert anzusehen sind. Für die Erfüllung dieser Funktionen bedarf es allerdings einiger Voraussetzungen. Wie wir gesehen haben, ist völlig ungezügeltem Wettbewerb die Tendenz zur Selbstaufhebung immanent.

Die Struktur eines Marktes hängt unmittelbar mit dem dort herrschenden Wettbewerbsgefüge zusammen. Bei einem weiten Oligopol werden die Funktionen des Wettbewerbs im Normalfall nicht gefährdet sein, während beim engen Oligopol oder Monopol der Mißbrauch wirtschaftlicher Macht viel eher zu befürchten ist. Demzufolge bedürfen die anderen Marktteilnehmer insbesondere bei den beiden letztgenannten Marktformen eines wirksamen Schutzes. Um die Anzahl der auf einem Markt agierenden Individuen und damit das Ausmaß der Machtkonzentration bestimmen zu können, müssen die Grenzen des Marktes zunächst im Sinne eines Wettbewersbraums festgelegt werden.

---

[30] Vgl. hierzu ausführlich Kapitel 2 Nr.1 a.) bb.).

[31] Auch hierauf wird später näher einzugehen sein. Ein einheitlicher Verwendungszweck ist zwar eine grundsätzliche Voraussetzung für das Bestehen eines gemeinsamen relevanten Marktes. Jedem Verwendungszweck liegt jedoch ein bestimmtes Bedürfnis zugrunde. Nur wenn die Vorstellungen über die alternativen Befriedigungsmöglichkeiten für dieses Bedürfnis auch übereinstimmen, liegt wirklich ein einheitlicher Verwendungszweck vor. Wir wollen zur Erläuterung bereits hier auf das Beispiel des Millionärs und des Arbeitslosen hinweisen, die beide jeweils auf der Suche nach einem Geschenk sind. Trotz eines einheitlichen Verwendungszwecks werden beide unterschiedliche Geschenkalternativen in Betracht ziehen und die jeweiligen Varianten des anderen nicht als geeigneten Austausch ansehen. Ähnliche Unterschiede werden beispielsweise auch bei verschiedenen Lebensaltern der Schenker bestehen. Diese Tatsache zwingt dazu, bei der Marktabgrenzung Stackelbergs Überlegung einzubeziehen, der implizit von einer einheitlichen Präferenzstruktur der Marktnachfrageseite ausgeht.

Bei dieser Feststellung ist die Wirtschaftswissenschaft auf erhebliche Probleme gestoßen, weil praktisch zwischen allen erhältlichen Gütern substitutive Beziehungen bestehen können. Insbesondere bereitet die Bestimmung objektiver Kriterien zur Ermittlung der relevanten Substitutionslücken nach wie vor erhebliche Schwierigkeiten. Wie im nächsten Kapitel gezeigt werden wird, gilt dieses auch für das von der Rechtsprechung weitgehend übernommene Bedarfsmarktkonzept.

Bevor wir uns mit der Frage beschäftigen werden, ob es möglich ist, ein Verfahren zur wettbewerbsbezogenen Marktabgrenzung zu operationalisieren, welches auf weitgehend objektiven Kriterein basiert, soll zunächst noch untersucht werden, welche Möglichkeiten zum Schutz der Marktteilnehmer vor Machtmißbräuchen grundsätzlich bestehen.

3. Der Schutz des Wettbewerbs vor machtbedingten Beschränkungen

a.) Mögliche Ansätze staatlicher Wettbewerbspolitik

Dem Staat stehen verschiedene Möglichkeiten offen, wettbewerbsbeinträchtigenden Unternehmensstrategien zu begegnen.

Nach dem sogenannten „laissez-faire approach" ist auf eine staatliche Wettbewerbspolitik gänzlich zu verzichten[32]. Dieser auf der „Chicago School" basierende Ansatz geht davon aus, daß freier Wettbewerb als Maßstab für die Wettbewerbspolitik als untauglich zu verwerfen ist[33]. Ein derartiger Begriff sei aufgrund der Inkompatibilität der postulierten Ziele nicht dazu geeignet, den Handlungsträgern der Wettbewerbspolitik klare Anweisungen zu geben. Ziel einer in sich konsistenten Wettbewerbspolitik habe vielmehr die Steigerung der Konsumentenwohlfahrt zu sein. Dieses erfordere sowohl allokative wie auch produktive Effizienz. Eine solche sei aber auch in oligopolistischen Märkten gegeben, weil dort die Unternehmen ebenfalls unter starkem Konkurrenzdruck stünden. Zu hohe Preise würden zu Eintritten von neuen Anbietern führen. Zwischen Polypol und Oligopol gäbe es daher keine signifikanten Unterschiede, die eine unterschiedliche Behandlung dieser beiden Marktformen rechtfertigen würden. Der Staat habe demzufolge auch im Oligopol äußerste Zurückhaltung zu üben.

---

[32] Vgl. hierzu Shepherd, Public Politics Toward Business, 7. Auflage, Homewood (Ill.) 1985, S. 7ff.

[33] Vgl. Schmidt/Rittaler, Die Chicago School of Antitrust Analysis: Ökonomische Analyse des Wettbewerbsrechts, in: WiSt 15/1986, S. 283ff.

Die Vertreter des „laissez-faire approach" vertrauen insofern maßgeblich auf ein Wohlverhalten der Unternehmen, die den „Spirit of Competition" auch im engen Oligopol zu achten hätten. Darüber hinaus wird davon ausgegangen, daß die Selbstheilungskräfte des Marktes stark genug sind, den Wettbewerbszustand zumindest mittelfristig wiederherzustellen.

Gesetzestechnisch entspricht dieser Vorschlag dem Fehlen jeglicher Vorschriften zum Schutz des Wettbewerbs oder der Interpretation von Kartellen als nicht einklagbare Naturalobligationen im Sinne von § 762 BGB.

Wie bereits gezeigt wurde, kann jedoch keineswegs von einem vorhandenen „Spirit of Competition" bei allen Marktteilnehmern ausgegangen werden. Die Marktevolution wird auf die Entwicklung von engen Oligopolen oder Monopolen hinsteuern. Bei engen Oligopolen ist aber die Bildung von Kartellabsprachen geradezu induziert[34]. Ohne staatlichen Schutz werden sich auf dem Markt in seiner Degenerationsphase in aller Regel Marktstrukturen einstellen, die den positiven Wirkungen des Wettbewerbs grundsätzlich zuwiderlaufen. Demzufolge muß der Entwicklung wirtschaftlicher Macht oder zumindest deren mißbräuchlicher Ausnutzung von staatlicher Seite begegnet werden.

Eine Möglichkeit, dem Mißbrauch wirtschaftlicher Macht entgegenzuwirken, besteht darin, durch Fusionskontrolle und Entflechtung sowie durch strenge Kontrolle von Mißbrauchspraktiken kompetitive Marktstrukturen aufrecht zu erhalten. Ein solcher Ansatz hat den Vorzug, daß bei fehlerhaften Einschätzungen der Wettbewerbsbehörden die daraus resultierenden Machtstrukturen ex-post wieder beseitigt werden können.

Das andere hoheitliche Mittel, wettbewerbsbeschränkenden Strategien zu begegnen, liegt in der grundsätzlichen Akzeptanz des Entstehens von Marktmacht. Allein das mißbräuchliche Ausnutzen von Machtpositionen wird nach diesem Konzept durch die Wettbewerbsbehörden ex-post korrigiert. Die Behörden haben hierbei allein die Kompetenz, mißbräuchliche Verhaltensweisen zu sanktionieren. Eine ex-post Entflechtung der entstandenen Machtstrukturen ist dagegen nicht möglich.

b.) Internationale Regelungen zum Schutz des Wettbewerbs

Bevor uns den deutschen Regelungen zum Schutz vor Machtmißbräuchgen zuwenden werden, wollen wir einen kurzen Blick auf die diesbezüglichen internationalen Regelungen werfen. Dieses ist insbesondere deswegen sinnvoll,

[34] Vgl. oben in diesem Kapitel Nr. 2. b.) ff.).

weil der internationale Vergleich die besondere Bedeutung der Marktabgrenzung im deutschen Recht zu verdeutlichen vermag.

aa.) Frankreich

Erste Ansätze eines Wettebwerbsrechts lassen sich in Frankreich bereits im Jahre 1810 finden. Art. 410 des Code Pénal verbot schon zu diesem Zeitpunkt Wettbewerbsbeschränkungen, die dazu geeignet waren, die freie Preisbildung zu beeinträchtigen. Nach dem 2. Weltkrieg wurde das Wettbewerbsrecht durch Einfügung der Nummern 45-1483 der Preisverordnung (PVO) wesentlich ergänzt. Insbesondere verbot Nr. 50 PVO sämtliche Absprachen und koordinierte Verhaltensweisen, die dazu geeignet erschienen, den freien Wettbewerb in irgendeiner Weise zu beeinträchtigen, während Nr. 51 PVO hierzu Legalausnahmen enthielt. Der Anwendungsbereich dieser Regelung wurde 1963 auch auf marktbeherrschende Unternehmen erweitert, die ihre marktstarke Stellung mißbräuchlich ausgenutzt hatten. Im Jahr 1977 wurde mit dem Gesetz Nr. 77-806 schließlich eine umfassende Fusionskontrolle eingeführt.

Diese Regelungen wurden am 01.01.1987 durch die überarbeiteten Bestimmungen der neuen Veordnung über Preis und Wettbewerbsfreiheit (WVO) umfassend ersetzt. Die Neuordnung hatte in der Hauptsache die Angleichung der französischen Bestimmungen an das europäische Wettbewerbsrecht zum Ziel[35]. Nach Art. 7 WVO sind alle abgestimmten Verhaltensweisen oder Vereinbarungen untersagt und gleichfalls nichtig, die die Beeinträchtigung, Beschränkung oder Verfälschung des Wettbewerbs auf einem Markt zum Gegenstand haben. Hiervon sind gemäß Art. 10 WVO solche Verhaltensweisen ausgenommen, die sich aus anderen Gesetzen ergeben oder die zur Förderung des wirtschaftlichen Fortschritts beitragen können.
Nach Art. 8 WVO ist darüber hinaus das mißbräuchliche Ausnutzen einer beherrschenden Stellung auf einem Inlandsmarkt oder der wirtschaftlichen Abhängigkeit eines Abnehmers oder Zulieferers untersagt. Bei der Abgrenzung des hierfür relevanten Marktes findet das Bedarfsmarktkonzept Anwendung[36]. Die in Art. 8 WVO angeführten Regelbeispiele der Lieferverweigerung, des Kopplungsverkaufs, der Diskrimminierung und des ungerechtfertigten Abbruchs der Geschäftsbeziehungen werden allerdings nicht als per se verboten behandelt. Untersagt sind sie nur dann, wenn sie den freien Wettbewerb in unlauterer Art und Weise beeinträchtigen[37].

---

35 Vgl. Kleemann, Das neue französische Wettbewerbsrecht, in: WuW 1987, S. 635ff.

36 Vgl. Lob, Die Entwicklung der französischen Wettbewerbspolitik bis zur Verordnung Nr. 86-1243 vom 01. Dezember 1986, Hohenheimer Volkswirtschaftliche Schriften, Bd. 7, Frankfurt a. M. 1988, S. 195ff.

37 Vgl. Lob l.c., S. 213.

Der französische Gesetzgeber hat sich für die Möglichkeit der ex-post-Beseitigung von wirtschaftlichen Machtstrukturen entschieden. Nach Art. 43 WVO kann der Wirtschaftsminister zusammen mit dem Minister des betreffenden Wirtschaftsbereichs die Entflechtung eines marktmächtigen Unternehmens anordnen, wenn dieses seine durch eine Fusion gewonnene Marktüberlegenheit mißbräuchlich ausnutzt.

bb.) Großbritannien

Kodifiziertes Wettbewerbsrecht findet sich in Großbritannien erst seit dem Jahre 1948. Die zuvor wenig effektiven Regelungen des dem Common Law vermochten nicht zu verhindern, daß sich in Großbritannien Monopole und Kartelle nahezu ungehindert entwickeln konnten.

1948 wurde durch das Parlament der sogenannte Monopolies and Restrictive Practices Act verabschiedet, der es ermöglichen soll, Monopole und mißbräuchliche Verhaltensweisen auf ihre Vereinbarkeit mit dem öffentlichen Interesse hin zu untersuchen. Diese Regelung wurde im Jahre 1956 durch den Restrictive Trade Practices Act (RTPA) und 1973 durch den Fair Trading Act (FTA) modifiziert. Der Competition Act (CA) von 1980 beinhaltet darüber hinaus weiterführende Regelungen über individuelle Wettbewerbsbeschränkungen.

Kartellverträge und andere abgestimmte Verhaltensweisen werden nach sec. 6 und 7 RTPA der Mißbrauchsaufsicht unterworfen, wobei davon ausgegangen wird, daß die betreffenden Vereinbarungen grundsätzlich gegen das öffentliche Interesse verstoßen. Allerdings sind den betroffenen Unternehmen in sec. 10 RTPA zahlreiche Möglichkeiten zum Nachweis eröffnet, daß ihre Vereinbarungen nicht im Widerspruch zum überwiegenden Interesse der Öffentlichkeit stehen.

Marktmacht wird durch sec. 6 und 7 FTA ebenfalls der Mißbrauchsaufsicht unterworfen. Dabei wird im Zusammenhang mit marktbeherrschenden Unternehmen von Monopolsituationen gesprochen, die immer dann vorliegen, wenn die Nachfrage oder das Angebot nach einer Ware oder Dienstleistung mindestens zu einem Viertel durch ein einziges Unternehmen bestritten wird[38]. Auch die Verhaltensweisen marktbeherrschender Unternehmen sind daraufhin zu untersuchen, ob sie gegen das öffentliche Interesse verstoßen. Die Entscheidung

---

[38] Vgl. Frazer, Monopoly, Competition and the Law: The Regulation of Business Activity in Britain, Europe and America, New York 1988, S. 24ff. Eine Monopolsituation kann alternativ auch dann gegeben sein, wenn das Angebot zumindest zu einem Viertel durch zwei Unternehmen bestritten wird, die sich in einer den Wettbewerb beschränkenden Art und Weise verhalten.

hierüber obliegt der Monopolies and Mergers Commission, die über einen solchen Verstoß in jedem Einzelfall neu entscheiden muß. Bei der Bestimmung des für die Monoplsituation maßgeblichen Marktanteils von einem Viertel werden ebenfalls diejenigen Güter herangezogen, die den Konsumenten als ohne weiteres austauschbar erscheinen. Damit kommt auch in Großbritannien das Bedarfsmarktkonzept zur Anwendung.

Seit dem Jahre 1980 werden diese Regelungen durch sec. 2 CA wesentlich verschärft. Hiernach kann bereits gegen ein Verhalten, welches eine Beschränkung des Wettbewerbs bewirken könnte, eingeschritten werden und zwar ohne den Nachweis, daß eine Monopolsituation überhaupt gegeben ist. Durch diese Bestimmung rückt die Bedeutung der Marktabgrenzung in den Hintergrund.

Auch der britische Gesetzgeber hat sich für die Ermächtigung der zuständigen Wettbewerbsbehörden entschieden, aktiv gegen einmal entstandene Machtstrukturen tätig zu werden. Nach dem Anhang Nr. 8 zu sec. 14 und 15 FTA hat der Secretary of State die Befugnis, die Entflechtung einer Unternehmung oder eines Konzerns anzuordnen.

cc.) USA

Eine Betrachtung des Wettbewerbsrechts der USA ist deswegen von besonderem Interesse, weil es für die Regelungen des deutschen GWB gewissermaßen Pate gestanden hat. Das Wirtschaftswachstum in den USA verzeichnete nach dem Ende des amerikanischen Bürgerkrieges 1865 schnell hohe Zuwachsraten, und in der Industrie fand ein erheblicher Strukturwandel statt. Durch den Ausbau des Eisenbahnnetzes wurde es möglich, auch weiter entfernter liegende Märkte schnell und sicher zu beliefern. Im Zeichen dieses Zusammenwachsens der amerikanischen Märkte entstanden große Trusts, die sowohl Handel als auch Industrie in zunehmendem Maße beherrschten.

Gegen die hiermit einhergehende Machtkonzentration wurde sowohl von Seiten der Bürger als auch der politischen Organe Widerspruch laut. Man sah sowohl die individuelle Freiheit als auch das Prinzip des freien Wettbewerbs als gefährdet an.

Als Folge dieser Entwicklung wurde am 02. Juli 1890 der Sherman Act (SA) verabschiedet. In sec. 1 verbietet er jede Zusammenführung von Unternehmen zu Trusts, wenn diese zu einer Wettbewerbsbehinderung führen. Im Jahre 1914 wurden ergänzend der Federal Trade Commission Act (FTCA) und der Clayton Act (CA) erlassen, die sich auf weitere Formen der Wettbewerbsbeschränkung und des unlauteren Wettbewerbs beziehen.

Sec. 1 SA schützt den Wettbewerb vor Beschränkungen durch horizontale oder vertikale Absprachen. Ursprünglich war der Individualschutz wesentliche Motivation dieses Gesetzes. Durch die Rechtsprechung erfuhr diese Sicht jedoch eine Erweiterung auf die Wirksamkeit des Wettbewerbs an sich. So formuliert der Federal Supreme Court im Fall gegen die Northern Pacific Railway Co.: „The Sherman Act was designed to be a comprehensive charter of economic liberty aimed at preserving free and unfettered competition as the rule of trade."[39]

Nach der ständigen Rechtsprechung des Supreme Court wird der alle Arten von Absprachen umfassende Wortlaut von sec. 1 jedoch als zu weit angesehen. Allgemeine Auslegungsregel ist die sogenannte „rule of reason", nach deren Maßgabe nur solche Absprachen und Zusammenschlüsse als verboten anzusehen sind, die die Handlungsfreiheit des Geschäftsgegners unverhältnismäßig einschränken. Der Federal Supreme Court führt so im oben genannten Fall zu sec. 1 aus: „Although this prohibition is literally all encompassing, the courts have construed it as precluding only those contracts or combinations which unreasonably restrain competition."[40]

Als Ausnahme der „rule of reason" sind allerdings Verhaltensweisen anerkannt, die aufgrund ihrer Natur oder ihrer unmittelbaren Folgen bereits als unverhältnismäßig per se anzusehen sind. Der Federal Supreme Court definiert diese per-se-Regel wie folgt: „However, there are certain agreements or practices which because of their pernicous effect on competition and lack of any redeeming virtue are conclusively presumed to be unreasonable and therefore illegal without elaborate inquiry as to the precise harm they have caused or the business excuse for their use."[41] Die „rule of reason" stellt eine Ausnahme zum Verbot der horizontalen und vertikalen Absprachen dar. Sie entspricht gesetzestechnisch den Ausnahmen der §§ 2-7 und 14-18 GWB.

Sec. 2 des Sherman Act erweitert den Wirkungskreis des Gesetzes über das Verbot von Absprachen hinaus auch auf die Monopolisierung bzw. die Monopolisierungsabsicht.

Am 15. Oktober 1914 wurde der Clayton Act als erlassen, um Wettbewerbsbeschränkungen zu verbieten, die nicht bereits vom Sherman Act erfaßt werden. Wesentliches Anliegen dieses Gesetzes ist es, Monopolisierungs- und zu starke Konzentrationstendenzen bereits in ihrer Entstehungsphase zu erfassen[42].

---

[39] CCH Trade Cases, Trade Regulation Reports, 12th Edition, Chicago 1979, Northern Pacific Railway Co. vs U.S., Trade Cases 1958, § 68,961, Nr. 73,862ff. (864).

[40] CCH Trade Cases l.c.

[41] CCh Trade Cases l.c.

[42] Vgl. Report of the Attorney General`s National Committee to study the Antitrust Laws, Washington, D.C. 1955, S. 117.

Der Clayton Act verbietet Preisdiskriminierungen, Auschließlichkeits- und Koppelungsverträge und Fusionen, die zu einer Gefährdung des Wettbewerbs führen können. Ziel ist es, die zuständigen Organe zu einem präventiven Einschreiten gegen Wettbewerbsbeeinträchtigung und die drohende Monopolisierung zu ermächtigen. Dabei genügt genau wie bei sec. 2 des britischen Competition Act eine hinreichend wahrscheinliche Gefährdung des Wettbewerbs. Hierdurch wird die sec. 2 Clayton Act zu einem wesentlich effizienteren Instrument, als sec. 2 Sherman Act.

Sec. 3 CA als Verbot der Ausschließlichkeitsbindungen und Koppelungsverträge entspricht gesetzestechnisch § 16 GWB, der für diese Art von Verträgen eine Mißbrauchsaufsicht vorsieht. Am 30. September 1976 wurde dem Clayton Act durch den Hart-Scott-Rodino Antitrust Improvement Act die Section 7A hinzugefügt, die für Zusammenschlüsse von Großunternehmen eine Anmeldung bei der Federal Trade Commission und der Antitrust Division vorsieht. Durch diese obligatorisch-präventive Zusammenschlußkontrolle sind Parallelen zu § 39 GWB vorhanden.

Der Clayton Act seinerseits wurde durch verschiedene Gesetze ergänzt, die sich allesamt als Verschärfungen beinhaltende Präzisierungen darstellen[43].

Als weitere Ergänzung zum Sherman Act wurde am 26. September 1914 der Federal Trade Commission Act erlassen. Dieses Gesetz bezieht in seinen Schutzbereich die Wirksamkeit des Wettbewerbs, das Verbot unlauterer Wettbewerbspraktiken und den allgemeinen Verbraucherschutz mit ein. Kern dieser Regelung ist eine weit gefaßte Generalklausel:

„Sec. 5. (a) (1) Unfair methods of competition in or affecting commerce, and unfair or deceptive acts or practices in or affecting commerce, are hereby declared unlawful (...).“

Sec. 5 (a) FTCA stellt sich als eine alle Bereiche des Sherman Act und Clayton Act umfassende Auffangklausel dar. Dabei erfaßt dieser Tatbestand nicht nur Verhaltensweisen, die explizit gegen die anderen Antitrustgesetze verstoßen, sondern bereits auch solche, die nicht in Einklang mit der gesetzgeberischen Intention zu bringen sind. Sec. 5 (a) FTCA ist damit eine weitreichende Generalklausel, die im deutschen Recht neben den Normierungen des GWB auch das UWG und den Verbraucherschutz im allgemeinen umfassen würde.

Bei der Abgrenzung relevanter Märkte wird in den USA ebenfalls nach dem Bedarfsmarktkonzept verfahren[44].

---

[43] So z.B. durch den Cellar-Kefauver Antimerger Act vom 29. Dezember 1950, der das Fusionsverbot der Section 7 nun über den Erwerb des Gesellschaftsvermögens hinaus auch auf den bloßen Erwerb von Gesellschaftsanteilen ausdehnt.

Gemäß sec. 4 Sherman Act ist die Antitrust Division des Bundesjustizministeriums unter Vorsitz eines Attorney General für die Durchsetzung des Sherman Act zuständig. Genau wie das französische und das britische Wettbewerbsrecht erlaubt auch das Wettbewerbsrecht der USA die ex-post-Beseitigung einmal entstandener Machtstrukturen. Auf vorhergehenden Antrag der Antitrust Division können Zivilverfahren vor dem jeweilig zuständigen District Court eingeleitet werden, deren Aufgabe es ist, gegen drohende Rechtsverletzungen Verfügungen zu erlassen. Diese Verfügungen können in einem Unterlassungsgebot oder einer Handlungsanweisung bestehen. Dabei ist es auch möglich, die Entflechtung von Konzernstrukturen anzuordnen.

dd.) Europa

Das Wettbewerbsrecht der Europäischen Gemeinschaft besteht im wesentlichen aus dem Kartellverbot nach Art. 81 EGV, dem Mißbrauchsverbot aus Art. 81 EGV und der Verordnung Nr. 4064/89, welche Regelungen zur Fusionskontrolle enthält.

Nach Art. 81 Absatz 1 EGV sind alle Vereinbarungen und aufeinander abgestimmte Verhaltensweisen zwischen Unternehmen mit dem Gemeinsamen Markt unvereinbar, welche dazu geeignet sind, den Handel oder den Wettbewerb innerhalb dieses Marktes zu beeinträchtigen. Diese Generalklausel ist gesetzestechnisch den §§ 1 und 14 GWB sowie sec. 1 Sherman Act vergleichbar. Sie ist mittlerweile durch die Einfügung der Regelbeispiele in Art. 81 Absatz 1 lit. a-e sowie durch eine Fülle von Entscheidungen der Europäischen Kommission und des Europäischen Gerichtshofes (EuGH) konkretisiert worden. Nach Art. 81 Absatz 3 EGV können die genannten Vereinbarungen im Interesse der Verbraucher oder des Fortschritts ausnahmsweise genehmigt werden. Die Europäische Kommission hat bestimmte Typen von Wettbewerbsbeschränkungen im Rahmen der sogenannten Gruppenfreistellungs-Verordnungen von der Anwendung des Verbots nach Art. 81 EGV freigestellt.

---

[44] Einen Unterschied zur hiesigen Definition relevanter Märkte stellen allerdings Substitutionsprodukte dar, die nach dem Federal Supreme Court mit in den relevanten Markt einzubeziehen sind: „In case of a product it may be of such a character that substitute products must also be considered, as customers may turn to them if there is a slight increase in the price of the main product. (...) We see no barrier to combining in a single market a number of different products or services where that combination reflects commercial realities."; CCH Trade Cases l.c., U.S. vs Grinnell Corp., Trade Cases 1966, § 71,789 , Nr. 82, 645ff. (648f.).

Gemäß Art. 82 EGV ist darüber hinaus die mißbräuchliche Ausnutzung einer beherrschenden Stellung auf dem gemeinsamen Markt oder einem wesentlichen Teil desselben verboten, wenn dieses Verhalten dazu führen kann, den Handel zwischen den Mitgliedsstaaten zu beeinträchtigen. Nach den angeführten Beispielen sind hierzu insbesondere das Erzwingen unangemessener Geschäftsbedingungen, das Behindern wirtschaftlicher Effizienz zum Schaden der Verbraucher, die unlautere Diskriminierung und Koppelungsverträge zu rechnen.

Der Marktbeherrschungsbegriff wird in Art. 82 EGV nicht näher erläutert. Nach der ständigen Rechtsprechung des EuGH ist ein Unternehmen auf einem Markt dann als beherrschend anzusehen, wenn es die Fähigkeit zur Durchsetzung unabhängiger Marktstrategien besitzt[45]. Auch nach der Ansicht des EuGH ist zur Feststellung von Marktmacht auf ein Beherrschungsobjekt, den relevanten Markt, abzustellen. In diesem Zusammenhang hat man sich ebenfalls für das Bedarfsmarktkonzept entschieden.

Die Verordnung Nr. 4064/89 ermöglicht schließlich die Kontrolle von Fusionen. Diese Verordnung gilt für Zusammenschlüsse mit gemeinschaftsweiter Bedeutung (Art. 3 VO Nr. 4064). Wenn durch einen solchen Zusammenschluß der freie Wettbewerb auf dem Gemeinsamen Markt oder einem wesentlichen Teil desselben behindert werden könnte, wird die Fusion von der Kommission für mit den Zielen des Gemeinsamen Marktes unvereinbar erklärt (Art. 2 Absatz 3 VO Nr. 4064).

Auf Verstöße gegen die Wettbewerbsvorschriften der Art. 81 und 82 EGV kann im Sinne der Verordnung Nr. 17/62 durch die Kommission mit der Anordnung reagiert werden, die festgestellten Zuwiderhandlungen abzustellen. Nach Art. 3 der VO Nr. 17 kann diese Anordnung in der Verpflichtung zu einem Unterlassen oder auch einem positiven Tun bestehen. Die Möglichkeit zur Entflechtung von Machtstrukturen bei mißbräuchlicher Ausnutzung besteht für Kommission und EuGH dagegen nicht.

c.) Das deutsche Recht gegen Wettbewerbsbeschränkungen

aa.) Historische Entwicklung

In der Gewerbeordnung von 1869 wurden die Gewerbefreiheit und die mit ihr verbundene allgemeine Vertragsfreiheit erstmals und als Ablösung des merkantilistischen Systems gesetzlich kodifiziert.

[45] Vgl. hierzu das Chiquita-Urteil in Kapitel 3.

Obwohl die volkswirtschaftlichen Gefahren von Marktmacht und Monopolbildung bereits im letzten Jahrhundert bekannt waren, ließ das Reichsgericht Kartelle praktisch unbeschränkt zu.
In einem das sogenannte Sächsische Holzstoffkartell betreffenden Verfahren führt es im Jahre 1897 hierzu aus:

„Hiernach (sc. aufmerksam gemacht wurde zuvor auf den allgemeinen Preisverfall der Branche) kann es auch nicht schlechthin und im allgemeinen als dem Interesse der Gesamtheit zuwiderlaufend angesehen werden, wenn sich die an einem Geschäftszweige beteiligten Unternehmer zusammenschließen, um die gegenseitigen Preisunterbietungen und das dadurch herbeigeführte Sinken der Preise ihrer Produkte zu verhindern oder zu mäßigen(...).
Verträge der in Rede stehenden Art können somit vom Standpunkte des durch die Gewerbefreiheit geschützten allgemeinen Interesses aus nur dann beanstandet werden, wenn sich im einzelnen Falle aus den besonderen Umständen Bedenken ergeben, namentlich wenn es ersichtlich auf die Herbeiführung eines thatsächlichen Monopols und die wucherische Ausbeutung der Konsumenten abgesehen ist(...).“[46]

In Deutschland und auch in den anderen europäischen Ländern kam es gegen Ende des letzten Jahrhunderts zu einer zunehmenden Konzentration vieler Branchen und damit verbundenen Kartellbildungen. Im Jahre 1905 gab es in Deutschland nahezu 400 Kartelle. Die Kriegswirtschaft führte, auch im Zeichen einer hoheitlichen Bewirtschaftung, zu einer weiteren Zunahme dieser Tendenz.

Diese gegenüber entstehender Marktmacht und den Möglichkeiten eines entsprechenden Mißbrauches liberale, teilweise sogar diesen Prozeß steuernde staatliche Haltung wurde nach dem verlorenen ersten Weltkrieg und der daraus resultierenden Verschlechterung der wirtschaftlichen Situation mit der 1923 erlassenen Kartellverordnung revidiert. Allerdings vermochte diese Verordnung nicht die erhoffte Wirkung zu entfalten[47], sondern förderte die Kartellbildung noch weiter. Gegen Ende der Weimarer Zeit existierten zwischen 2000 und 4000 Kartelle[48]. Schließlich erfolgte 1933 mit dem Zwangskartellgesetz die Reorganisation der deutschen Wirtschaftsstruktur.

Nach dem verlorenen zweiten Weltkrieg strebten die alliierten Mächte zunächst eine weitgehende wirtschaftliche Entmachtung des vormaligen Deutschen Reiches an.

---

[46] RGZ 38, S. 155ff. (157f.).
[47] Vgl. auch Emmerich, Kartellrecht, 6. Auflage, München 1991, S. 29.
[48] Vgl. Rittner, Wettbewerbs- und Kartellrecht, 5. Auflage, Heidelberg 1995, S. 108.

Nach Teil III Art. 12 des Potsdamer Abkommens sollte nach Vorstellung der Alliierten die deutsche Wirtschaft in möglichst kurzer Zeit dezentralisiert werden. Der 1947 durch die Dekartellierungsgesetze[49] angestrebte Entflechtungsprozeß wurde 1957 durch die Verabschiedung des GWB abgelöst. Unzureichend gelöste Problembereiche, wie zum Beispiel die nach § 16a GWB a.F. zulässige Preisbindung wurden auch in der ersten Novelle des GWB 1965 nicht befriedigend berücksichtigt. Derartige Mißstände, wie auch die nach allgemeiner Ansicht erforderliche Fusionskontrolle, wurden erst in der zweiten Novelle im Jahre 1973 entsprechend geändert. Verschärfungen zur Fusionskontrolle erfolgten in den Jahren 1976 und 1980 durch die dritte und vierte Novelle. Schließlich erfolgten mit der fünften Novelle im Jahre 1989 Erweiterungen des Ausnahmekataloges der §§ 2 bis 7 GWB. Eine weitere umfangreiche Neufassung vieler Regelungen erfolgte schließlich in der sogenannten „GWB-Novelle 1999“.

bb.) Schutzbereich

Nach wie vor gehört zu den umstrittenen Fragen des Kartellrechts, ob dieses nur den Wettbewerb als Institution oder (auch) die Bewegungs- und Handlungsfreiheit des einzelnen schützen soll. Dabei wird überwiegend vertreten, die Schutzwirkung des GWB gehe in beide Richtungen gleichermaßen[50].

Dieser Ansicht ist zuzustimmen. Es wurde bereits gezeigt, daß die Institution des Wettbewerbs mit seinen positiven Wirkungen Volkswirtschaft, Konkurrenten und auch Konsumenten erfaßt. Funktionierender Wettbewerb ist auch für den Verbraucher direkt von Vorteil. Indem das GWB den Wettbewerb vor Beschränkungen schützt, schützt es auch den Verbraucher[51].

cc.) Systematik

Eine geeignete Systematik für Wettbewerbsbeschränkungen ist bisher noch nicht gefunden worden. Die Einteilung in Beschränkungen „durch Maßnahme“ und solche „durch Zustand“ wird gemeinhin als zu eng und unbefriedigend empfunden[52].

Das GWB systematisiert die wettbewerbsrechtlichen Richtlinien nach verschiedenen Gesichtspunkten. Die ersten beiden Abschnitte des ersten Teils stellen

---

[49] Die in Teilen der Verordnung Nr. 78 „Prohibition of Excessive Concentration of German Economic Power“ stark an das amerikanische Antitrustrecht angelehnt waren.

[50] So statt vieler: Gloy-Greuner l.c., § 2 Rn. 15f.

[51] In gleicher Richtung argumentierend: Rittner l.c., S. 119.

[52] So z. B. Rittner l.c., S. 120.

Kartelle und Kartellverträge und Verträge ohne Kartellbezug gegenüber (§§ 1-19 GWB).

Im dritten Abschnitt sind in § 19-24 GWB die Mißbrauchsaufsicht sowie Diskrimminierungs- und Behinderungsverbote geregelt. Danach eingefügt wurde der vierte Abschnitt, der sich mit den Wettbewerbsregeln befaßt (§§ 24-27 GWB). Es folgen Sonderregelungen für bestimmt Wirtschaftsbereiche (§§ 28–31 GWB) und die Sanktionsmöglichkeiten (§§ 32-34 GWB). Im siebenten Abschnitt ist in §§ 35-43 GWB die Zusammenschlußkontrolle geregelt. Abschnitt acht regelt schließlich Aufgaben und Zusammensetzung der Monopolkommission (§§ 44-47 GWB).

Die Teile zwei bis sechs GWB (§§ 48 bis 1131) befassen sich mit Behörden, Verfahrensvorschriften, der Vergabe öffentlicher Aufträge, dem Anwendungsbereich des GWB und den Übergangs- und Schlußbestimmungen.

dd.) Alleinige Möglichkeit der Mißbrauchskontrolle

Nach § 32 GWB kann die Kartellbehörde marktbeherrschenden Unternehmen ein mißbräuchliches Verhalten untersagen, soweit dieses verboten ist. Marktbeherrschung liegt gemäß § 19 Absatz 2 GWB dann vor, wenn das Unternehmen keinem wesentlichen Wettbewerb ausgesetzt ist oder eine im Verhältnis zu seinen Wettbewerbern überragende Marktstellung innehat. Absatz 3 enthält für diese Feststellung eine Reihe von Legalvermutungen. Darüber hinaus regeln §§ 20 und 21 GWB das Verbot weiterer Behinderungspraktiken.

Ähnlich wie auch in Frankreich, Großbritannien und den USA hat sich auch die deutsche Rechtsanwendung für das Bedarfsmarktkonzept entschieden. Hierauf wird im nachfolgenden Kapitel ausführlich eingegangen werden.

Im Gegensatz zum amerikanischen Ansatz ist die Bedeutung einer korrekten wettbewerbsbezogenen Marktabgrenzung im deutschen Recht allerdings ungleich höher: Das GWB regelt in § 36 GWB zwar die Untersagung von Zusammenschlüssen, die eine Marktbeherrschende Stellung begründen würden und nähert sich damit dem in sec. 2 Sherman Act konstituierten grundsätzlichen Monopolisierungsverbot[53] in den USA an. Der Umgang mit einmal entgegen der Intention des Gesetzgebers entstandener wirtschaftlicher Macht wird nach dem GWB aber lediglich einer Mißbrauchskontrolle unterworfen, während eine allgemeine Entflechtungsregelung im Gegensatz zu den USA nicht existiert.

---

[53] Wovon freilich nicht die Herausbildung von Monopolmacht erfaßt wird, die auf überlegener wirtschaftlicher Leistung beruht. Ein solches Monopol wird auch von dem grundsätzlichen Monopolisierungsverbot nach sec. 2 Sherman Act nicht erfaßt.

4. Zusammenfassung

Wir haben festgestellt, daß der Begriff des wettbewerbsbezogenen Marktes die untrennbare Verknüpfung der Begriffe Markt und Wettbewerb beinhaltet: Die Form des Marktes wird durch den auf ihm herrschenden Wettbewerb bestimmt. Unkontrollierten Wettbewerb ist die Tendenz zur Selbstaufhebung immanent. Er führt normalerweise zu den Marktformen des engen Oligopols oder des Monopols. Es wurde gezeigt, daß diese beiden Marktformen im Regelfall zu wettbewerbspolitisch unerwünschten Ergebnissen führen.

Folglich ist ein „Laissez-Faire-Ansatz" ohne staatliche Kontrolle nicht dazu geeignet, effiziente Marktergebnisse zu gewährleisten. Demzufolge bedürfen die Marktteilnehmer staatlichen Schutzes vor der mißbräuchlichen Ausnutzung wirtschaftlicher Macht. Dieses kann entweder durch das Verbot von Monopolisierung und späterer Entflechtung geschehen, oder durch die Hinnahme einmal entstandener Machtstrukturen, die ex-post einer Mißbrauchskontrolle unterworfen werden.

Um Rückschlüsse auf die auf einem Markt ansässigen Wettbewerber ziehen zu können, ist es erforderlich, zuvor die Grenzen des Wettbewerbs zu bestimmen. Hierzu ist es sinnvoll, den relevanten Markt als Beherrschungsobjekt abzugrenzen. Die Marktabgrenzung soll ein klar definiertes Objekt liefern, auf dem das Vorliegen einer marktbeherrschenden Stellung konstatiert werden kann. Die Feststellung des Marktanteils ist genauso wie die Ermittlung von Marktzutrittsschranken oder der Marktgegenseite nur dann möglich, wenn der Markt zuvor abgegrenzt wurde. Damit aber ist die Feststellung wirtschaftlicher Macht im Sinne § 19 Absatz 1 GWB wesentlich von der Abgrenzung des relevanten Marktes abhängig.

Für die Abgrenzung wird allgemein das Bedarfsmarktkonzept herangezogen. Im deutschen Recht ist eine in wettbewerblicher Hinsicht korrekte Abgrenzung des jeweils relevanten Marktes von übergeordneter Bedeutung, weil die ex-post-Entflechtung von Machtstrukturen im Gegensatz zu den Rechtssystemen von Frankreich, Großbritannien und den USA nicht mehr möglich ist.

5. Zum weiteren Aufbau der Arbeit

Wie wir gesehen haben, ist die Abgrenzung wettbewerbsbezogener relevanter Märkte ein sinnvoller erster Schritt, um das Bestehen von Marktmacht zu konstatieren.

Das nächste Kapitel wird sich eingehend mit dem in Rechtsprechung und Literatur vorherrschenden Bedarfsmarktkonzept auseinandersetzen. In diesem Zusammenhang werden auch diejenigen Ansichten diskutiert werden, die zur Ermittlung von Marktmacht auf die Abgrenzung relevanter Märkte ganz verzichten. Es wird gezeigt, daß eine solche Auffassung abzulehnen ist. Als Ergebnis wird sodann festgestellt, daß die Marktabgrenzung nicht nur sinnvoll, sondern auch notwendig ist, um die auf einem Markt ansässigen Wettbewerber zu ermitteln.

Esc wird sich zeigen, daß damit die erste der eingangs genannten Bedingungen erfüllt[54] ist. Im Sinne der zweiten Bedingung wollen wir uns in den nachfolgenden Kapiteln drei bis fünf der Frage zuwenden, ob es möglich ist, objektiv bestimmbare Kriterien zur Abgrenzung wettbewerbsbezogener relevanter Märkte zu finden. Zur Beantwortung dieser Frage wird im dritten Kapitel eine branchenbezogene Analyse der durch deutsche und europäische Behörden und Gerichte vorgenommenen Marktabgrenzungen durchgeführt. Dabei wollen wir sowohl branchenbezogene als auch branchenübergreifende Kriterien zur Marktabgrenzung herauspartialisieren und zunächst intuitiv diskutieren.

Im Rahmen des vierten Kapitels wird eine operationalisierte Vorgehensweise zur Abgrenzung wettbewerbsbezogener relevanter Märkte entwickelt. Dieses geschieht unter Zugrundelegung exemplarisch ausgewählter Entscheidungen aus der Rechtspraxis. Dabei werden die im zurückliegenden Kapitel dargestellten Erkenntnisse von Joan Robinson und Heinrich von Stackelberg genauso wie moderne betriebswirtschaftliche Analyseverfahren Berücksichtigung finden.

Das operationalisierte Verfahren wird schließlich im fünften Kapitel auf alle im dritten Kapitel analysierten Branchen angewandt werden. Im Anschluß daran wollen wir untersuchen, ob auch die allgemeingültigen branchenübergreifenden Marktabgrenzungskriterien aus Kapitel drei durch das Verfahren berücksichtigt werden können. Dabei wird sich die universelle und außerordentlich flexible Anwendbarkeit des operationalisierten Verfahrens erweisen. Schließlich werden wir feststellen, daß es unter Ausnutzung der Möglichkeiten moderner multivariater Analyseverfahren durchaus möglich ist, eine Marktabgrenzung mit Hilfe weitgehend objektiver Kriterien vorzunehmen.

---

[54] Zu den Bedingungen vgl. oben in diesem Kapitel Nr. 1.

Kapitel 2

Marktabgrenzung in Literatur und Rechtsprechung

In Literatur und Rechtsprechung sind unterschiedliche Vorschläge für die Abgrenzung wettbewerbsbezogener relevanter Märkte in der Rechtspraxis vorgetragen worden.

Dabei hat sich weitgehend das sogenannte „Bedarfsmarktkonzept“ durchgesetzt, welches bei der Bestimmung der Marktgrenzen nach der funktionellen Austauschbarkeit der in Betracht kommenden Güter fragt. Das Urteil des Kammergerichts im sogenannten Handpreisauszeichner-Fall wird gemeinhin als Grundlage für dieses vorherrschende Konzept angesehen[55]: „Sämtliche Erzeugnisse, die sich nach ihren Eigenschaften, ihrem wirtschaftlichen Verwendungszweck und ihrer Preislage so nahestehen, daß der verständige Verbraucher sie als für die Deckung eines bestimmten Bedarfs geeignet in berechtigter Weise abwägend miteinander vergleicht und als gegeneinander austauschbar ansieht, sind marktgleichwertig.“[56] Ein nach diesen Kriterien abgegrenzter Markt ist sodann in einem zweiten Schritt auf das Vorliegen von Marktmacht hin zu untersuchen. Im Rahmen von §19 Absatz 2 Nr. 2 GWB hat sich der Gesetzgeber ausdrücklich dafür entschieden, bei der Bestimmung von Marktmacht insbesondere auf den Marktanteil, die finanziellen Ressourcen, den Zugang zu den Absatz- und Beschaffungskanälen, Verflechtungen, die Fähigkeit zur Nutzung von Marktzutrittsschranken, das Bestehen von tatsächlichem oder potentiellem Wettbewerb, die Programmelastizität des betreffenden Unternehmens und die Möglichkeit der Marktgegenseite zur Substitution abzustellen. Insofern entspricht die Bestimmung von Marktmacht einem Marktstrukturtest[57].

Wann Marktbeherrschung im Einzelfall vorliegt, kann nicht allgemeingültig beantwortet werden. Die einzelnen Wettbewerbsvorschriften beinhalten unterschiedliche Schutzrichtungen. Ein Stadium der Machtkonzentration, „von dem an die Neutralisierung wirtschaftlicher Macht nicht mehr dem Markt überlassen werden kann, sondern zur Aufgabe des Rechts wird“[58], kann nach dem jeweiligen Schutzzweck einer Norm differieren. Im Rahmen von § 19 GWB ist vor

[55] Vgl. so z.B. Immenga/Mestmäcker - Möschel l.c., § 22 GWB, Rn. 18.
[56] WUW/E OLG, Handpreisauszeichner, 995ff. (996).
[57] Nach der hier vertretenen Auffassung ist der Ansicht Möschels zuzustimmen, der die Marktformenlehre zur Ermittlung von Marktmacht als überholt ablehnt; vgl. Immenga/Mestmäcker - Möschel l.c. Von den Marktverhaltensweisen auf das Bestehen von Marktmacht zu schließen und damit auf das Erfordernis der Marktabgrenzung zu verzichten, ist ebensowenig möglich. Wir werden dieses im Anschluß an die Darstellung des Bedarfsmarktkonzepts ausführlich begründen; vgl. unten Nr. 2 in diesem Kapitel.
[58] Mestmäcker, Das marktbeherrschende Unternehmen im Recht der Wettbewerbsbeschränkungen, Vorträge und Aufsätze des Walter-Eucken-Instituts, Heft Nr. 2, Tübingen 1959, S. 8.

allem auf die mangelnde Ausweichmöglickeit der Marktgegenseite vor der bestehenden Marktmacht abzustellen[59]. Zumindest dann, wenn dieser Grad der Machtkonzentration erreicht worden ist, wird die Eingriffsschwelle des Mißbrauchstatbestandes aus § 19 GWB überschritten. Insofern erscheint die Einordnung der Ausweichmöglichkeit in den Katalog der Indizien für Marktmacht in §19 Absatz 2 Nr. 2 GWB etwas verunglückt. Der Ausweichmöglichkeit der Marktgegenseite kommt nämlich eine besonders exponierte Stellung zu: Das Fehlen einer relevanten Möglichkeit zur Substitution ist kein Indiz, sondern ein eindeutiger Nachweis des Bestehens von Marktmacht. Dies trifft auf die anderen in § 19 Absatz 2 Nr. 2 GWB genannten Indizien nicht zu.

Der Katalog in § 19 Absatz 2 Nr. 2 GWB weist eine weitere Besonderheit auf. Im Gegensatz zu den anderen Indikatoren sind die Ausweichmöglichkeit der Marktgegenseite sowie potentieller und tatsächlicher Wettbewerb auch dazu geeignet, die Marktgrenzen festzustellen: Wo keine erhebliche Austauschbarkeit zwischen zwei Gütern mehr besteht, also auch keine Ausweichmöglichkeit für die Verbraucher vorhanden ist, herrscht kein wesentlicher Wettbewerb. Folglich sind solche Güter nicht zu einem gemeinsamen relevanten Markt zu rechnen[60]. Damit kommt Substitutionsmöglichkeit und Wettbewerb eine doppelte Funktion zu. Auf der Stufe der Marktabgrenzung können sie zur Bestimmung der Markgrenzen beitragen. Bei der Feststellung des Bestehens von Marktmacht sind sie darüber hinaus zur Ermittlung des Grades der Beherrschung geeignet. Wir können somit einen ersten Zusammenhang zwischen der Marktabgrenzung und der Ermittlung von Marktmacht konstatieren.

Zwischen der Marktabgrenzung und der Ermittlung einer marktbeherrschenden Stellung besteht noch ein weiterer untrennbarer Zusammenhang: Je enger die Marktabgrenzung erfolgt, um so eher läßt sich eine beherrschende Stellung feststellen. Erfolgt die Marktabgrenzung dagegen weit, wird die Feststellung von Marktmacht regelmäßig mit erheblichen Schwierigkeiten verbunden sein. Damit verbunden ist die Tendenz der Kartellbehörden, einen Markt eng abzugrenzen, während sich die betroffenen Unternehmen normalerweise für weit gefaßte Marktgrenzen aussprechen[61]. Insofern können Markabgrenzung und die Feststellung des Beherrschungsgrades nicht isoliert voneinander erfolgen[62].

Wir haben bereits festgestellt, daß die Bestimmung von Marktmacht von der Zielsetzung der betrachteten Norm abhängt und insofern ein normativer Zweckbegriff ist. Dieses gilt in gewissen Maße auch für die Abgrenzung relevanter

---

[59] Vgl. auch Immenga-Mestmäcker - Möschel l.c., Rn. 19.
[60] Wir werden uns im vierten Kapitel ausführlich dieser Problematik zuwenden.
[61] Vgl. hierzu auch Zäch, Wettbewerbsrecht der Europäischen Union, Praxis von Kommission und Gerichtshof, Zürich 1994, S. 236.
[62] Vgl. Immenga/Mestmäcker - Möschel l.c., Rn. 20.

Märkte. Wie bereits Joan Robinson[63] erkannte, sind die Grenzen relevanter Märkte fließend und gehen teilweise ineinander über, so daß Überschneidungen in den wenigsten Fällen vollkommen ausgeschlossen werden können. Die Praxis muß sich insofern mit pragmatischen Lösungen begnügen. Es kann demzufolge bei der Marktabgrenzung nur darauf ankommen, das Hauptfeld der wichtigsten Konkurrenten abzustecken. Folglich handelt es sich bei den meisten Marktabgrenzungen um Annäherungen an die wirkliche Wettbewerbssituation unter gleichzeitiger Heranziehung normativer Gesichtspunkte. Letztere sind zwangsläufig mit der Entscheidung verbunden, ein Unternehmen zum Hauptfeld der wichtigsten Konkurrenten zu rechnen oder eben nicht.

Es stellt sich die Frage, durch welchen Schritt der Marktabgrenzung diese normativen Gesichtspunkte zu berücksichtigen sind. Dieses sollte möglichst dort geschehen, wo auf normative Elemente ohnehin nicht verzichtet werden kann. Wie wir später feststellen werden, bedeutet etwa ein geringer Grad an Austauschbarkeit noch nicht, daß zwei Güter einem einheitlichen relevanten Markt zuzuordnen sind. Es muß vielmehr ein erhebliches Maß an Austauschbarkeit gegeben sein. Die Bestimmung einer solchen „Erheblichkeit" läßt sich ohne normative Aspekte ohnehin nicht vornehmen[64]. Demzufolge erscheint das Austauschbarkeitsurteil als dazu geeignet, normative Aspekte mit in die Marktabgrenzung aufzunehmen. Wir werden später hierauf zurückkommen.

Die Abgrenzung des relevanten Marktes im Sinne von § 19 GWB kann trotz dessen als die Ermittlung eines wettbewerbsbezogenen Ist-Zustandes[65] verstanden werden, nämlich als Abbild des Teils des übergeordneten Gesamtmarktes, auf dem „erheblicher" Wettbewerb besteht. Auch wenn sich in diesem Zusammenhang aufgrund der Notwendigkeit, die Grenze der Erheblichkeit festzulegen, normative Elemente nicht vollkommen vermeiden lassen, so sind letztere doch auf das notwendige Minimum zu beschränken. Die Ermittlung des wettbewerbsbezogenen Marktes sollte so weit wie möglich auf Basis objektiv nachvollziehbarer Kriterien vorgenommen werden, damit zumindest auf dieser Ebene von einer gewissen Rechtssicherheit ausgegangen werden kann. Wir werden

[63] Vgl. hierzu das letzte Kapitel.

[64] Die Relation der individuellen Austauschbarkeitsgrenzen zueinander kann allerdings Indizien zur Bestimmung der Erheblichkeitsschwelle liefern. Wir werden im vierten Kapitel darauf eingehen, wie aus Brüchen in der Substitutionskette (sogenannte Substitutionssprünge) auf das Vorliegen einer solchen Erheblichkeitsschwelle geschlossen werden kann; vgl. unten in Kapitel 4 Nr. 2 c.) bb.). Durch die dort vorgeschlagene Verfahrensweise läßt sich der Einfluß normativer Faktoren bei der Marktabgrenzung im Einzelfall weiter reduzieren.

[65] Möschel spricht davon, daß eine Marktabgrenzung je nach ihrem Bezug zum Schutzzweck der Norm vorgenommen werden kann (vgl. Immenga/Mestmäcker - Möschel l.c., Rn. 21). Als Konsequenz daraus erkennt er für Hauptware und Ersatzteile getrennte Märkte. Dieses entspricht gerade dem Wesen einer wettbewerbsbezogenen Marktabgrenzung, weil zwischen Hauptware und Ersatzteilen in aller Regel kein Wettbewerb besteht. Beide Güter einem einheitlichen Markt zuzuordnen, wäre daher sogar fehlerhaft.

im vierten Kapitel ein Verfahren vorstellen, daß auf Grundlage der Verbraucherurteile Indizien für die Bestimmung der Erheblichkeitsschwelle liefert[66].

Im zweiten Schritt ist die Bestimmung von Marktmacht unter ausdrücklicher Berücksichtigung aller anderen normativen Merkmale vorzunehmen. Erst in diesem Schritt sollte die Eingriffsschwelle der Wettbewerbsnorm festgelegt werden. Auf mögliche Ansätze, die damit verbundenen Rechtsunsicherheiten zu reduzieren, kann an dieser Stelle im Hinblick auf den Umfang der Arbeit nicht näher eingegangen werden.

Wenn wir im folgenden von einem relevanten Markt sprechen, wollen wir darunter die Bestimmung desjenigen Teils des übergeordneten Gesamtmarktes verstehen, auf dem „erheblicher" Wettbewerb zu verzeichnen ist.

Es ist bisher weder Rechtsprechung noch Literatur gelungen, ein einheitliches Verfahren zur Marktabgrenzung zu entwickeln. Insbesondere mangelt es an klaren Handlungsanweisungen für die abgrenzenden Behörden und Gerichte. Wir wollen uns im folgenden näher mit den bis dato vorherrschenden Abgrenzungskonzepten beschäftigen.

1. Das Bedarfsmarktkonzept

Das Bedarfsmarktkonzept stellt auf die Sicht der Marktgegenseite ab, indem geprüft wird, welche Güter und Leistungen nach der Ansicht der Verbraucher miteinander austauschbar sind.

Wir haben festgestellt, daß nach dieser Interpretation alle Güter und Leistungen zu dem gleichen Markt gehören, die nach dem Urteil eines durchschnittlichen, allerdings verständigen Verbrauchers ohne weiteres miteinander austauschbar sind[67]. Wo immer die Nachfrager technisch, sachlich oder psychisch bedingte Hemmschwellen überwinden müssen, wenn sie von einem Angebot zu einem anderen wechseln wollen, liegt nach dieser Ansicht dagegen kein gemeinsamer Markt vor[68].

a.) Die Ermittlung der Möglichkeit einer Nachfragesubstitution

Die Abgrenzung des relevanten Bedarfsmarktes nach der Möglichkeit der Abnehmer, durch Nachfragesubstitution auf andere Produkte oder Dienstleistungen auszuweichen, entspricht der gängigen Praxis der Rechtsprechung. Ist eine sol-

---

[66] Vgl. hierzu Nr. 2. c.) bb.).
[67] Vgl. auch Emmerich l.c., S. 234.
[68] Vgl. Emmerich l.c.

che Möglichkeit vorhanden, spricht dieses nach diesem Marktverständnis dafür, das Ersatzprodukt dem gleichen Markt zuzuordnen.

Synonym wird in diesem Zusammenhang nach der Austauschbarkeit von Gütern gefragt, wobei Kennzeichen eines Marktes der hohe Grad der Austauschbarkeit seiner Güter sei. Zwischen den Märkten dagegen soll nur ein geringer Grad an Austauschbarkeit bestehen.

Ob zwischen zwei Erzeugnissen eine Austauschbarkeitsbeziehung besteht, soll entweder fiktiv aus der Sicht eines verständigen Verbrauchers, ex-post mit Hilfe der Kreuzpreiselastizität oder ex-ante unter Berücksichtigung der konjekturalen Unternehmenspläne ermittelt werden.

aa.) Das Konzept des verständigen Verbrauchers

Die Sichtweise der Marktgegenseite soll nach Ansicht der Rechtsprechung die eines verständigen Verbrauchers sein, der die betreffenden Güter „in berechtigter Weise abwägend miteinander vergleicht“[69].

In diesem Zusammenhang läge es nahe, die tatsächliche Verbrauchersicht heranzuziehen. Dieses entspricht jedoch nicht der gängigen Verfahrensweise. Statt dessen bestimmen die Gerichte die Verbrauchersicht häufig aus eigener Sachkunde[70]. Wir werden im Rahmen des vierten Kapitels ausführlich auf die Pro-

[69] WUW/E OLG, Handpreisauszeichner, 995ff. (996).

[70] Vgl. z.B. WUW/E BGH, Eiskonfekt II, 1482ff. (1484). Fischötter kritisiert die in diesem Zusammenhang von Instanz zu Instanz wechselnde „Sicht der Verbraucher“. Die Sicht der Nachfrager sei der Blickwinkel Dritter. Die Mitglieder der Beschlußabteilungen und die Richter eines Senats seien nicht die betreffenden Verkehrskreise, auch wenn sie ihnen angehörten. Die Feststellung der maßgeblichen Verbrauchersicht sei daher eine unverzichtbare Tatsachenfeststellung. Fischötter zieht in seiner Argumentation eine Parallele zum Beweisrecht: Die volle Überzeugung eines Richters bedeute einen so hohen Grad an Wahrscheinlichkeit, daß kein vernünftiger, die Lebensverhältnisse klar überschauender Mensch noch zweifele. Dieser Maßstab habe auch dann zu gelten, wenn das Vorliegen eines Tatbestandsmerkmales aus eigener Sachkunde festgestellt würde. Aufgrund der Tatsache, daß es sich bei Bundeskartellamt und Vorinstanzen ebenfalls um verständig handelnde Menschen handele, sei eine abweichende Ansicht ohne Zweifel in höherer Instanz aber kaum denkbar. Es gäbe keinen Erfahrungssatz, wonach die Sachkunde eines Richters in den Dingen des täglichen Lebens mit der Ansiedlung einer Instanz anstiegen. Aus dieser Argumentation heraus folgert Fischötter, daß spätestens mit abweichenden Ansichten über die relevante Verbrauchersicht Verkehrsbefragungen unumgänglich würden. Bloße Mutmaßungen über „das Verbraucherverhalten“ könnten hoheitliche Eingriffe in Freiheit und Eigentum nicht rechtfertigen; vgl. Fischötter, Verkehrsbefragung bei Bestimmung des relevanten Marktes, in: Festschrift für Pfeiffer 1988, S. 627ff.

bleme eingehen, die eine solche fiktive Ermittlung der Verbraucheransicht mit sich bringt. Es sei vorab bereits darauf hingewiesen, daß man mit einer derartigen Fiktion Gefahr läuft, Wettbewerbsbeziehungen zwischen Gütern dort zu fingieren, wo Konkurrenz in Wahrheit überhaupt nicht besteht.

bb.) Das Konzept der Kreuzpreiselastizität

In der Wirtschaftstheorie ist versucht worden, das Bestehen von Austauschbeziehungen durch die Kreuzpreiselastizität zu ermitteln.

(1) Modelltheoretischer Ansatz

Die Kreuzpreiselastizität stellt auf die mengenmäßige Veränderung der Nachfrage nach einem Gut x_i bei einer Preisänderung eines konkurrierenden (oder komplementären) Gutes x_j ab. Mathematisch läßt sich dieser Zusammenhang folgendermaßen konstruieren:

$$\varepsilon_{xipj} = - d_{xi}/x_i : d_{pj}/p_j$$

(Formel 2-1)

Der Buchstabe d steht dabei für die Veränderung bei Preis und Nachfrage, während x_i den Absatz des eigenen Gutes und p_j den Preis für das Konkurrenzgut darstellt. Je nachdem, welcher Wert sich für die Elastizität ε_{xipj} ergibt, kann auf das Verhältnis der Güter zueinander geschlossen werden.

Bei substitutiven Gütern führt eine Erhöhung des Preises beim Konkurrenzgut zu einer Mehrnachfrage nach dem betrachteten Erzeugnis. In diesem Fall ergibt sich eine positive Kreuzpreiselastizität. Eine solche spricht demnach für das Bestehen eines gemeinsamen Marktes für die betreffenden Güter. Umgekehrt deutet ein negativer Wert auf komplementäre Beziehungen hin.

Je größer der absolute numerische Wert der Elastizität ist, desto besser lassen sich die betrachteten Erzeugnisse durcheinander austauschen. Besteht dagegen überhaupt keine ökonomische Beziehung zwischen den Gütern, so weist die Kreuzpreiselastizität einen Wert von Null auf.

Die Kreuzpreiselastizität ist identisch mit dem Triffinschen Koeffizienten. Nach Triffin läßt sich von der Kreuzpreiselastizität auf den Zustand des Marktes schließen[71]. Eine Kreuzpreiselastizität von Null weist auf ein Monopol hin, während bei einer Elastizität gegen unendlich ein Markt unter heterogener Konkurrenz gegeben sein soll. Der Grad des funktionierenden Wettbewerbes läßt sich nach dieser Interpretation mit dem Intervall $0<\varepsilon<\infty$ messen.

Neben der hier dargestellten reinen Kreuzpreiselastizität sind ähnliche Elastizitäten beispielsweise von Krelle[72] oder Brede[73] vorgeschlagen worden.

(2) Kritik am Konzept der Kreuzpreiselastizität

Für die Anwendung in der Rechtspraxis ist die Kreuzpreiselastizität freilich kaum anwendbar. Sie ist selbst von ihrem Entdecker Triffin als rein theoretisches Konzept angesehen worden, das hauptsächlich als Instrument für Ceteris-Paribus-Analysen geeignet ist[74]. Im Rahmen einer Ceteris-Paribus-Analyse wird der für die Untersuchung nicht relevante Teil der Einflußfaktoren konstant gehalten, während die relevanten Faktoren variiert und deren Wirkungen betrachtet werden[75].

Die Ceteris-Paribus-Annahme widerspricht der Realität in wesentlicher Hinsicht. Absatz-Funktionen sind nicht allein vom Einsatz des Preises als Absatzinstrument abhängig, sondern von vielen weiteren Parametern. Gerade Preiserhöhungen werden regelmäßig über Werbe- und Kommunikationsmaßnahmen abgesichert. Das reziproke Verhältnis von Werbe- und Kommunikationsmaßnahmen einerseits und dem Preis andererseits verhindert reliable Ergebnisse bei der Messung der Kreuzpreiselastizität.

Darüber hinaus muß das Wechseln der Konsumenten auf ein Konkurrenzprodukt nicht auf einen höheren Preis zurückzuführen sein, sondern kann auch auf gestiegenen marketingpolitischen Maßnahmen der Konkurrenz beruhen. Andere Konsumenten präferieren als Wechselverwender keine bestimmten Erzeugnisse. Das Wechseln der Konsumenten zwischen verschiedenen Gütern kann also auf verschiedene Faktoren zurückzuführen sein, von denen die Substitution aufgrund veränderter Preise nur einer der möglichen ist. Die Interaktionen zwischen den verschiedenen Parametern der Absatz-Funktionen aller in Frage

[71] Vgl. hierzu das Standardwerk von Triffin: Monopolistic Competition and General Equilibrium Theory, 1. Auflage, Cambridge (MA) 1940. Speziell zum Triffinschen Koeffizienten vgl. Vahlens Großes Wirtschaftslexikon l.c., Band 3, S.1400f.
[72] Vgl. Krelle, Preistheorie, 1. Auflage, Tübingen 1961, S. 8f.
[73] Vgl. Brede, Möglichkeiten zur Bestimmung der Nachfrageverwandtschaft mit Hilfe von Indikatoren, 1. Auflage, Frankfurt 1976, S. 102.
[74] Vgl. Triffin l.c., S. 88.
[75] Vgl. Felderer/Homburg l.c., S. 17.

kommenden Konkurrenzprodukte ist in der Praxis nicht quantifizierbar. Damit ist die Kreuzpreiselastizität in der Realität nicht operationalisierbar.

Selbst wenn eine Operationalisierung gelänge, könnte die Kreuzpreiselastizität für die Intention der wettbewerbsrechtlichen Normen nur begrenzt von Nutzen sein. Sie erlaubt keine Antizipation des Einflusses von Neuprodukten. Da sie zwangsläufig auf Erfahrungswerte der Vergangenheit zurückgreifen muß, kann sie nicht im Sinne einer Ex-Ante-Analyse herangezogen werden, sondern allenfalls als Ex-Post-Verfahren Verwendung finden. Wie wir bereits im letzten Kapitel festgestellt haben, erlauben die deutschen wie auch die europäischen Vorschriften zum Schutz des Wettbewerbs jedoch keine nachträgliche Beseitigung einmal entstandener Marktmacht. Für ein Marktabgrenzungsverfahren ist daher die Möglichkeit einer Ex-Ante-Berücksichtigung von zukünftigen Entwicklungen obligatorisch[76].

Damit ist zunächst festzustellen, daß die Kreuzpreiselastizität für die Marktabgrenzung im Einzelfall nicht anwendbar ist. Reliable Ergebnisse läßt sie nicht erwarten.

(3) Unterschiedliche Märkte für Präferenz- und Preisgüter

Eine der Kreuzpreiselastizität ähnliche Maßgröße ist die einfache Preiselastizität der Nachfrage. Unter der Preiselastizität ε der Nachfrage versteht man das Verhältnis zwischen einer relativen Veränderung des Preises und der dadurch bewirkten relativen Änderung der Absatzmenge des gleichen Gutes[77]. Ihre Ermittlung bedarf eines geringeren empirischen Aufwandes als die Bestimmung der Kreuzpreiselastizität. Die Preiselastizität ist im Hinblick auf ihre Reliabilität allerdings den gleichen statistischen Bedenken ausgesetzt wie die Kreuzpreiselastizität.

Im Rahmen einer Ceteris-Paribus-Analyse vermag sie jedoch Grundsätzliches über den Unterschied zwischen Massen- und Markenwaren auszusagen. Für unsere Betrachtung sei angenommen, daß sowohl die eigenen, als auch die Marketingmaßnahmen der Konkurrenz unverändert bleiben sollen. Betrachtet wird also allein die Reaktion der Nachfrage auf eine isolierte Preisveränderung.

Markenartikel unterscheiden sich in wesentlicher Hinsicht von Gütern, die mittels einer Massenmarketingstrategie vermarktet werden. Letztere erzielen ihren

[76] Dieses, darauf sei an dieser Stelle bereits hingewiesen, spricht bereits dafür, auch potentiellen Wettbewerb mit in den relevanten Markt einzubeziehen. Wir werden später hierauf zurückkommen.
[77] Vgl. Nieschlag/Dichtl/Hörschgen l.c., S. 326.

Return on Investment im wesentlichen über aggressives Ausnutzen von Kostenvorteilen durch Erfahrungskurven und Größendegressionseffekte[78]. Für ein aufwendiges Marketing verbleibt bei einer solchen Strategie kaum ein Spielraum.

Anders verhält es sich mit Markenwaren. Als Ausdruck der Präferenzstrategie sollen sie dazu dienen, ein Gut zu individualisieren, um es gleichsam aus der Fülle von auf den ersten Blick vergleichbaren Gütern herauszuheben[79]. Dieses soll dazu beitragen, dem Konsumenten eine spätere Wiedererkennung des Gutes zu ermöglichen. Um ein Erzeugnis mit einem speziellen Profil verbinden zu können, ist eine Differenzierung vom konkurrierenden Angebot erforderlich. Markenartikel sollen spezifischen Wünschen und Erwartungen der Abnehmer durch qualitativ hochwertige Elemente gerecht werden. Überdurchschnittliche Qualität führt zu höheren Kosten in der Produktion. Der Aufbau eines entsprechenden Images erfordert den mit hohen Kosten verbundenen Einsatz aller wesentlichen präferenzorientierten Marketinginstrumente[80].

Diese Strategie erzeugt im Idealfall eine mehrdimensionale Präferenzbildung, durch die eine etablierte Marke nur noch bedingt mit einem anderen Gut austauschbar ist[81]. Eine solche Konsumentenpräferenz führt dazu, daß Veränderungen des Preises bei Markenartikeln nicht so schnell zu Substitutionreaktionen der Verbraucher führen, wie es etwa bei den nicht-profilierten Massenartikeln der Fall ist. Differenzierung durch Marken schirmt gegen den Wettbewerb ab, indem sie Abnehmer an die Marke bindet und deren Preisempfindlichkeit verringert[82].

Allein diese Wirkung vermag die höheren Investitionen bei Markenartikeln zu rechtfertigen. Die Markenware verfügt damit über eine geringere Preiselastizität der Nachfrage als die Massenware. Abbildung 2-1 verdeutlicht dieses am unterschiedlichen Verlauf der Preis-Absatz-Funktionen[83].

Die Preis-Absatz-Funktion der Massengüter ist durch die durchgezogene Linie dargestellt. Mit steigendem Preis sinkt die Nachfrage, weil die Konsumenten zunehmend mit der Substitution durch vergleichbare Güter beginnen. Ganz anders verhält es sich mit den durch die gestrichelte Funktion dargestellten Markenartikeln. Bei einem zu hohen Preis vermag der Qualitäts- und Kommunikationsvorteil nicht mehr den am Markt herrschenden Preis zu rechtfertigen. Sub-

[78] Vgl. Porter, Wettbewerbsstrategie l.c., S. 62ff.
[79] Vgl. Porter l.c., S. 65ff.
[80] Vgl. Becker, Marketingkonzeption, 3. Auflage, München 1990, S. 158.
[81] Vgl. Becker l.c.
[82] Vgl. hierzu auch Porter l.c., S. 66.
[83] Zur sogenannten doppelt geknickten Preis-Absatz-Funktion vgl. Scherer/Ross, Industrial Market Structure and Economic Performance, 2. Auflage, Chicago 1980, S. 164ff.

stitution erfolgt hier auf dem gleichen Niveau wie bei den Massenwaren. Der linke Knick deutet auf das Niveau hin, bei dem der Preis den Abnehmern durch den höheren Nutzen gerechtfertigt erscheint. Das Vorhandensein von Nachfragepräferenzen schlägt sich hier unmittelbar auf die Preis-Absatz-Funktion nieder. Letztere weist an dieser Stelle einen quasi-monoplistischen Verlauf auf.

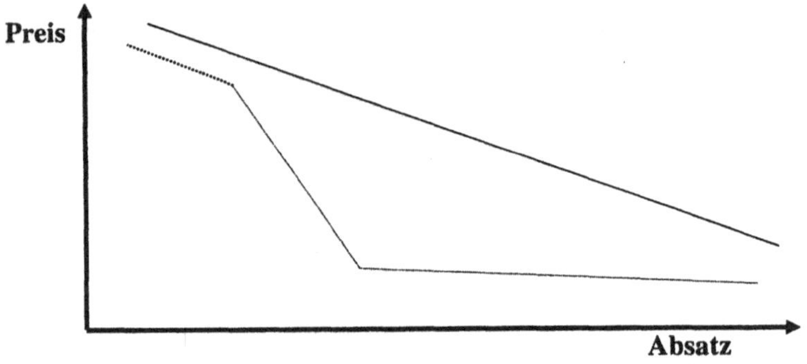

Abbildung 2-1: Preis-Absatz-Funktionen im Vergleich

Die Nachfrage geht im Verhältnis zu den Massenartikeln nur unterproportional mit steigendem Preis zurück, weil für die Abnehmer keine subjektiv gleichwertigen Alternativen bestehen. Der rechte Knick bei niedrigem Preisniveau deutet auf eine Kundenfluktuation in Richtung des betrachteten Gutes hin. Dieses sind diejenigen Nachfrager, die bisher ein Surrogat präferierten, aber bei niedrigem Preisniveau zum Wechsel bereit sind[84]. Aufgrund des Verlaufes spricht man in diesem Zusammenhang auch von einer doppelt geknickten Preis-Absatz-Funktion bei Markenartikeln[85].

Die Bedeutung dieser Feststellung ist für die Abgrenzung relevanter Märkte ganz wesentlich. Die Preiselastizität der Nachfrage nach Markenartikeln ist wesentlich geringer als die bei Massenwaren. Insofern erfolgt bei ersteren die Substitution durch andere Güter erst nach Erreichen eines hohen Preisniveaus. Wenn aber Markenartikel erst bei einem höheren Preisniveau substituiert werden als nicht-profilierte Güter, dann geht dieses zwingend mit einer geringen Kreuzpreiselastizität mit anderen Erzeugnissen einher. Dieses gilt zumindest für den quasi-monopolisitischen Bereich der Preis-Absatz-Funktion. Der Marktpreis wird in aller Regel innerhalb dieses Bereiches liegen.

---

[84] Vgl. auch Nieschlag/Dichtl/Hörschgen l.c., S.322ff.
[85] Vgl. Nieschlag/Dichtl/Hörschgen l.c., S.324.

Aufgrund der signifikant unterschiedlichen Kreuzpreiselastizitäten von Markenwaren und Massenerzeugnissen ist zu schlußfolgern, daß beide Arten von Gütern dem Grundsatz nach unterschiedlichen relevanten Märkten zuzuordnen sind.

Auch wenn Elastizitäten aufgrund der ihnen innewohnenden mangelnden Reliabilität im praktischen Einzelfall kaum anwendbar sind, so können sie im Rahmen der hier durchgeführten Ceteris-Paribus-Analyse grundsätzliche Zusammenhänge aufzeigen.

Die divergierenden strategischen Ansätze von Marken- und Massenartikeln sind vor allem im Bereich des privaten Konsums von wesentlicher Bedeutung[86]. Marken- und Massenartikel werden dort in aller Regel unterschiedlichen Märkte zuzuordnen sein.

cc.) Marktabgrenzung aus der Sicht der Unternehmenspläne

Die sogenannte „Freiburger Schule" um Walter Eucken ging vom Modell der vollständigen Konkurrenz als Leitbild eines funktionierenden Wettbewerbs aus. Bereits Eucken wies darauf hin, daß die Unternehmen ihrem Verhalten am Markt bewußt oder unbewußt Pläne zugrunde legen, nach denen sie über die Art ihres Verhaltens entscheiden[87].

Dieser Gedanke wurde verschiedentlich aufgegriffen, um die Grenzen des relevanten Marktes festzustellen. Teilweise wurde sogar vertreten, das Verhalten des Unternehmens selbst sei geeignet, das Bestehen von Marktmacht zu konstatieren. Streng genommen gehört letztere Interpretation nicht zum Bedarfsmarktkonzept, soll aber aus Gründen der Übersichtlichkeit hier behandelt werden. Andere Autoren sind dem entgegen der Ansicht, aus den Unternehmensplänen seien die Marktgrenzen, nicht aber das Bestehen von Marktmacht zu entnehmen.

(1) Unternehmenspläne als Indikator für das Bestehen von Marktmacht

Die Vertreter dieser Interpretation beziehen sich auf die Kenntnis des Unternehmers, der selbst das sicherste Urteil darüber aussprechen könne, ob er

---

[86] Die hier durchgeführte Analyse dokumentiert in besonderem Maße die Fehlerhaftigkeit des im nächsten Kapitel kritisch diskutierten Sortimentskonzeptes; vgl. Nr. 1. d.) in Kapitel 3.

[87] Vgl. Eucken, Grundlagen der Nationalökonomie, 7. Auflage, Berlin 1959, S. 93.

marktbeherrschend sei[88]. Daher sei bei der Beherrschung des Marktes nach subjektiven Maßstäben, namentlich dem Wirtschaftsplan des Unternehmers zu urteilen[89].

Genaue Kenntnis über die einem Unternehmen offenstehende Handlungsfreiheit habe demzufolge nur das Unternehmen selbst[90]. Eine zentrale Aufgabe der Wettbewerbsbehörden besteht nach dieser Ansicht deshalb darin, die Marktkenntnis der Unternehmen für die Feststellung von Marktmacht heranzuziehen. Untersuche ein Richter die Plandaten eines Unternehmens, so betreibe er keineswegs Motivforschung, sondern er prüfe lediglich, ob konkrete Verhaltensweisen vorlägen, die den Schluß rechtfertigten, daß ein Unternehmen ohne Rücksicht auf Wettbewerber handeln könne[91]. Ein Wirtschaftsplan sei insofern nur ein subjektiv gefaßtes Kriterium, das es gestatte, die objektive Marktstruktur zu erkennen.

Nach den Vertretern dieser Ansicht ist allein zu prüfen, ob das Verhalten des Unternehmens im Wettbewerb nur durch das Fehlen wesentlichen Wettbewerbs erklärt werden kann[92]. Vergleichsmaßstab sei der Zustand, der herrschen würde, wenn das Unternehmen wesentlichem Wettbewerb ausgesetzt wäre. Ob gerade das Fehlen wesentlichen Wettbewerbs einen Mißbrauch oder eine verbotene Diskriminierung ermöglicht habe, könne nur eine nähere Untersuchung des Tatbestandes zeigen. An der herrschenden Meinung sei zum einen die fehlende Berücksichtigung subjektiver Erfordernisse[93] und zum anderen die mangelnde Möglichkeit, eine Austauschbeziehung zwischen Gütern zu messen[94], zu kritisieren.

Diese Ansicht wird verschiedentlich als eine nur unterschiedliche Methode zur Ermittlung der Austauschbarkeit von Gütern interpretiert[95]. Letzterem kann jedoch nicht zugestimmt werden. Eine solche Sichtweise verzichtet nämlich vollkommen auf eine gegenständliche Marktabgrenzung, um von den aus den Wirtschaftsplänen zu entnehmenden Marktverhaltensweisen der Unternehmen direkt auf das Bestehen einer marktbeherrschenden Stellung zu schließen[96].

---

[88] Vgl. Borchardt/Fikentscher, Wettbewerb, Wettbewerbsbeschränkung, Marktbeherrschung, Abhandlungen aus dem gesamten Handelsrecht, Bürgerlichen Recht und Konkursrecht, Heft Nr. 24, Stuttgart 1957, S. 73.
[89] Vgl. Borchardt/Fikentscher l.c., S. 73f.
[90] Vgl. Mestmäcker l.c., S. 9.
[91] Vgl. Mestmäcker l.c., S. 10.
[92] Vgl. Mestmäcker l.c., S. 16.
[93] Vgl. Mestmäcker l.c., S. 11.
[94] Wobei auf das Konzept der Kreuzpreiselastizität verwiesen wird; vgl. Mestmäcker l.c., S. 12.
[95] So z.B. von Hoppmann, Die Abgrenzung des relevanten Marktes, 1. Auflage, Baden-Baden 1974, S. 38.
[96] Der gleichen Ansicht ist auch Möschel; vgl. Immenga/Mestmäcker - Möschel l.c., Rn. 32.

(2) Unternehmenspläne als Instrument zur Ermittlung von Marktgrenzen

Eine andere, namentlich von Beckmann vertretene Ansicht orientiert sich ebenfalls am unternehmerischen Planungsprozeß[97]. Dabei wird die Abgrenzung des relevanten Marktes jedoch als notwendig erachtet[98]. Es sei sich einer wettbewerbsbedingten Methode aus der betriebswirtschaftlichen Sichtweise des betreffenden Unternehmens zu bedienen. Marktgrenzen ergäben sich zum Beispiel dann, wenn ein Unternehmen die Marktgegenseite in einzelne Segmente aufteile.

Die Abgrenzung der zu berücksichtigenden Wettbewerber habe dabei aus der Sicht der Umworbenen zu erfolgen[99]. Für das untersuchte Unternehmen stellten nämlich die Präferenz und die Marktübersicht der relevanten Marktgegenseite objektive Gegebenheiten dar. Eine gegebenenfalls vorhandene schlechte Marktübersicht der Marktgegenseite müsse berücksichtigt werden[100]. Eine solche stelle gewissermaßen ein subjektives Hindernis für eine objektiv existierende Ausweichmöglichkeit dar.

Fehlvorstellungen bei dem untersuchten Unternehmen seien dagegen irrelevant[101]. Wenn sich der Unternehmer selbst zu stark einschätze, würde er vom Markt eines besseren belehrt. Würde der Unternehmer sich dagegen als zu schwach einschätzen, müsse gleichwohl eingegriffen werden, weil der jeweilige Marktgegner trotz dessen beeinflußbar wäre.

Wir wollen die Kernaussagen dieser Ansicht zusammenfassen:

- Bei der Bestimmung der Marktgrenzen kann ein Blick auf das Unternehmensverhalten geboten sein, weil dieses durch seine Auswirkung auf eine isolierte Gruppe von Abnehmern Aufschluß über die Grenzen geben kann. In einem ersten Schritt ist danach zu fragen, ob der Unternehmer seinen Markt bereits selbst abgegrenzt hat[102];

- Die subjektive Sicht der Marktgegenseite über das Bestehen einer Ausweichmöglichkeit soll relevant sein, weil eben diese die Möglichkeiten des betreffenden Unternehmens zu einem unabhängigen Handeln bestimmt;

---

[97] Vgl. Beckmann, Die Abgrenzung des relevanten Marktes im Gesetz gegen Wettbewerbsbeschränkungen, 1. Auflage, Bad Homburg 1968.
[98] Vgl. Beckmann l.c., S. 168.
[99] Vgl. Beckmann l.c., S. 122.
[100] Vgl. Beckmann l.c., S. 123.
[101] Vgl. Beckmann l.c., S. 122.
[102] Vgl. Beckmann l.c., S. 140.

- Ausgangspunkt der Abgrenzung ist die Verwendungsmöglichkeit des betreffenden Gutes. Ein unterschiedlicher Verwendungszweck spricht für verschiedene Märkte[103].

(3) Stellungnahme

Indem Beckmann auf die Ansicht der relevanten Marktgegenseite über die Existenz einer Ausweichmöglichkeit abstellt, betont er den Wettbewerbsbezug der Marktabgrenzung. Die Abgrenzung mit der herrschenden Meinung stets mit Hilfe eines theoretischen Konstruktes, wie dem sogenannten verständigen Verbraucher vorzunehmen, erscheint in der Tat zu pauschal. Wir werden an anderer Stelle hierauf zurückkommen[104].

Problematisch ist dem gegenüber die Annahme der Irrelevanz unternehmerischer Fehleinschätzungen. Es ist äußerst zweifelhaft, ob es einem Richter möglich sein wird, die Fehlvorstellung eines mit den wirtschaftlichen Details vertrauten Unternehmers zu erkennen. Mit anderen Worten: Es wird ex-ante nur in wenigen Ausnahmen möglich sein, eine Fehleinschätzung zweifelsfrei festzustellen.

Mit der ersten Ansicht aus den Maßnahmeplänen der Unternehmen unmittelbar auf eine marktbeherrschende Stellung zu schließen, ist aufgrund der Ambivalenz unternehmerischer Entscheidungen nicht möglich. Interne Subventionierung von Unternehmenseinheiten[105] oder übergeordnete strategische Vorgaben lassen die Beantwortung der Frage, ob eine Maßnahme auf das Fehlen wesentlichen Wettbewerbs zurückzuführen ist, als unrealistisch erscheinen. Eine eindeutige Aussage über das Vorliegen eines rationalen, auf Gewinnmaximierung gerichteten Verhaltens erscheint ebensowenig denkbar[106].

Unternehmenspläne geben auch keinen zuverlässigen Aufschluß über vorhandene Marktgrenzen. Dieser Ansicht ist insofern zu widersprechen, als daß durch Unternehmen vorgenommene Unterteilungen der Marktgegenseite keinesfalls zutreffend sein müssen. In Zweifelsfällen ist es für die abgrenzenden Behörden oder Gerichte unausweichlich, eigene Erhebungen über das Vorliegen von Teilmärkten vorzunehmen. Das vierte Kapitel dieser Arbeit wird sich ausführlich mit dieser Problematik beschäftigen[107].

---

[103] Vgl. Beckmann l.c., S. 142.
[104] Vgl. unten Kapitel 4 Nr. 1 c.).
[105] Vgl. hierzu ausführlich: Porter, Wettbewerbsvorteile, 4. Auflage, Frankfurt 1996, S. 549ff.
[106] Dieses aber verlangt Mestmäcker; vgl. Mestmäcker l.c., S. 18.
[107] Vgl. unten Kapitel 4.

Unternehmenspläne sind demzufolge für die Abgrenzung relevanter Märkte ungeeignet, da sie zum einen auf Fehleinschätzungen beruhen können und zum anderen aufgrund der Ambivalenz unternehmerischen Verhaltens kaum einzuordnen sind. Ein weiteres Problem ist die Datenerhebung. Zutreffende Angaben von den Unternehmen zu erhalten wird sich nicht zuletzt wegen erheblicher Geheimhaltungsinteressen als schwierig erweisen[108].

Beckmann ist allerdings zuzugeben, daß ein unterschiedlicher Verwendungszweck für unterschiedliche Märkte sprechen kann. Der Umkehrschluß, daß ein gleicher Verwendungszweck auch für gleiche Märkte sprechen müsse, ist jedoch nicht zulässig. Letztlich geht es bei der Bestimmung einer Ausweichmöglichkeit um die Ermittlung von Austauschbeziehungen. Ein gleicher objektiver Verwendungszweck kann jedoch allenfalls auf objektive Ähnlichkeiten zwischen den Produkten hinweisen. Von der bloßen Ähnlichkeit kann jedoch nicht auf eine subjektive Austauschbarkeit geschlossen werden[109].

Das Abstellen auf einen mehr oder minder konkretisierten Verwendungszweck soll nach seinen Befürwortern ferner der Tatsache Rechnung tragen, daß die Vorstellung über das Bedürfnis nach einem Gut in unterschiedlichem Maße ausgeprägt sei. So kämen für den Verwendungszweck „Geschenk" beispielsweise andere Ersatzgüter in Betracht, als für den Wunsch nach einem Blumenschmuck, obwohl auch dieser grundsätzlich als Geschenk geeignet wäre.

Bei genauerer Betrachtung erweist sich dieses Argument als die sachwidrige Vermengung von verschiedenen Stufen der Konkretisierung eines Bedürfnisses. Nur Bedürfnisse der gleichen Konkretisierungsstufe lassen sich miteinander vergleichen. Lediglich bei vollständiger Konkretisierung eines Bedürfnisses im Hinblick auf einen bestimmten Bedarf ist dieses Ursache für eine spezifische Nachfrage. Hierauf wird im vierten Kapitel näher einzugehen sein[110].

b.) Abgrenzung aufgrund der Angebotssubstitution

Im Normalfall reicht die Ermittlung der Möglichkeit einer Nachfragesubstitution für die Bestimmung der Grenzen des relevanten Marktes aus. In Zweifelsfällen wird allerdings verschiedentlich die Möglichkeit der Angebotssubstitution ergänzend herangezogen[111].

---

[108] Vgl. in diesem Zusammenhang auch Baum, Der relevante Markt als Problem der Wettbewerbspolitik, in: WuW 6/1980, S. 636ff. (405f.).

[109] Dieser Ansicht im Ergebnis folgend auch Hoppmann l.c., S. 36.

[110] Vgl. unten Kapitel 4 Nr. 2 a.) aa.).

[111] Vgl. hierzu näher Schröter - Groeben/Thiesing/Ehlermann, Kommentar zum EWG-Vertrag, 4. Auflage, Baden-Baden 1991, Band 1, Art 86 a. F. (Art. 82 n. F.), Rn. 116.

Unter der Möglichkeit einer Substitution des Angebotes ist die Fähigkeit anderer Wirtschaftssubjekte zu verstehen, kurz- oder zumindest mittelfristig die eigene Produktion umzustellen und so in den zu untersuchenden Markt einzutreten. Synonym wird in diesem Zusammenhang der Begriff des potentiellen Wettbewerbs verwendet[112]. Potentieller Wettbewerb ist auf den relevanten Markt gerichtet, aber zum betrachteten Zeitpunkt noch nicht präsent[113]. Vor der letzten Novelle des GWB wurde er vor allem von der Rechtsprechung häufig als ein Bestandteil des relevanten Marktes aufgefaßt[114]. In der Neufassung von § 19 Absatz 2 Nr. 2 GWB wurde potentieller Wettbewerb ausdrücklich als ein Indiz für das Bestehen von Marktmach in das Gesetz aufgenommen.

Um eine Feststellung darüber treffen zu können, ob ein Markteintritt durch potentielle Konkurrenten realistisch erscheint, bedarf es einer eingehenden Analyse des wirtschaftlichen Umfeldes, insbesondere der Triebfedern des Wettbewerbs und der Markteintrittsbarrieren[115].

Modelltheoretisch ist die Möglichkeit der Angebotssubstitution zwar mit Hilfe der sogenannten Programmelastizität der potentiellen Mitbewerber möglich. In der Praxis muß jedoch regelmäßig auf die Prognose von Experten und Brancheninsidern zurückgegriffen werden, weil Geheimhaltungsinteressen eine diesbezügliche branchenweite empirische Untersuchung kaum zulassen werden. Im vierten Kapitel werden wir uns eingehend mit potentiellem Wettbewerb auseinandersetzen[116].

c.) Abgrenzung mit Hilfe der Wertschöpfung

Insbesondere bei Dienstleistungen wird mitunter auf die Wertschöpfung von zwei Anbietern zurückgegriffen. Eine ähnliche Wertschöpfung deutet nach diesem Ansatz auf die Existenz eines gemeinsamen relevanten Marktes hin.
Mathematisch läßt sich die Wertschöpfung einerseits durch eine Subtraktion der eingesetzten Aufwendungen von dem auf dem Markt erzielten Preis ermit-

---

112 Dieser wird allerdings teilweise auch auf „Potentielle Wettbewerber" ohne vergleichbare Technologie oder ein ähnliches Produkt ausgedehnt. Im folgenden soll unterstellt werden, ein potentieller Wettbewerber müsse als Grundvoraussetzung entweder über eine dem Standard entsprechende Basistechnologie oder aber über ein innovatives Surrogat verfügen.

113 Vgl. Kantzenbach/Krüger, Zur Frage der richtigen Abgrenzung des sachlich relevanten Marktes bei der wettbewerbspolitischen Beurteilung von Unternehmenszusammenschlüssen, in: WuW 1990, S. 472ff. (476).

114 Vgl. hierzu unten Kapitel 3 Nr. 2 c.) hh.).

115 Vgl. ausführlich unten in Kapitel 4 Nr. 1 b.).

116 Vgl. unten in Kapitel 4 Nr. 1 b.). Dies ist aufgrund der bereits genannten Doppelfunktion von bestehendem oder potentiellem Wettbewerb geboten, da potentieller Wettbewerb auch dazu geeignet ist, die Grenzen eines relevanten Marktes abzustecken.

teln[117]. Hilfsweise kann andererseits auch das Verhältnis vom Anteil des eigenen Auftragsvolumens am Gesamtvolumen der Aufträge zu dem Anteil der eigenen Unternehmung am Gesamtumsatz herangezogen werden.
Hohe Umsätze bei vergleichsweise geringem Auftragsvolumen deuten aus diesem Blickwinkel auf eine überdurchschnittliche Wertschöpfung und mithin unterschiedliche Märkte hin.

d.) Die Bedeutung von Substituten

Abzugrenzen sind die Güter eines relevanten Marktes nach allgemeiner Ansicht von solchen Substituten, die aufgrund einer anders ausgeprägten Befriedigung des jeweiligen Bedürfnisses nicht dem gleichen, sondern einem anderen Markt zuzuordnen sind. Diese Substitute werden dabei als diejenigen Güter verstanden, die vom Verkehr nicht ohne weiteres als mit den Produkten des relevanten Marktes austauschbar angesehen werden, diese aber unter Umständen zumindest teilweise ersetzen können[118]. Solche Güter sollen aufgrund von beim Verbraucher vorhandenen Hemmschwellen bezüglich der Austauschbarkeit nicht zum relevanten Markt gerechnet werden[119].

Die Möglichkeit eines Ersatzes durch Substitute gehört nach der Rechtsprechung systematisch zu der Beantwortung der Frage nach einer marktbeherrschenden Stellung.

Wo genau die Grenze zwischen einem zum relevanten Markt gehörenden Ersatzprodukt und einem auszugrenzenden Substitut zu ziehen ist, wird von dieser Interpretation freilich offengelassen. Hemmschwellen werden häufig bereits bei der in Aussicht gestellten Auswahl eines anderen als des eigentlich präferierten Gutes bestehen. Einzige Aussage dieser Ansicht ist demzufolge, daß neben den Gütern eines relevanten Marktes auch Produkte existieren können, auf die der Verraucher notfalls zurückgreifen wird, die er aber in seine ursprüngliche Auswahlentscheidung nicht miteinbezieht.

---

[117] Bei dieser Berechnung sind zunächst alle vom Betrieb nach außen abgegebenen Werte zu addieren und von diesen sind dann alle von außen in das Unternehmen geflossenen Werte, insbesondere Roh-, Hilfs- und Betriebsstoffe sowie Abschreibungen abzuziehen; vgl. Vahlens Großes Wirtschaftslexikon l.c., Band 4, S. 2352f.

[118] Vgl. v. Gamm, Potentieller Wettbewerb – Substitutionswettbewerb, in: Festschrift für Gerd Pfeiffer 1988, S. 643ff. (653).

[119] Vgl. v. Gamm l.c.; Emmerich l.c., S. 235.

2. Fehlende Notwendigkeit der Abgrenzung relevanter Märkte

Einer anderen Ansicht zufolge ist die Abgrenzung relevanter Märkte überhaupt nicht erforderlich[120].
Nach diesem Verständnis ist unter Wettbewerb nicht ein Streben oder Handeln in einem Marktprozeß zu verstehen, sondern eine Beschränkung des Verhaltensspielraumes des Unternehmers[121]. Funktionierender Wettbewerb beschränke die Verhaltensautonomie des einzelnen. Die Beschränkung des Wettbewerbs wirke in der Weise, daß, wenn ihr zuwidergehandelt werde, der Absatz zurückginge[122].

Bei einer Störung des Wettbewerbs sei dagegen der Verhaltensspielraum des einzelnen nicht hinreichend beschränkt. Letzterer wiederum gliedere sich in einen wettbewerbsabhängigen und einen wettbewerbsunabhängigen Verhaltensspielraum[123]. Der wettbewerbsunabhängige Verhaltensspielraum ist nach dieser Ansicht für die Normen des GWB irrelevant, da der Wettbewerb auf diesen keinen Einfluß ausüben kann[124]. Seine Unterwerfung unter die Regeln des GWB bewirke lediglich eine Beschneidung wirtschaftlicher Leistungskraft.

Relevant für das GWB und insbesondere § 19 GWB sei vielmehr allein der wettbewerbsabhängige Verhaltensspielraum. Zur Begründung dieser Aussage wird Gesetz gegen Wettbewerbsbeschränkungen herangezogen. Dieses solle nicht den Wettbewerb in Form von Leistungskraft bekämpfen, sondern lediglich Beschränkungen des Wettbewerbs. Bei der Ermittlung des relevanten Verhaltensspielraums seien die bekannten Ausweichmöglichkeiten der Abnehmer zu berücksichtigen[125].

Als Konsequenz dieser Schlußfolgerung verzichten ihre Vertreter ganz auf die Abgrenzung relevanten Märkte[126]. Der Verhaltensspielraum beziehe sich nämlich auf ein bestimmtes Produkt. Es sei notwendig, festzustellen, bei welchem Produkt der Verhaltensspielraum bestehe, nicht aber auf welchem Markt er gegeben sei. Insofern bedürfe es nicht der Zuordnung zu einem solchen.

---

[120] Vgl. Knöpfle, Ist es für die Beurteilung, ob ein Unternehmen eine marktbeherrschende Stellung hat, notwendig, den relevanten Markt zu bestimmen ?, in: DB 27-28/1990, S. 1385ff.
[121] Vgl. Knöpfle l.c., S. 1389.
[122] Vgl. Knöpfle l.c., S. 1385.
[123] Vgl. Knöpfle l.c., S. 1386.
[124] Wobei Knöpfle eine Handlung, die für die Abnehmer günstig ist, als wettbewerbsunabhängig einstuft.
[125] Vgl. Knöpfle l.c., S. 1388.
[126] Vgl. Knöpfle l.c., S. 1387.

Maßgeblich ist nach dieser Interpretation allein das Ausmaß der Abwanderung der Abnehmer im Falle einer für die Marktpartner nachteiligen Verhaltensänderung, wie beispielsweise einer Preiserhöhung oder einer Qualitätsverschlechterung. Dieses eben seien Überlegungen, die sich Unternehmer stellen würden. Letztere würden den Markt als solchen gar nicht zum Gegenstand ihrer Betrachtungen machen[127].

Diese Lehre ist in der Literatur auf erheblichen Widerspruch gestoßen. Ihr wird entgegengehalten, sie sei auf das Austauschverhältnis von Anbieter und Abnehmer unter gleichzeitiger Ausblendung des Parallelprozesses zwischen den Konkurrenten beschränkt[128]. Dieses widerspreche demzufolge der Konzeption des § 19 GWB, der nicht nur den Ausbeutungsmißbrauch, sondern explizit auch den Behinderungsmißbrauch erfasse.

Ein Verzicht auf die Abgrenzung relevanter Märkte ist aber auch aus anderen Gründen abzulehnen:

Diese Lehre schlägt zur Ermittlung einer marktbeherrschenden Stellung vor, auf den Absatzrückgang bei der Durchführung von für den Verbraucher nachteiligen Maßnahmen abzustellen: „(...) wenn eine hochwertige Sektmarke bei einer Preiserhöhung von 5% nur 2% an Absatz verliert, hat das Unternehmen bei ihr eine marktbeherrschende Stellung, und zwar unabhängig davon, ob man einen Markt für hochwertigen Sekt, für Sekt oder Für Wein und Sekt zusammen annimmt.“[129]

Bei dieser Betrachtung handelt es sich um den methodischen Ansatz der Preiselastizität der Nachfrage. Wie wir bereits bei der Behandlung der Elastizitäten festgestellt haben, mögen diese zwar als theoretisches Konstrukt oder als Instrument von Ceteris-Paribus-Analysen durchaus von Interesse sein. In der Praxis sind sie allerdings nicht operationalisierbar.

Auch dem Argument, die Unternehmen würden sich mit der Zusammensetzung relevanter Märkte überhaupt nicht befassen[130], kann nicht zugestimmt werden. Gerade die Zusammensetzung von Märkten und Branchen ist für die Unternehmen von besonderer Wichtigkeit. Betriebswirtschaftliche Verfahren wie die Marktsegmentierung tragen dieser Tatsache Rechnung[131]. Branchen- und Marktanalysen werden von der ganz herrschenden Meinung der betriebswirt-

---

[127] Vgl. Knöpfle l.c., S. 1388.
[128] Vgl. Immenga/Mestmäcker - Möschel l.c., Rn. 22.
[129] Knöpfle l.c., S. 1388. Knöpfle versäumt es allerdings, diese Aussage näher zu erläutern, so daß sie aufgrund mangelnder Verifikation schon betriebswirtschaftlich nicht nachvollziehbar ist.
[130] Vgl. Knöpfle l.c.
[131] Vgl. unten in Kapitel 4 Nr. 2 a.) bb.).

schaftlichen Literatur als obligatorisch angesehen, um im Wettbewerb langfristig bestehen zu können[132]. Ohne derartige Analysen wäre es überhaupt nicht möglich, neue Produkte systematisch im Markt zu plazieren.
Für Produktinnovationen existieren keine Erfahrungswerte über Absatzreaktionen auf Variationen der absatzpolitischen Parameter. Würde sich der Unternehmer in dieser Situation nicht mit den Besonderheiten des Marktes auseinandersetzen, bestünde kaum die Chance einer erfolgreichen Markteinführung.

Das GWB ist darüber hinaus bezüglich seiner Eingriffsvoraussetzungen eindeutig. Wenn die im Gesetz genannten Kriterien einer marktbeherrschenden Stellung nicht erfüllt sind, käme ein Schließen der Beweislücke durch einen Rückgriff auf die Verhaltensweisen der Anbieter einem voraussetzungslosen Eingriff nahe[133]. Ein Rückschluß von diesen Verhaltensweisen auf eine marktbeherrschende Stellung ist aber rein spekulativ.

3. Fazit

Wie gezeigt wurde, ermangelt es allen in der Literatur vorgetragenen Ansätzen zur Marktabgrenzung an klaren Handlungsanweisungen für die Verfahrensweise im Einzelfall. Darüber hinaus wurde dargelegt, daß die vorgetragenen Konzepte vielfach erheblichen methodischen Bedenken ausgesetzt sind.

Die Unsicherheit über die bei einer Marktabgrenzung vorzunehmenden Einzelschritte führt in der Praxis dazu, daß eine Vielzahl gänzlich unterschiedlicher Kriterien herangezogen wird, um die Grenzen eines relevanten Marktes zu bestimmen. Wir werden dies im nächsten Kapitel anhand einer Vielzahl von Beispielen aus der Rechtspraxis dokumentieren. Das vierte und fünfte Kapitel werden sich schließlich mit dem Versuch befassen, ein methodisch eindeutiges Konzept zur Marktabgrenzung im Einzelfall zu entwickeln, welches dazu geeignet ist, den abgrenzenden Behörden und Gerichten klare Handlungsanweisungen zu liefern.

---

[132] Vgl. so statt vieler: Porter, Wettbewerbsstrategie l.c., S. 25ff.
[133] Vgl. hierzu auch Baum l.c., S.404.

Kapitel 3

Branchenbezogene Rechtsprechungsanalyse

Gegenstand dieses Kapitels ist die branchenbezogene Analyse von Entscheidungen und Urteilen, die sich mit der Abgrenzung des relevanten Marktes beschäftigen. Unter den heute gegebenen Rahmenbedingungen erscheint eine gemeinsame Betrachtung von nationaler und europäischer Rechtsanwendung geboten. Vielfach gleichen sich die Kriterien der sachlichen Marktabgrenzung ohnehin. Die Abgrenzung des räumlich relevanten Marktes ist dagegen ein Beispiel für divergierende Standpunkte von deutscher und europäischer Rechtsanwendung.
Dieses Kapitel soll zunächst zeigen, daß unterschiedliche Branchen per se ganz andere Anforderungen an eine Marktabgrenzung stellen können. Anhand einer Vielzahl von ausgewählten Entscheidungen und Urteilen sollen die bisher in der Rechtspraxis in Erscheinung getretenen Branchen auf ihre speziellen Anforderungen bezüglich der Abgrenzung relevanter Märkte hin untersucht werden.
Schließlich soll ein Katalog von allgemeingültigen, übergeordneten Kriterien erstellt werden. Soweit die Urteile dazu Veranlassung geben, werden sie diskutiert und offensichtlich fehlerhafte Marktabgrenzungskriterien werden aufgezeigt. Der in diesem Kapitel gewonnene Katalog von allgemeingültigen Determinanten soll im nächsten Kapitel dazu verwendet werden, das dort dargestellte Verfahren einer operationalisierten Marktabgrenzung zu überprüfen. Nur wenn sich alle hier gewonnenen und als richtig unterstellten Abgrenzungskriterien dort implementieren lassen, kann die Operationalisierung die wirtschaftliche Realität adäquat abbilden.

1. Entscheidungsanalyse - Sachlich relevanter Markt

a.) Güter für den privaten Konsum

aa.) Nahrungs- und Genußmittel

(1) Kreuzpreiselastizität - Chiquita, Pillsbury/Sonnen-Bassermann

In ihrer Entscheidung vom 17. Dezember 1975 hatte die Kommission über die adäquate Abgrenzung des Marktes für Bananen zu entscheiden[134]. Die United

[134] Kommission, Chiquita, Slg. 1973-1980, S. 238ff.

Brands Company (U.B.C.), eine Großimporteurin von qualitativ hochwertigen Bananen und einem Weltmarktanteil von damals 35%, hatte im Vorfeld der Streitigkeiten die Belieferung eines ihrer Großkunden, der dänischen Firma Th. Olesen A/S, Valby, eingestellt. Strittig war im nachfolgenden Verfahren vor der Kommission, wie der Markt für Bananen adäquat abzugrenzen sei. Die U.B.C. wollte als Grundlage für eine Abgrenzung den europäischen Obstmarkt insgesamt heranziehen.
Dieser Auffassung ist die Kommission jedoch nicht beigetreten. Statt dessen sah sie in dem Markt für Bananen einen eigenständigen Markt. Grund hierfür sei zunächst die Tatsache, daß die Preise anderer Obstsorten und die entsprechend angebotenen Mengen keinen signifikanten Einfluß auf die Preise und angebotenen Mengen von Bananen hätten[135]. Ausnahmen seien in manchen Regionen saisonbedingt Tafeltrauben und Pfirsiche, jedoch nur in einer solch geringen Ausprägung, daß dieses Phänomen vernachlässigt werden könne[136]. Entsprechende Erhebungen waren in Frankfurt, London und Rungis durchgeführt worden. Damit hat die Kommission in diesem Fall zunächst auf die Austauschbarkeit von Bananen mit anderen Obstsorten abgestellt. Maßgebend war die wirkliche Verbrauchersicht.

Über die einfache Prognose hinaus sind empirische Erhebungen durchgeführt worden, bei denen unter anderem nach der prozentualen Veränderung der Nachfrage nach anderen Obstsorten bei einer Preiserhöhung von Bananen gefragt wurde[137]. Auch wenn positive Korrelationen nur in äußerst geringem Maße festgestellt werden konnten, so impliziert der Tenor der Entscheidung doch eine Anerkennung der Kreuzpreiselastizität als Abgrenzungsgröße[138]. Der EuGH hat diese Abgrenzung bestätigt und dabei sogar explizit auf die Kreuzpreiselastizität als Abgrenzungskriterium hingewiesen[139].

Bei Lebensmitteln ist bei den europäischen Organen insgesamt ein Trend zu einer engen Marktabgrenzung zu beobachten, so daß durchaus ähnliche Erzeugnisse regelmäßig unterschiedlichen Märkten zugeordnet werden[140]. Das Kammergericht dagegen grenzt tendenziell weiter ab. So wird in Naßfertiggerichten insgesamt ein eigenständiger Markt gesehen, unabhängig von dem Inhalt der

---

[135] Kommission l.c., S. 248f.

[136] Kommission l.c., S. 249.

[137] Dieses genau läßt sich mit Hilfe der Kreuzpreiselastizität feststellen.

[138] Diese Entscheidung beruht auf umfangreichen statistischen Erhebungen der Kommission. Dieses ist allerdings leider nicht die Regel. Bei der sog. Scottish-Salmon-Board-Entscheidung ging die Kommission von einem einheitlichen Markt für Zuchtlachs aus, ohne sich überhaupt mit der Frage zu beschäftigen, ob dieser möglicherweise durch andere Edelfische austauschbar sein könnte; vgl. Kommission, Scottish Salmon Board, Slg. 1990-1992, S. 429ff.

[139] Vgl. EuGH, Chiqiuta-Bananen, Slg. 1978, S. 207ff. (282).

[140] So wird z.B. im Lagerbier ein eigenständiger, von anderen Biersorten abzugrenzender Markt gesehen; vgl. Kommission, Carlsberg, Slg. 1981-1985, S. 452ff. (457f.).

jeweiligen Verpackung. Unterschiede in Einzelheiten wie Konstruktion, Qualität, Preis und dergleichen seien irrelevant, da diese für eine gleichwertige und zumutbare Bedarfsdeckung des Verbrauchers nicht von Bedeutung seien[141].

Ob Naßfertiggerichte unabhängig von der Art des Gerichtes insgesamt als miteinander austauschbar angesehen werden können, erscheint zweifelhaft. Insbesondere im Hinblick auf unterschiedliche Qualitätsniveaus ist diese Entscheidung nicht nachzuvollziehen. Durch fehlende Untersuchungen des Kammergerichts bezüglich des tatsächlichen Verbraucherverhaltens sind abschließende Aussagen hierüber jedoch nicht möglich[142]. Oftmals lassen die Marktabgrenzungen, sowohl nach nationalem, wie auch nach Gemeinschaftsrecht, empirische Erhebungen beim Verbraucher vollkommen vermissen.

(2) Qualität - Pilzkonserven

Lebensmittel können, ebenso wie andere Erzeugnisse, verschiedene Qualitäten aufweisen. Diese unterschiedlichen Qualitätsstufen können dann unterschiedlichen Märkten zuzuordnen sein. So stellt die Kommission in ihrer Entscheidung bezüglich der Qualität von Pilzkonserven[143] fest, daß Frankreich und Taiwan im wesentlichen Pilzkonserven erster Qualität herstellen. Die in den Niederlanden hergestellten „Pilzkonserven, sogenannte „Güteklasse 3“, sind im Vergleich zu den besten Qualitäten Produkte zweiter Wahl. Die Pilzkonserven der Niederlande können deswegen mit den Erzeugnissen aus Frankreich und Formosa nicht konkurrieren.“[144]

Damit ist nach der Kommission die Möglichkeit gegeben, ähnliche Güter unterschiedlicher Qualitäten verschiedenen relevanten Märkte zuzuordnen[145]. Bei nahezu gleichartigen Erzeugnissen können unterschiedliche Preisniveaus auf verschiedene Qualitäten hinweisen[146].

---

[141] Vgl. WUW/E OLG, Pillsbury/Sonnen-Bassermann, 3759ff (3760).

[142] Tatsächlich sahen sich die Richter als repräsentative Vertreter der Zielgruppe, was indessen nicht zu validen Ergebnissen führen konnte; vgl. WUW/E OLG l.c., 3761.

[143] Kommission, Pilzkonserven, Slg. 1973-1980, S. 150ff.

[144] Kommission l.c., S. 151, Rn. 5.

[145] Diese Auffassung läßt sich im übrigen auch in der deutschen Rechtsanwendung passim wiederfinden. So wurden verschiedene Papiersorten aufgrund ihrer unterschiedlichen Qualität verschiedenen relevanten Märkten zugeordnet; vgl. WUW/E BKartA, Haindl/Holzmann, 1475ff. (1476).

[146] Dieses wurde vom Kammergericht neben dem Geschmack als ein Kriterium dafür herangezogen, warum Butter und Margarine unterschiedlichen Märkten zuzuordnen sind; vgl. WUW/E OLG, Rama-Mädchen, 1983ff. (1984).

Diese Auffassung wird allerdings nicht stringent vertreten. Im Fall der in den Niederlanden tätigen Mineralölgesellschaften[147] sah die Kommission den relevanten Markt in dem „Markt für Super- und Normalbenzin zur Verbrennung in Viertaktmotoren. (...)
Der Markt für Motorenbenzin bildet ein Ganzes: Super- und Normalbenzin unterscheiden sich nur durch ihre Oktanzahl (Superbenzin: 98-99° Oktan, Normalbenzin: 90° Oktan).“[148] Es wird also trotz offensichtlich unterschiedlicher Qualität ein einheitlicher Markt angenommen.

Ob unterschiedliche Qualitätsstufen eines sonst gleichartigen Erzeugnisses getrennte oder einen einheitlichen Markt bilden, kann nicht allgemeingültig beantwortet werden. Die Zuordnung zu unterschiedlichen Qualitäten enthält zumeist auch normative Elemente, nämlich die Kriterien zur Festlegung der Übergänge zwischen den einzelnen Stufen. Ob der Verbraucher die Erzeugnisse verschiedener Qualitätsniveaus des ansonsten gleichen Erzeugnisses noch für miteinander austauschbar hält, ist eine Frage des Einzelfalls. Insofern stellen die beiden vorgenannten Urteile nicht zwangsläufig einen Widerspruch dar.

Allein die von der Kommission im Mineralölfall genannte Begründung vermag nicht zu überzeugen: „Motoren mit hoher Kompression sind auf Superbenzin eingestellt. Vor allem bei einer Erdölkrise ist es aber möglich, für diese Motoren Normalbenzin zu verwenden.“[149]
Auf die besondere Situation einer Krise abzustellen, ist kein brauchbares Argument für die Beurteilung von Verbraucherverhalten. In einer Ernährungskrise werden die Verbraucher beispielsweise Futterkartoffeln als mit Kartoffeln, die für die menschliche Ernährung gezüchtet wurden, austauschbar ansehen. Trotz dessen würde niemand ernstlich diese beiden Kartoffelsorten einem einheitlichen Markt zuordnen.

(3) Marktstruktur - Unilever/Braun, Mars/ Langnese-Schöller

Nicht nur bei unterschiedlichen Nahrungsmitteln ist zu untersuchen, ob diese einem gemeinsamen, oder einem unterschiedlichen Markt zuzuordnen sind. Auch im Fall völlig identischer Nahrungsmittel kann es geboten sein, diese in unterschiedliche Märkte einzuordnen.

[147] Kommission, A.B.G. gegen in den Niederlanden tätigen Mineralölgesellschaften, Slg. 1973-1980, S. 338ff.
[148] Kommission l.c., S. 340.
[149] Kommission l.c.

Hierbei spielen die Vertriebswege eine erhebliche Rolle. Werden Nahrungsmittel als Teil einer gastronomischen Dienstleistung verkauft, so bilden diese aufgrund des damit geschaffenen Mehrwertes einen eigenständigen Markt[150].

Grundsätzlich sind frische Erzeugnisse von haltbar gemachten Lebensmitteln zu unterscheiden[151]. Bei konservierten aber ansonsten gleichen Lebensmitteln ist nochmals nach Trocken- und Teilfertiggerichten einerseits und Naßfertiggerichten andererseits zu differenzieren, während tiefgefrorene Erzeugnisse einem ganz anderen Markt zuzurechnen sind[152]. Hauptmahlzeiten und Zwischenmahlzeiten sollen grundsätzlich unterschiedliche Märkte bedienen, da sie auf differente Bedürfnisse zugeschnitten seien[153].

Darüber hinaus weisen nicht konservierte Lebensmittel die Besonderheit der schnelleren Verderblichkeit auf, was eine Unterscheidung bedingen kann. Besonders deutlich wird dieses im sogenannten Mars/Langnese-Schöller-Fall der Kommission[154], in welchem es um die Zuordnung verschiedener Typen von Speiseeis ging. Speiseeis ist dadurch gekennzeichnet, daß es nach Verlassen des Kühlbehälters nicht mehr lange aufbewahrt werden kann. Da ein Verzehr häufig an die Nähe des Vertriebskanals gebunden ist, ist dieser in besonderem Maße zu berücksichtigen. Nach der Ansicht der Kommission ist zunächst auf die Verbrauchersicht abzustellen. So bildeten die in der häuslichen Kühltruhe eingelagerten Multipaks und das von Heimdiensten angelieferte Kleineis einen eigenständigen Markt, weil diese ausschließlich zu Hause verzehrt werden könnten[155].

Zwar bildeten aus Verbrauchersicht auch alle außer Haus zu erwerbenden Einzelportionen, die nicht im Rahmen gastronomischer Dienstleistungen angeboten würden, eine austauschbare Leistung. Die Verbrauchersicht könne allerdings nicht allein ausschlaggebend sein[156].

Zum einen sei die Verschiedenheit der Vertriebskanäle auch hier zu beachten. So sei handwerklich hergestelltes Speiseeis kein Handelsobjekt, womit dieses handwerkliche Erzeugnis nicht zum Produktmarkt gehöre[157]. Zum anderen es auch auf die Produktionsstufe an. Kleineis sei zum direkten Verzehr bestimmt,

[150] Kommission, Mars/Schöller-Langnese, Slg. 1990-1992, S. 560ff., S. 568; ebenso EuGH, Henninger Bräu AG, Slg. 1991, S. I-935ff. (984).

[151] Vgl. z.B. WUW/E BKartA, Unilever/Braun, 2421ff. (2423f.); WUW/E OLG, Fertigfutter, 2403ff. (2404). Die Tatsache, daß es sich bei letzterer Entscheidung um Tierfutter handelt, ist irrelevant, da sich die Ausführungen zu Nährstoffgehalt und dem unterschiedlichen Zeitbedarf ohne weiteres auf für den menschlichen Verzehr hergestellte Nahrungsmittel übertragen lassen.

[152] Vgl. WUW/E OLG, Pillsbury/Sonnen-Bassermann, 3759ff.

[153] WUW/E OLG l.c., 3761.

[154] Kommission l.c., S. 560ff.

[155] Kommission l.c., S. 568.

[156] Kommission l.c.

[157] Kommission l.c.

während Eis für Großverbraucher erst noch ausportioniert werden müsse[158]. Auf Grundlage dieser Überlegungen kommt die Kommission zu dem Ergebnis, daß ein gesonderter Markt für industrielles Kleineis vorliegt[159].

Diese Entscheidung mach deutlich, daß neben der Verbrauchersicht noch andere Kriterien zur Abgrenzung eines relevanten Marktes führen können und zwar insbesondere die Nachfragestruktur[160] und unterschiedliche Vertriebswege. Unterschiedliche Vertriebskanäle können auch dann für verschiedene Märkte sprechen, wenn sie unterschiedliche Zielgruppen mit differierenden Bedürfnissen bedienen[161]. Darüber hinaus können die Vertriebskanäle auch regional ganz erhebliche Unterschiede aufweisen[162]. Dieses kann dazu führen, daß vollkommen identische Produkte unterschiedlichen Märkten zuzuordnen sind.

(4) Geschmack - Whisky und Gin

Alkoholische Getränke weisen eine Vielzahl von Untergruppen auf. Spirituosen stellen eine solche Untergruppe dar.

In der Whisky-und-Gin-Entscheidung hat die Kommission eine Einteilung dieses Teilbereiches in relevante Märkte vorgenommen[163]. Ursprünglich ging es darum, zu entscheiden, ob Whisky und Gin unterschiedlichen Märkten zuzuordnen sind. Dabei führt die Kommission aus, daß obwohl Getränke wie insbesondere „Gin, mit anderen „klaren Spirituosen“ wie Korn, Aquavit und Wodka gewisse Ähnlichkeiten aufweisen, wie zum Beispiel die Farblosigkeit und den

---

[158] Kommission l.c., S. 569.

[159] Kommission l.c.

[160] Dieses wird allerdings nicht einheitlich gehandhabt. So bedienen Kristallzucker für Haushalte (Packung um 1 kg) und für gewerbliche Zwecke (Packung minimal 50 kg) vollkommen unterschiedlich strukturierte Bedürfnisse. Die jeweiligen Abnehmer werden die andere Variante demnach keinesfalls für austauschbar ansehen. Trotz dessen ordnet die Kommission beide Packungsgrößen einem einheitlichen Markt zu; vgl. Kommission, Napier Brown/British Sugar, Slg. 1986-1988, S. 419ff. (430).
Das Kammergericht dagegen stellt ebenfalls auf unterschiedliche Bedarfsstrukturen als Abgrenzungskriterium ab: „Für den Marktbegriff spielt nicht nur der Bedarf und die Frage nach der Austauschbarkeit von Produkten eine Rolle, sondern auch der Kreis der angesprochenen Personen. Ergeben sich dabei wesentliche Unterschiede, indem (...) für einen Abnehmerkreis ganz andere Verhältnisse gelten ((...)Nachfragemacht, andere Preise, Werbung erforderlich usw.), so liegen verschiedene Märkte vor.“; WUW/E OLG, Sachs, 1745ff. (1749).

[161] Vgl. in diesem Zusammenhang: Kommission, Belgische Pharmazeutische Vereinigung, Slg. 1989-1990, S. 97ff. (98). Für diese Sichtweise existieren auch Beispiele aus der deutschen Rechtsanwendung. Das Bundeskartellamt sieht so z.B. im Absatz von Stickstoff in Tanks und Flaschen einen von Stickstofflieferungen in Rohrleitungen unabhängigen Markt; vgl. WUW/E BKartA, Messer Griesheim - Buse, 2319ff. (2320).

[162] Vgl. z.B. Kommission, Carlsberg, Slg. 1981-1985, S. 452ff. (456f.).

[163] Kommission, Whisky und Gin, Slg. 1981-1985, S.768ff.

Alkoholgehalt, können letztere nicht als mit alkoholischen Wachholderbeergetränken austauschbar angesehen werden, da sie (sc. selbst) einen so typischen und unverwechselbaren Geschmack haben wie Gin und andere alkoholische Wachholderbeergetränke. Daher bilden alkoholische Wachholderbeergetränke (...) einen besonderen Teilmarkt im Rahmen des Gesamtmarktes für Spirituosen."[164] Herstellung und Geschmack unterschieden ebenso „Whisk(e)y von allen anderen Spirituosen, insbesondere von allen Arten von Weinbränden oder Brandies wie Cognac, Armagnac, Weinbrand usw., die meist aus Wein gewonnen werden und selbst einen sehr typischen Geschmack aufweisen, der sich eindeutig vom Whiskeygeschmack unterscheidet."[165]

Die Kommission kommt daher zu dem Ergebnis, daß ein Verbraucher, „der Whisk(e)y zu kaufen wünscht, nicht ohne weiteres ein alkoholisches Getränk einer anderen Kategorie kaufen (sc. wird), wenn kein anderes Erzeugnis der gewünschten Kategorie verfügbar ist."[166] Damit definiert die Kommission die in der Entscheidung unterschiedenen Kategorien Whisky, Branntwein und Brandy, Likör, Branntwein aus Getreide (incl. Aquavit und Wodka), Alkoholische Wachholderbeergetränke, Rum und Branntwein aus Früchten[167] als relevante Märkte für den Teilbereich der Spirituosen.

Diese Entscheidung macht deutlich, daß es bei der Abgrenzung eines sachlich relevanten Marktes auch auf den Geschmack ankommen kann. Der Genuß von alkoholischen Getränken kann, beispielsweise zu einem guten Abendessen, der persönlichen Freizeitausgestaltung dienen. Der Verbraucher wird daher in besonderem Maße darauf achten, daß dieses Erzeugnis seinen persönlichen Geschmack trifft. In dieser Hinsicht zeigt der Genuß alkoholischer Getränke Parallelen zu dem Genuß kultureller Leistungen oder zu Reisen. Auch in diesen Bereichen wird der persönliche Geschmack als ein besonders wichtiges Abgrenzungskriterium anzusehen sein[168].

(5) Räumliche Marktabgrenzung bei Lebensmitteln

Neben den Transportkosten als Kriterium für die Abgrenzung von räumlich relevanten Märkten können einzelne Lebensmittelmärkte Besonderheiten aufwei-

[164] Kommission l.c., S. 772.
[165] Kommission l.c..
[166] Kommission l.c.
[167] Kommission l.c., S. 769f.
[168] Diese Auffassung wird, soweit ersichtlich, von den deutschen Gerichten geteilt. Das Kammergericht geht sogar insofern noch weiter, als daß es neben den einzelnen Arten von Spirituosen auch noch nach Markenerzeugnissen unterteilt, die mit gewöhnlichen Erzeugnissen der gleichen Gruppe nicht austauschbar seien; vgl. WUW/E OLG, Provision für den Bedienungsfachgroßhandel, 1581ff. (1582f.).

sen. Oftmals haben sich bestimmte Lebensmittel oder Speisen als regionale Spezialitäten herausgebildet[169]. Die Verbraucher können dann „erhebliche regionale Unterschiede in den Geschmacks- und Verbrauchsgewohnheiten“[170] aufweisen. Bei einer räumlichen Marktabgrenzung ist auf diese regionalen Unterschiede einzugehen, da ein bestimmtes Nahrungsmittel außerhalb einer bestimmten Region möglicherweise kaum abzusetzen sein wird.

bb.) Gebrauchsartikel

(1) Elektronische Geräte - Pinoneer Hi-Fi-Geräte

Trotz vieler Verfahren mit Bezug zur Unterhaltungselektronik haben sich die zuständigen Behörden und Gerichte einer genauen Abgrenzung relevanter Märkte innerhalb dieser Branche bisher entzogen[171]. Die Kommission sieht im „Markt“ für Hi-Fi-Geräte einen „sehr spezifischen Markt für Geräte, die den Orginalton möglichst genau wiedergeben sollen. Aufgrund dieses spezifischen Charakters ist der Hi-Fi-Markt enger als der allgemeine Audio-Markt, der alle Rundfunkgeräte, Kassetten- und Radiorekorder, Plattenspieler und Kompaktanlagen einschließt.“[172]

Dieses würde bedeuten, daß CD-Abpielgeräte, Kassettenrecorder und Schallplattenspieler per se dem gleichen Markt wie alle anderen Hi-Fi-Audio-Geräte zuzuordnen wären. Das Abspielen von Musik erfordert jedoch Medien, auf denen diese Musik konserviert wird. Verwender der Abspielgeräte legen sich mit der Zeit ganze Sammlungen der für ihr Gerät spezifisch geeigneten Tonträger zu. Beim Erwerb eines neuen Abspielgerätes wird der Wert der Tonträgersammlung regelmäßig den Wert des Abspielgerätes um ein Vielfaches übersteigen. Ein Umsteigen auf einen anderen Gerätetyp wird dann aus der Sicht des Verbrauchers kaum in Frage kommen. Weiterhin kann man bei Abspielgeräten im Gegensatz zu einem Radio die Musik selektiv bestimmen, während ein Radio keinen weiteren Tonträger erfordert. Radiorekorder und Kompaktanlagen sind damit mit einem Mehrfachnutzen ausgestattet, den ein einzelner CD-Spieler gar nicht erfüllen kann. Somit können die verschiedenen Geräte gar kei-

---

[169] Vgl. auch die Untersuchungen von Bartlett und Goshal, die eben aus diesen Gründen für den Bereich von Lebensmitteln eine multinationale und keine globale Marketingstrategie empfehlen; Bartlett/Goshal, Managing Across Borders, 1. Auflage, Cambridge (MA) 1989.

[170] Kommission, Nutricia/Zuid-Hollandse Conservenfabrik, Slg. 1981-1985, S. 386ff. (387).

[171] So z.B. die Kommission in den Entscheidungen SABA, Slg. 1973-1980, S. 216ff. und AEG/Telefunken, Slg. 1981-1985, S.134ff.

[172] Kommission, Pioneer Hi-Fi-Geräte, Slg. 1973-1980, S. 709ff. (712).

nen einheitlichen Bedarf bedienen. Die Abgrenzung der Kommission erweist sich infolgedessen als zu eng[173].

Etwas anderes gilt allerdings für den Fall, daß ein neuartiges Gerät ein technisch überholtes Erzeugnis ablöst. Dieses ist der Branche beispielsweise mit CD-Spielern gelungen, die den bis dahin vorherrschenden Schallplattenspieler ablösten. Eine solche Konstellation kann dazu führen, daß die unterschiedlichen Erzeugnisse dem gleichen Markt zuzuordnen sind. Zur Beantwortung dieser Frage sind allerdings empirische Erhebungen obligatorisch.

Zunächst ist an den verschiedenen Gerätetypen anzusetzen. Es ist danach zu fragen, ob eine Substitution überhaupt in Betracht kommen kann. In einem zweiten Schritt muß zwischen verschiedenen Qualitätsstufen, auch im Hinblick auf unterschiedliche Wertschöpfungsansprüche der Verbraucher, unterschieden werden.

(2) Haushaltswirtschaft - Melitta/Kraft, Kampffmeyer/Plange

Bei Gütern für die Haushaltswirtschaft, gleich ob es sich um Grundstoffe für die Zubereitung von Speisen, oder um andere Haushaltsartikel handelt, ist grundsätzlich danach zu unterscheiden, welche Art von Bedürfnis diese erfüllen sollen. Nicht maßgeblich sind dagegen etwa ähnliche stoffliche Zusammensetzungen, wie von der Firma Melitta in einem Fusionsfall vorgetragen wurde[174]. So sind nach Ansicht des Bundeskartellamtes Aluminiumfolie, Frischhaltefolie, Gefrierbeutel, Frischhalte- und Frühstücksbeutel, Backpapier und Bratfolie unterschiedlichen Märkten zuzuordnen[175]. Für unterschiedliche Bedürfnisse kann in diesem Zusammenhang eine Mehrmarkenpolitik des Unternehmens sprechen[176].

Auch Erzeugnisse zum Kochen und Backen, wie Backmischungen, Fertigsoßen, Teigwaren und Paniermehl bedienen unterschiedliche Bedürfnisse und sind folglich nicht als austauschbar anzusehen[177]. Zusätzlich unterscheidet das

[173] Das gleiche gilt für den BGH; vgl. BGH, NJW 1992, S. 2289ff. (2289). Der EuGH scheint dementgegen der Auffassung zu sein, daß eine eingehendere Untersuchung der technischen Besonderheiten erforderlich ist, wenngleich er aufgrund der von ihm selbst erkannten besonderen Komplexität der Problemstellung dieser Frage ausweicht; vgl. EuGH, S.A. Musique Diffusion Francaise, Slg. 1983, S. 1825ff. (1900).
[174] WUW/E BKartA, Melitta/Kraft, 2370ff.
[175] WUW/E BKartA l.c., 2372.
[176] WUW/E BKartA l.c.
[177] WUW/E OLG, Kampffmeyer/Plange, 4167ff. (4169).

Kammergericht zwischen „Billigmehl" und „Markenmehl"[178]. Auch hier kann eine Mehrmarkenpolitik des Anbieters Indiz für unterschiedliche Märkte sein.

(3) Markenartikel - Maison Jalatte, Henkel/Colgate

In den bisher angeführten Beispielen wurde Qualität als Wertschöpfung durch ein de facto überlegenes Produkt verstanden. Die herkömmliche Marktabgrenzung soll aus der Sicht des verständigen Verbrauchers erfolgen, der je nach seinem individuellen Bedarf dazu bereit ist, für einen qualitativ hochwertigen Nutzen der Leistung einen höheren Preis zu zahlen. Dabei soll der verständige Verbraucher keine irrationalen Verhaltensweisen an den Tag legen. Insbesondere ist er über Produkt und Markt umfassend informiert[179].

In der Praxis verhält sich der Verbraucher jedoch nicht rational. Dieses liegt daran, daß Werbung und sonstige Markenkommunikation den Konsumenten subjektiv beeinflussen. Jeder Mensch hat jeden Tag hunderte von sogenannten Werbekontakten.

Markenartikel sind ein Beispiel dafür, daß sich die Sichtweise des verständigen Verbrauchers bei der Abgrenzung relevanter Märkte nicht stringent durchhalten läßt. Im Zeichen stagnierender und nahezu homogener europäischer Märkte setzen Unternehmen zunehmend auf eine zu etablierende Markentreue der Verbraucher. Dieses geschieht vor allem durch den Aufbau von Markennamen und Produktimage, welches dem wirklichen Grundnutzen des Produktes noch nicht einmal annähernd entsprechen muß.

Die Kommission hat dieser Tatsache in zwei ihrer Entscheidungen Rechnung getragen[180]. Im Fall Maison Jalatte SA[181] erkannte sie bei Schutzstiefeln an , daß bei derartigen Waren „die Erzeugnisse der verschiedenen Hersteller durch

---

[178] WUW/E OLG l.c.; Dieses ist im Hinblick auf die unterschiedlichen Preis-Absatz-Funktionen von Markenartikeln und Massenprodukten ohne Präferenzbildung auch sachgerecht, wie eine Ceteris-Paribus-Analyse unter Zugrundelegung der Kreuzpreiselastizität veranschaulicht. Vergleiche hierzu die Ausführungen im zweiten Kapitel Nr. 2 a.) bb.) (3).

[179] Zur Kritik an diesem Konzept vgl. auch Fischötter l.c.

[180] In der deutschen Rechtsprechung existieren ebenfalls Beispiele hierfür. Ohne auf das Vorliegen von höherwertigen qualitativen Produktmerkmalen einzugehen, führt das Kammergericht im Fall von Spirituosen beispielsweise aus: „Denn bei A. handelt es sich, wie allgemein bekannt, um einen Weinbrand von so hohem Bekanntheitsgrad und so besonderem Image, daß ein Nachfrager nicht ohne weiteres auf ein anderes Produkt verwiesen werden kann. Bei Markenartikeln wird es schon im allgemeinen schwer sein, die spezielle Nachfrage, die vom Endverbraucher ausgeht und über den Einzelhandel zum Großhandel weiterläuft, auf andere Fabrikate der Konkurrenz umzulenken."; WUW/E OLG, Provisionen im Bedienungsfachgroßhandel, 1581ff. (1582).

[181] Kommission, Maison Jallatte SA, Slg. 1964-1972, S. 29ff.

ihre besonderen Merkmale individualisiert"[182] sind. Zusätzlich ermögliche diese Individualisierung, „die durch eine Marke unterstrichen wird (...), daß sich Verbraucherpräferenzen äußern."[183]

Noch weiter geht die Kommission im Fall Henkel/Colgate[184]. Dabei wurde auf dem Markt für Textil-Reinigungsmittel zunächst eine Konzentration dahingehend festgestellt, daß Henkel, Colgate-Palmolive, Procter & Gamble und Unilever dort einen kumulierten Marktanteil von 70 - 90% hätten. Andere Hersteller spielen nach der Kommission, „obwohl auch sie vergleichbare, d.h. technisch weitgehend homogene Produkte anbieten, nur in wenigen Ländern eine bedeutendere Rolle, die stets auf einen nationalen Markt beschränkt bleibt. Außerdem wird der Zutritt zu dem Markt durch die außerordentlich intensive und aufwendige Werbung erschwert."[185]

Festzustellen ist zunächst, daß hier Verhaltensweisen berücksichtigt werden, die mit dem verständigen Verbraucher nichts gemein haben. Dieser würde, von massiver Produktwerbung unbeeindruckt, unter homogenen Gütern das Erzeugnis mit dem günstigsten Preis auswählen.

Es spricht auf dem Hintergrund immer weiter zunehmender Beeinflussung der Konsumenten durch die Medien einiges dafür, die Sichtweise des verständigen aber hypothetischen Verbrauchers durch das Verhalten des wirklichen Verbrauchers zu ersetzen. Was in der Realität von den Konsumenten nicht als austauschbar angesehen wird, sollte nicht ohne Grund dem gleichen Markt zugeordnet werden. Dieses führt zu einer ungerechtfertigten Ausweitung der Marktgrenzen, obwohl es in der Verantwortung der Unternehmen selbst liegt, wenn sie durch subjektive Beeinflussung der Verbraucher diese an ihre Erzeugnisse binden. Es ist vielmehr eine Frage des Einzelfalles, ob Verbraucherpräferenzen so weit individualisiert sind, daß gewisse Produkte oder Marken einen eigenständigen Markt bilden oder auch als Teil eines Markenartikelmarktes anzusehen sind. Auf diese Problematik wird im nächsten Kapitel näher einzugehen sein.

(4) Luxusartikel - Omega, WMF

Gebrauchsartikeln ist gemein, daß sie einen bestimmten Grundnutzen aufweisen. Erzeugnisse, die nach Ansicht des Verbrauchers das damit korrespondie-

---

[182] Kommission l.c., S. 30.
[183] Kommission l.c.
[184] Kommission, Henkel/Colgate, Slg. 1964-1972, S. 269ff.
[185] Kommission l.c., S. 269.

rende Bedürfnis besonders gut erfüllen[186] werden zu Markenartikeln. Markenartikel sind tendenziell teurer als Produkte ohne Markenimage. Einige Markenartikel entwickeln zusätzlich das Image einer gewissen Exklusivität. Neben den eigentlichen Produktnutzen tritt eine Statuswirkung. Da diese Produkte dann über das eigentlich zu bedienende Grundbedürfnis hinausgehen, läßt sich in diesem Zusammenhang von Luxusartikeln sprechen.

Der Grundnutzen von Armbanduhren beispielsweise ist, daß sie die Zeit anzeigen. Einige Armbanduhren haben zusätzlich eine Statuswirkung. In der Omega-Entscheidung[187] führt die Kommission hierzu aus: „Die internationale Kollektion von Omega-Uhren umfaßt mehrere hundert verschiedene Modelle, die sich in zwei Kategorien aufgliedern: die gewöhnlichen Modelle, (...) und die Schmuckwaren- und Luxusmodelle, die im allgemeinen in begrenzter Zahl hergestellt werden und sehr teuer sind."[188]

Erzeugnisse mit Statuswirkung sind also grundsätzlich von solchen ohne Statuswirkung abzugrenzen. Auf diesem Standpunkt steht auch der BGH, der Silberbesteck unter anderem deswegen von Edelstahlbesteck abgrenzt, weil Silberbesteck einen Prestigewert habe und insofern die Vorstellung einer gewissen Tischkultur wecke[189].

Zusätzlich ist bei der Abgrenzung des sachlich relevanten Marktes auf die Zusammensetzung der Zielkunden einzugehen. Omega-Uhren richten sich an eine andere Zielgruppe, als Chronometer der Marke Rolex. Beide Luxusartikel sind nur in einem begrenzten Maße miteinander austauschbar.

Schließlich ist bei der räumlichen Marktabgrenzung von Luxusartikeln auf regionale Präferenzen einzugehen. Eine Untersuchung über die Verkäufe von Omega-Uhren in der EWG hat ergeben, „daß der Geschmack der Käufer auf den einzelnen Märkten sehr unterschiedlich ist und daß beispielsweise von den 30 gängigsten Modellen der einzelnen Mitgliedsstaaten nur sieben von sämtlichen Generalvertretern verkauft wurden."[190]

---

[186] Womit nicht gesagt ist, daß sie dieses Bedürfnis auch wirklich wegen eines überlegenen Produktnutzens besser erfüllen. Vorausgesetzt sei ferner, daß eine gewisse Produktmarkierung vorhanden ist.
[187] Kommission, Omega, Slg. 1964-1972, S. 156ff.
[188] Kommission l.c., S. 158.
[189] WUW/E BGH, Edelstahlbestecke, 2150ff. (2514).
[190] Kommission l.c.

cc.) Kultur und Sport

Kulturgüter weisen einige Besonderheiten auf. Die Nachfrage ist in besonderem Maße vom subjektiven Empfinden der Verbraucher abhängig[191]. Anders als zum Beispiel bei Investitionsgütern spielen objektive Kriterien der Leistung häufig nur eine untergeordnete Rolle. Wer an einem Rock-Konzert teilnehmen möchte, wird eine klassische Oper nicht für austauschbar ansehen. Daher ist bei Kulturgütern in besonderem Maße das Verbraucherbedürfnis mit in die Marktabgrenzung einzubeziehen. Zusätzlich können bei Kulturgütern Sprachbarrieren oder regionale Präferenzen eine Rolle spielen, so daß eine räumliche Marktabgrenzung von erheblicher Bedeutung sein kann[192]. Diese Regeln gelten auch für Sportveranstaltungen aller Art.

(1) Musik - Miller , WEA-Filipacchi Music S.A., Rock- und Popkonzerte

Gegenstand der sogenannten Milller-Entscheidung der Kommission war das Verhalten der Miller International Schallplatten GmbH gegenüber ihren Abnehmern. Die Miller GmbH hatte unter anderem ihren Abnehmern in den Liefervereinbarungen untersagt, die Tonträger über bestimmte Gebiete hinaus zu exportieren[193]. Die Kommission sah hierin eine Verletzung von Art. 81 Absatz 1 EGV.

Im Rahmen der Marktabgrenzung stellte die Kommission fest, daß nicht darauf abgestellt werden kann, „welchen Anteil das Unternehmen am Tonträgermarkt insgesamt besaß. Denn das Unternehmen stellt im wesentlichen Unterhaltungsmusik-Tonträger her. Auf Grund ihrer besonderen Merkmale lassen sich Unterhaltungsmusik und ernste Musik nur in geringem Maße miteinander austauschen. Unterhaltungsmusik-Tonträger bilden demnach einen getrennten Markt.“[194] Im Verfahren gegen die französische Firma WEA-Filipacchi S.A.[195] sah die Kommission offensichtlich zusätzlich einen eigenen Markt für Pop-Musik[196]. Dabei ordnet sie Vertreter von unterschiedlichen Genres offensichtlich diesem Markt gemeinsam zu: Das französische Unternehmen habe „auf diesem Gebiet deswegen eine besonders starke Stellung, weil es erfolgreiche

---

[191] Von der Kommission z.T. explizit anerkannt. Vgl. so z.B. für Kinofilme: Kommission, United International Pictures, Slg. 1989-1990, S. 7ff. (13).
[192] Vgl. Kommission, United International Pictures l.c., S. 14.
[193] Kommission, ABl. 1976, Nr. L 357/40ff.
[194] Kommission l.c., Nr. L357/41.
[195] Kommission, WEA-Filipacchi Music S.A., Slg. 1964-1972, S. 383ff.
[196] Vgl. Kommission l.c., S. 384.

Künstler, wie zum Beispiel die Rolling Stones, Frank Sinatra, Frank Zappa und andere ausschließlich an sich bindet."[197]

Die Abgrenzung ausschließlich zwischen ernster Musik, Unterhaltungs- und Pop-Musik vorzunehmen erscheint jedoch zu global. Bedenkt man, daß sich die Unterhaltungsmusik seit Ende des 19. Jahrhunderts von der ernsten Musik getrennt entwickelt hat und dabei selbst verschiedene Richtungen hervorgebracht hat[198], so ist eine Austauschbarkeit zwischen den einzelnen Genres kaum denkbar. Ein Jazzfan wird eine Heavy-Metal-Band kaum als akzeptables Ersatzprodukt für seinen Musikgenuß anerkennen. Auch wenn man mit der Kommission auf den deutschsprachigen Markt abstellt, kommt man zu demselben Ergebnis: Die Fans avantgardistischer deutscher Bands wie den „Fantastischen Vier" (sc. RAP) werden ihre Musik nur sehr begrenzt als mit „Karel Gott" austauschbar betrachten, während die Freunde von Liedermachern wie „Reinhard May" Vertreter eines ganz anderen Marksegmentes sein dürften.

Hieraus wird eine Besonderheit der gesamten Branche von Kulturgütern deutlich. Diese Branche ist durch sich stark unterscheidende Präferenzen der Konsumenten geprägt, die ihre Vorlieben für jeweils ganz andere Richtungen entwickelt haben. Folge ist das Bestehen von einer Vielzahl von Segmenten im Gesamtmarkt, die durch ihre nur sehr beschränkte Austauschbarkeit untereinander jeweils eigene relevante Märkte bilden[199]. Entsprechend muß ein Gesamtmarkt für Kulturgüter zunächst in seine verschiedenen Genres unterteilt werden. Möglicherweise lassen sich dann aufgrund der Zielgruppenzusammensetzung einige Segmente wieder zusammenfassen. Erst dann kann danach gefragt wer-

---

197 Kommission l.c.

198 Vgl. auch: Das Große Lingen Universallexikon, Band 19, S. 5622.

199 Diese Auffassung ist allerdings nicht unbestritten. So führt das Kammergericht bzgl. Unterhaltungsliteratur aus: „Unter diesen Umständen erscheint es sachgerecht, die Grenzen des relevanten Marktes weiter zu ziehen, als durch Titel und engere Sachgebiete, wie zum Beispiel Kriminalromane, Science Fiction oder Frauenromane gebildet werden, aber auch nicht alle Sachgebiete einzubeziehen, wenn eine Austauschbarkeit auch bei weit gefächertem Leserinteresse offensichtlich nicht besteht."; WUW/E KG, Taschenbücher, 2825ff. (2832). Nach den Ausführungen des Kammergerichts kommen dabei alle Leser trotz besonderer Präferenzen grundsätzlich als Interessenten für alle Titel in Betracht. Worin allerdings genau Abgrenzungskriterien zu sehen sein sollen, wird nicht näher ausgeführt. Eindeutig bedienen Frauenromane und Science Fiction unterschiedliche Unterhaltungsbedürfnisse. Es bietet sich nach der hier vertretenen Ansicht vielmehr eine Parallele zum Lebensmittelmarkt an: Im oben genannten Chiquita-Fall dienen sowohl Tafeltrauben als auch Bananen der Ernährung. Dieses rechtfertigt aber noch nicht die Einordnung zum gleichen relevanten Markt. Für diese Einordnung sind wesentlich die Verbraucherpräferenzen zu berücksichtigen. Daran ändert auch die Tatsache nichts, daß der Kunde grundsätzlich als Käufer für Bananen oder auch Tafeltrauben in Betracht kommen kann.

den, welche Firmen diese speziellen Marktsegmente (sc. als dann eigenständige relevante Märkte) bedienen[200].

Das Kammergericht ist in der Entscheidung über Rock- und Popkonzerte tendenziell der hier vertretenen Ansicht[201]. Für Rock- und Popkonzerte vertritt es die Auffassung, daß die einzelnen Veranstaltungen nicht ohne weiteres miteinander austauschbar seien[202]. Die Einordnung der Veranstaltungen in verschiedene Kategorien spreche dagegen, die verschiedenen Darbietungen als gleichartig im Sinne der Austauschbarkeit anzusehen[203].

(2) Künstlerische Darbietungen - RAI/UNITEL

Kulturelle Darbietungen können unterschiedlichen Genres zuzuordnen aber auch innerhalb der gleichen Gruppe von Darbietungen von unterschiedlicher Qualität sein. Offensichtlich sieht die Kommission in einer musikalischen Aufführung von international profilierten Künstlern einen von weniger bekannten Interpreten getrennten Markt. Bezüglich der Spürbarkeit einer Beschränkung nach Art. 81 EGV führt sie aus: „Zwar stellt sich die Frage, ob so eine von einem Künstler abgeschlossene Vereinbarung spürbare Auswirkungen auf den Wettbewerb hat, in besonderem Maße. In einer Vielzahl der Fälle, insbesondere bei weniger bekannten Künstlern, dürfte die Spürbarkeit zu verneinen sein. Dagegen ist sie bei sehr erfolgreichen Künstlern naheliegend.“[204] Damit dürfte zunächst feststehen, daß bei Kulturgütern, wie auch bei anderen Leistungen, am Qualitätsniveau abzugrenzende unterschiedliche Märkte sonst gleichartiger Erzeugnisse bestehen[205]. Zusätzlich stellt die Kommission fest, daß „Künstler dann Unternehmen (...) sind, wenn sie ihre künstlerischen Leistungen gewerblich verwerten.“[206]

---

[200] Für die hier vertretene Ansicht spricht auch die sog. Screensport-Entscheidung der Kommission, die in Sportkanälen offensichtlich eigenständige Märkte sieht und nicht etwa global in Unterhaltungs-, Erlebnis- und informatives Fernsehen unterteilt; vgl. dazu Kommission, Screensport, Slg. 1990-1992, S. 97ff. (S. 105f.).

[201] WUW/E OLG, Rock- und Popkonzerte, 4524ff.

[202] WUW/E OLG l.c., 4526.

[203] WUW/E OLG l.c., 4527.

[204] Kommission, RAI/UNITEL, Slg 1973-1980, S. 518ff. (519). Diese Argumentation wird auch in der WEA-Filipacchi-Entscheidung vertreten: „Die Darbietungen erfolgreicher Künstler sind individuell und auf Grund ihrer Eigenschaften mit Darbietungen anderer Künstler nicht als gleichartig anzusehen.“; Kommission, WEA-Filipacchi S.A. l.c., S. 384.

[205] In diesem Sinne auch das Kammergericht, welches attraktive von weniger attraktiven Veranstaltungen unterscheidet und hierzu die Anzahl der Zuschauer heranzieht; vgl. WUW/E OLG, Rock- und Popkonzerte l.c., 4528. Der EuGH schließlich scheint diese Auffassung ebenso zu teilen, indem er bei der Marktabgrenzung auch auf die Beliebtheit von Interpreten beim Publikum abstellt; vgl. EuGH, Tonträger, Slg. 1971, S. 487ff. (501).

[206] Kommission l.c.

(3) Musikinstrumente - BBI/Boosey & Hawkes

Dieser Entscheidung der Kommission[207] ging das Verhalten des britischen Instrumentenbauers Boosey & Hawkes voraus, der unter anderem durch offensichtlich unbegründete Urheberschutzklagen und Repressalien bei gemeinsamen Zulieferern versucht hatte, den Markteintritt von Brass Band Instruments Ltd (BBI) in den Markt für Blechblasinstrumente zu behindern.

Die Kommission sieht in englischen Blechblaskapellen eine Besonderheit in der regionalen Herkunft: „Die englischen Blechblaskapellen unterscheiden sich von den herkömmlichen Kapellen (...) durch die ausschließliche Verwendung von Blechblasinstrumenten (...), ihr Repertoire und ihren besonderen Klang“[208]. Die Bemühungen der Marktteilnehmer seien auf „die besonderen Bedürfnisse der Blaskapellen britischen Typs ausgerichtet. (...)
Aus den von den Angestellten vorgelegten Unterlagen geht hervor, daß dieser Sektor einen erkennbaren Markt (Teilmarkt) bzw. in der Europäischen Gemeinschaft mit ganz besonderen Angebots- und Nachfrageverhältnissen darstellt.“[209]

Aus dieser Entscheidung aus dem Markt für Musikinstrumente wird eine Besonderheit bei der räumlichen Marktabgrenzung von Kulturgütermärkten deutlich: Kulturgüter haben sich regelmäßig historisch in unterschiedlicher Weise in den verschiedenen Mitgliedsländern entwickelt. Viele Güter, die zur Erstellung von kulturellen Leistungen hergestellt werden, sind Ausdruck der regional unterschiedlich ausgeprägten kulturellen Bedürfnisse. So wird in einer englischen Blaskapelle kaum ein Alphorn zu finden sein. Bei derartigen Erzeugnissen ist demnach zunächst nach regional unterschiedlichen Präferenzen zu fragen. Sind solche vorhanden, spricht dieses für eine enge räumliche Marktabgrenzung, auch wenn wesentliche Transportkosten überhaupt nicht zu verzeichnen sind.

(4) Sportveranstaltungen - Inter Mailand

Für Sportveranstaltungen gelten die gleichen Regeln wie für künstlerische Darbietungen. Auch sie haben einen Unterhaltungswert. Verschiedene Sportarten haben unterschiedliche Anhänger und sind damit jeweils eigenen relevanten Märkten zuzuordnen. Zusätzlich sind auch bei Sportarten verschiedene Leistungsstufen zu unterscheiden. Im sogenannten Inter-Mailand-Urteil[210] vertritt der BGH den Standpunkt, daß gerade internationalen Fußballwettbewerben ein besonderes öffentliches Interesse entgegengebracht wird. Ebensowenig, wie ein Amateurfußballspiel mit einem Bundesligaspiel austauschbar sei, sei ein inter-

[207] Kommission, BBI/Boosey & Hawkes, Slg. 1986-1988, S. 289ff.
[208] Kommission l.c., S. 290.
[209] Kommission l.c., S. 293.
[210] BGHZ 101, Inter Mailand, S. 100ff.

nationales mit einem nationalen Spiel zu vergleichen. Maßgeblich sei die tatsächliche Handhabung[211] durch die Fans. Es verbiete sich eine Zusammenfassung gewerblicher Leistungen für die passive Teilnahme an allen Sportarten oder auch nur von Fußballereignissen aller Art zu einem einheitlichen Markt[212]. Zwischen der persönlichen Teilnahme an derartigen Ereignissen und einer Live-Übertragung ist nach dem BGH ebenfalls zu unterscheiden[213].

dd.) Sonstige Konsumgüter

(1) Kosmetik und Parfums - Yves Saint Laurent Parfums

In der Entscheidung vom 16. Dezember 1991 hatte die Kommission im Rahmen eines Verfahrens nach Art. 81 EGV über die vertraglichen Beziehungen von Yves Saint Laurent Parfums zu ihren Händlern zu entscheiden[214].

Die Kommission ließ hierfür zunächst eine Untersuchung über das Vorliegen einer Marktsegmentierung durchführen[215]. Das Ergebnis dieser Untersuchung bewies das Bestehen eines Marktsegmentes für Luxuskosmetikartikel innerhalb des Gesamtmarktes für Kosmetikartikel [216]. Dieses impliziert, daß die Luxusartikel einen eigenständigen Markt darstellen[217]. Explizit wird von der Kommission festgestellt, daß die Produkte dieses Marktes mit den Erzeugnissen aus anderen Marktsegmenten kaum austauschbar seien[218]. Weiter wird darauf eingegangen, daß die einzelnen Marktsegmente unterschiedliche Anforderungen an die Vertriebswege stellen würden. Ausdrücklich wird Yves Saint Laurent zugestanden, bei den Händlern auf exklusives Ambiente und geschultes Personal bestehen zu dürfen[219].

---

[211] Wie eine Fiktion, wie der verständige Verbraucher an seiner tatsächlichen Handhabung gemessen werden kann, wird vom BGH indessen nicht näher ausgeführt. Dieses wäre allerdings auch kaum möglich gewesen. Ein fiktives Konstrukt an seiner tatsächlichen Handhabung zu messen, ist vielmehr eine contradictio in se.

[212] BGH l.c., S. 103.

[213] BGH l.c., S. 104.

[214] Kommission, Yves Saint Laurent Parfums, Slg. 1990-1992, S. 245ff.

[215] Kommission l.c., S. 245.

[216] Bereits früher war von der Kommission festgestellt worden, daß die Branche für Kosmetika in 42 Untergruppen mit rund 100.000 Warenbezeichnungen zerfällt; vgl. Kommission, Slg. 1986-1988, Yves Rocher, S. 219ff. (219). Grundsätzlich wird auch hier das Mittel der Marktsegmentierung als zur Abgrenzung von relevanten Märkten geeignet angesehen.

[217] Dieser Ansicht folgt auch das Kammergericht, welches zusätzlich auf ein besonders exklusives Image abstellt; vgl. WUW/E OLG, Hussel - Mara, 3577ff. (3584).

[218] Kommission, Yves Saint Laurent Parfums l.c., S. 246.

[219] Kommission l.c., S. 250.

Aus dieser Entscheidung geht zum einen hervor, daß bei einer Marktabgrenzung durchaus nicht feststehen muß, ob die gesamte Bandbreite von ähnlichen Produkten einen einheitlichen Markt darstellt, oder ob im Sinne einer Marktsegmentierung auf einzelne Segmente abzustellen ist. Hierauf wird später noch einzugehen sein. Weiterhin stellt diese Entscheidung offensichtlich auf die Abnehmerbedürfnisse als einer Dimension für die Marktabgrenzung ab. Mit dem Erfordernis eines gepflegten Ambiente wird schließlich mittelbar auch auf das Kriterium der Wertschöpfung eingegangen, da die Konsumenten für Beratung und Ambiente bereit sind, einen höheren Preis zu zahlen[220].

(2) Hygieneartikel - Johnson & Johnson

Die Tatsache, daß es bei der Abgrenzung relevanter Märkte nicht nur auf die Bedürfnisbefriedigung an sich ankommen kann, sondern auch darauf, in welcher Art und Weise dieses Bedürfnis befriedigt wird, wird im Fall von Hygieneartikeln für Frauen besonders deutlich.
Sowohl Binden als auch Tampons vermögen das Bedürfnis nach der Monatshygiene zu erfüllen. Trotz dessen besteht zwischen beiden Produkten kaum eine nennenswerte Austauschbeziehung. Eine Kreuzpreiselastizität ist, abgesehen von den Wechselverwenderinnen mit einem Kundenanteil von etwa 20%, empirisch nicht nachzuweisen. Dieser Tatsache entsprechend werden Binden und Tampons trotz der Befriedigung desselben Grundbedürfnisses, unterschiedlichen Märkten zugeordnet[221]. Diese Fallkonstellation unterstreicht die bereits im ersten Kapitel aufgestellte These, daß ein einheitlicher Verwendungszweck nicht für einen gemeinsamen relevanten Markt sprechen muß.

(3) Spielzeug - Fisher-Price/Quaker Oats Ltd - Toyco

Der Spielzeugmarkt weist in der Zusammensetzung der Abnehmer einige Besonderheiten auf. Die Kinder sind in Ermangelung der Geschäftsfähigkeit nicht die Abnehmer im Sinne eines Käufers. Die Abnehmer sind regelmäßig die Erziehungsberechtigten oder dem Kind nahestehende Personen, die das Spielzeug an das Kind weitergeben. Die Erziehungsberechtigten geben das Spielzeug entweder direkt an das Kind weiter, oder erlauben etwas älteren Kindern, ein eigenständiges Geschäft bei einem Spielzeughändler vorzunehmen.

---

[220] Vgl. in diesem Zusammenhang auch die Givenchy-Entscheidung der Kommission, die in der Argumentation ähnlich wie die Yves-Saint-Laurent-Entscheidung ist; Kommission, Givenchy, Slg. 1990-1992, S. 407ff.

[221] Vgl. insgesamt WUW/E BKartA, o.b., 1561ff., insbesondere 2563f.

Eigentliche Verwender der Spielsachen sind aber die Kinder. Auf deren spezielle Bedürfnisse werden die Abnehmer, Erziehungsberechtigten oder Nahestehenden in aller Regel Rücksicht nehmen. Die Marktabgrenzung muß, ähnlich wie bei Arzneimitteln, aus der Sicht der Verbrauchsdisponenten, also der zuwendenden Personen, erfolgen.

Bei der Verbrauchergruppe „Kind" ist wie bei keiner anderen eine weitere Abgrenzung der Verbraucher nach ihrem Lebensalter erforderlich[222]. Es existieren verschiedene Spielzeuggruppen, von Artikeln für Kleinkinder bis hin zu Erzeugnissen für heranwachsende Jugendliche. Die verschiedenen Altersklassen stellen unterschiedliche relevante Märkte dar. Im Fall Fisher-Price gegen Quaker Oats Ltd. hat die Kommission diese Tatsache folgerichtig erkannt: „Fisher-Price produziert und vertreibt ein großes Spielzeugspektrum. Sein Schwerpunkt ist jedoch der Spielzeugmarkt in der Altersgruppe von 0 bis zu 5 Jahren."[223]

In der Spielzeugbranche ist weiter zwischen Spielzeugen für Jungen und Mädchen sowie dem Typus zu unterscheiden, der für beide Geschlechter geeignet ist. Auch wenn hierfür noch keine Entscheidung zur Verfügung steht, so liegt es doch auf der Hand, daß zwischen Puppen und Spielzeugpistolen keine nennenswerte Kreuzpreiselastizität bestehen dürfte.

Schließlich sind verschiedene technische Stufen voneinander abzugrenzen. Spielzeug ohne Technikelement dürfte einen eigenständigen Markt bilden. Zwischen herkömmlichem technischen Spielzeug und dem neueren elektronischen Spielzeug dürfte weniger eine Substitutionsbeziehung bestehen, sondern vermutlich wurde die herkömmliche Variante durch das neue elektronische Spielzeug verdrängt[224]. Dieses dürfte an einem insgesamt pro Kind begrenzten Spielzeugbudget liegen.

(4) Baugrundstoffe - Bockhorner Klinker

Unterschiedliche Produkte oder Produktvarianten können möglicherweise der Befriedigung des gleichen Bedürfnisses dienen, aber trotz dessen unterschiedlichen Märkten zuzuordnen sein, weil sie in rein subjektiver Hinsicht einem von Verbraucher zu Verbraucher verschiedenen Geschmack entsprechen.

---

[222] Für eine Abgrenzung nach dem Lebensalter in machen Fällen spricht sich auch die deutsche Rechtsanwendung aus. So sieht das Kammergericht das Lebensalter als ein wesentliches Abgrenzungskriterium bei Taschenbüchern an; vgl. WUW/E OLG, Taschenbücher, 2825ff. (2832).

[223] Kommission, Fisher-Price/Quaker Oats Ltd. - Toyco, Slg. 1986-1988, S. 303ff (304).

[224] In diese Richtung geht zumindest die Kommission; vgl. Kommission, Polistil/Arbois, Slg. 1981-1985, S. 430ff. (430f.).

Das Kammergericht hat bereits im Jahre 1965 festgestellt, daß die Marktabgrenzung allein auf derart subjektiven Empfindungen beruhen kann. Nach Ansicht des Kammergerichts können Klinkersteine deswegen nicht mit anderen Baustoffen konkurrieren, weil nach der Empfindung des Bauherren das Aussehen seines Hauses eine wichtige Rolle spiele[225].

Dieses Urteil kann als besonders richtungsweisend herausgehoben werden, weil es das subjektive Empfinden der Verbraucher, worauf immer dieses auch beruhen mag, als ein für die Marktabgrenzung relevantes Kriterium festgelegt.

b.) Pharmazeutische Produkte

Große Hersteller pharmazeutischer Erzeugnisse operieren heutzutage weltweit mit internationalen Marketingstrategien. Trotz dessen kann man im Zusammenhang mit Arzneimitteln nicht von globalen oder auch nur europäischen Märkten sprechen. So sind zum einen die Vertriebswege sehr verschieden[226], zum anderen differieren die ökonomisch-rechtlichen Rahmenbedingungen in starkem Maße[227].

aa.) Sachliche Marktabgrenzung - Vitamin-B-12, Valium, Fresenius/Schiwa

Arzneimittel sind in frei verkäufliche und solche Arzneimittel zu unterscheiden, die dem Endverbraucher von einem Arzt zu verschreiben sind. Bei letzteren entscheidet nicht der Endverbraucher über das von ihm eingenommene Präparat, sondern der Arzt, der damit zum Verbrauchsdisponenten wird. Ob es sich dabei um niedergelassene Ärzte oder solche handelt, die in Krankenhäusern tätig sind, spielt keine Rolle[228].

Im Vitamin-B-12-Urteil stellt der BGH zunächst fest, daß es bei Arzneimitteln ebensowenig wie bei anderen Erzeugnissen auf deren physikalisch-technische

---

[225] Vgl. WUW/E OLG, Bockhorner Klinker, 709ff. (711f.).

[226] Im Gegensatz zu anderen europäischen Ländern dürfen in der BRD Arzneimittel nur von zugelassenen Apothekern vertrieben werden. Auch differieren die Rezeptpflichten für den Erwerb von Arzneimitteln erheblich. Das Kammergericht sieht die nationalen Zulassungsvorschriften der Mitgliedstaaten trotz Harmonisierungsbestrebungen noch immer als Hindernis für die Bildung eines europäischen Arzneimittelmarktes an; vgl. WUW/E OLG, Fresenius/Schiwa, 5549ff. (5556). Die Verordnung Nr. 2309/93 bezieht sich insofern nur auf technologisch hochwertige Arzneimittel und deckt damit nur einen kleinen Ausschnitt des relevanten Gesamtmarktes für Arzneimittel ab.

[227] Zu rechtlichen Restriktionen in der BRD, insbesondere zum begrenzten Preiswettbewerb durch Höchstzuschlagsätze und der Einschränkung der Apotheker durch das Aut-Simile-Verbot vgl. BGHZ 129, Importarzneimittel, S. 53ff. (54ff.).

[228] Vgl. WUW/E OLG, Fresenius/Schiwa, 5549ff. (5556).

oder chemische Identität ankommt, „sondern auf ihre funktionale Austauschbarkeit und zwar aus Sicht des Verbrauchsdisponenten.“[229]

Nach dem Bedarfsmarktkonzept dürfte ein Arzt nur solche Arzneimittel für miteinander austauschbar ansehen, die bei den gleichen medizinischen Indikationen angewendet werden sollen. Der BGH führt hierzu jedoch aus, daß es dementgegen auf die tatsächlichen Verschreibungsgewohnheiten der niedergelassenen Ärzte ankomme[230]. Dieses sei geboten, weil Vitamin-B-12 in hohem Maße auch dann verschrieben werden würde, wenn die Anwendung wissenschaftlich nicht begründet sei[231].

Das Kammergericht hatte austauschbare Präparate daran gemessen, ob diese den Ärzten „ohne großes Nachdenken“ als gleichwertig erschienen[232]. Der BGH stellt in seiner Entscheidung ausdrücklich klar, daß dieses nicht impliziere, daß es auf eine oberflächliche und nur flüchtige Verbraucherauffassung ankommen soll. Diese Klarstellung wird vielfach als Begründung dafür herangezogen, daß die Sichtweise eines verständigen Verbrauchers der adäquate Blickwinkel sei[233].

Bei näherer Hinsicht erweist sich der vorliegende Sachverhalt jedoch nicht als verallgemeinerungsfähig. Ärzte sind dafür ausgebildet, verschiedene Präparate voneinander auch wissenschaftlich zu unterscheiden. Hierfür können sie bei Bedarf entsprechende Lektüre zu Rate ziehen. Insofern sollte die vom Kammergericht getätigte Aussage lediglich klarstellen, daß es auf die tatsächliche Verschreibungspraxis ohne vorhergehende wissenschaftliche Auseinandersetzung mit möglichen Alternativen ankommen soll[234]. Mit einer normalen Kaufentscheidung beim privaten Konsumenten hat diese Situation allerdings nichts gemein. Es ist insofern verfehlt, die Klarstellung des BGH als eine Festschreibung des Blickwinkels eines verständigen Verbrauchers zu werten.

Im Valium-Fall[235] ging es darum, den Markt für Psychopharmaka abzugrenzen. Ausgangspunkt waren die beiden Erzeugnisse Valium und Librium der Firma Hoffmann La Roche, bei denen das Kartellamt eine marktbeherrschende Stellung vermutete. Beide Erzeugnisse sind systematisch in die Gruppe der Tranquillantien und dort in den Bereich der Benzodiazepine einzuordnen. Benzodiazepine bewirken, wie auch andere Psychopharmaka, eine Änderung der affektiven Reaktion auf Wahrnehmungen, insbesondere gegenüber angsteinflößenden

[229] BGHZ 67, Vitamin-B-12, S. 105ff. (113).
[230] BGH l.c., S. 113f.
[231] BGH l.c., S. 114f.
[232] Vgl. BHG l.c.
[233] So z.B. von Langen/Bunte l.c., § 22 GWB, Rn. 11.
[234] So in der Tat auch der BGH l.c.
[235] Vgl. hierzu insgesamt BGHZ 68, Valium I, S. 23ff, NJW 1977, S. 675ff.; BGHZ 76, Valium II, S. 142ff.

Einflüssen (anxiolytischer Effekt)[236]. Benzodiazepine bestehen regelmäßig aus einem Diazepin-Molekül als Basis, einem Benzolkern und einem Phenylrest. Durch Anlagerung oder Abspaltung von Atomen und/oder Molekülen sind zahlreiche Produktvariationen entstanden. Diese können bei verschiedenartigen Indikationen angewandt werden.

Die Betroffene, eine Tochter der Roche-Gruppe, vertrat die Auffassung, dieser Markt bestünde aus 154 Arzneimitteln. Der BGH kam zum Ergebnis, daß dieser Markt lediglich aus acht Präparaten besteht. Auch hier gingen Untersuchungen über die Verschreibungsgewohnheiten der Ärzte voraus. Zusätzlich zieht der BGH hier jedoch die objektiven Indikationen einschließlich der Verträglichkeit, Toxizität und der Nebenwirkungen heran[237]. Dieses Urteil dahingehend zu interpretieren, daß es die Vitamin-B-12 Entscheidung zugunsten einer Hinwendung zu den objektiven Indikationen und weg von den subjektiven Verbrauchsgewohnheiten korrigieren soll, ist jedoch fehlerhaft.

Tatsächlich vermögen beide Kriterien nur gemeinsam eine adäquate Marktabgrenzung zu erreichen. Neue Indikationen für bereits eingeführte Medikamente werden regelmäßig erst nach langwierigen Versuchen gefunden. Diese Versuche können, bei Verträglichkeit mit medizinisch-ethischen Grundsätzen, auch im Rahmen von therapeutischen Maßnahmen durchgeführt werden. So scheinen beispielsweise Testreihen die Auffassung der medizinischen Praxis zu bestätigen, daß die Indikationsstellung für Penicillin von der rein antibakteriellen Therapie auch auf die prophylaktische Therapie erweitert werden kann.

Insofern ist dem Votum von Norbert Reich beizutreten, der in seiner Kommentierung zum Valium-Urteil ein gegeneinander „Ausspielen" der beiden Kriterien für unzulässig hält[238].
Insgesamt kann dieses Urteil damit nicht als Festlegung des BGH auf die Sichtweise des verständigen Verbrauchers gewertet werden.

Gegen eine grundsätzliche Anwendung der Anatomical Therapeutic Classification (ATC-Index[239]) als Orientierung bei der Marktabgrenzung bestehen keine Bedenken[240]. Die dritte Ebene dieser Klassifizierung orientiert sich an einer Einteilung der Produkte nach therapeutischen Eigenschaften, mithin nach ihrem

---

236 Vgl. Lüllmann/Mohr/Ziegeler, Taschenatlas der Pharmakologie, 3. Auflage, Stuttgart 1996, S. 224.
237 Vgl. BGHZ 68 l.c., S. 25.
238 Vgl. Reich, Anmerkung zu BGH - KVR 2/76 vom 16.12.1976, NJW 1977, S. 678f. (679).
239 Diese Klassifikation von Arzneimitteln wird von der Weltgesundheitsorganisation empfohlen und von vielen europäischen Behörden zum Vergleich verschiedener Präparate herangezogen. Die in der BRD tätige Gesellschaft für Pharmazeutische Informationsdienste (GPI) führt auf Grundlage der ATC-Klassifikation ihre Markterhebungen durch.
240 Vgl. WUW/E OLG, Fresenius/Schiwa, 5557.

vorgesehenen Verwendungszweck. Die Verwendung dieses Index als Orientierungsmaßstab entspricht im übrigen auch der Verfahrensweise der europäischen Organe[241]. Dieses erlaubt jedoch nicht, über die tatsächliche Handhabung in der medizinischen Praxis hinwegzusehen.

bb.) Räumliche Marktabgrenzung - Sandoz

In der Sandoz-Entscheidung hebt die Kommission[242] ein wesentliches Merkmal der räumlichen Marktabgrenzung von Arzneimittelmärkten hervor, welches eine besondere Behandlung dieser Märkte im Hinblick auf die räumliche Marktabgrenzung bedingt. Nach der Kommission ist der „europäische Pharmazeutikmarkt insgesamt gesehen groß, folgt aber - was seine Aufteilung betrifft - sowohl nationalen als auch regionalen Grenzen. Die Gründe hierfür liegen vor allem in unterschiedlichen nationalen Vorschriften auf dem Gebiet der Preisfestsetzung und der Arzneimittelzulassung“[243].

Die eingangs bereits erwähnten stark differierenden Rechtsgrundlagen der einzelnen Mitgliedsländer im Bereich von Arzneimitteln sind daher eine Besonderheit dieser Branche, die trotz geringer Transportkosten der einzelnen Artikel im Verhältnis zu ihrem Verkehrswert zu einer eingeschränkten räumlichen Betrachtung führt.

c.) Investitionsgüter - Anlagen und Produktionsmittel

aa.) Verpackungsmaterial

(1) Metall -Continental Can Company Inc.

Grundlegende Feststellungen zur Abgrenzung eines Marktes trifft der Europäische Gerichtshof im sogenannten „Continental-Can-Urteil“[244]. Ausgangspunkt der Abgrenzung des sachlich relevanten Marktes war die Frage, ob ein gesonderter Markt im Bereich von Fisch- und Fleischkonservenverpackungen gesehen werden kann, oder ob es einen allgemeinen Markt für Leichtmetallverpackungen gibt.

---

[241] Vgl. z. B. WUW/E EV, La Roche/Syntex, 2259ff.
[242] Kommission, Sandoz, Slg. 1986-1988, S. 281ff.
[243] Kommission l.c.
[244] EuGH, Continental Can Company Inc., Slg. 1973, S. 215ff.

Dabei definiert der EuGH die Güter eines relevanten Marktes wie folgt:„(...) die Wettbewerbsmöglichkeiten lassen sich nur nach Maßgabe derjenigen Merkmale der fraglichen Erzeugnisse beurteilen, die sie zur Befriedigung eines gleichbleibenden Bedarfs (sc. als) besonders geeignet und mit anderen Erzeugnissen nur in geringem Maße austauschbar erscheinen lassen."[245]

Erforderlich sei ferner die Ausgrenzung anderer Produkte aus lediglich verwandten Märkten: „Es kann aber nur dann davon ausgegangen werden, daß die fraglichen Erzeugnisse einen besonderen Markt haben, wenn sie nicht nur durch die bloße Tatsache zu individualisieren sind, daß sie für die Verpackung bestimmter Erzeugnisse verwendet werden, sondern außerdem durch besondere Produktionsmerkmale, die ihnen für diese Zweckbestimmung eine spezifische Eignung verleihen."[246]

Da eine solche spezifische Eignung gerade für die Abfüllung von Fisch- und Fleischprodukten unter gleichzeitig fehlender Eignung für z.B. Gemüsekonserven nicht dargetan war, hob der EuGH die in dieser Hinsicht unvollständige Abgrenzung der Kommission auf. Erforderlich für die Abgrenzung ist danach die Austauschbarkeit von Produkten des gleichen Marktes untereinander, während diese Substituierbarkeit bei unterschiedlichen Märkten gleichzeitig ausdrücklich auszuschließen ist[247]. Folglich müssen relevante Märkte nach innen möglichst homogen und nach außen möglichst heterogen sein.

(2) Verbundstoffe - Elopak / Metal Box

Gegenstand der Entscheidung war die Vereinbarung der Firmen Elopak und Metal Box über die geplante Errichtung von Odin Developments Ltd[248] in Großbritannien. Vorgesehen war dabei die Entwicklung und Produktion eines neuartigen Giebeldachkartons mit getrenntem Verschluß und laminiertem Metalldeckel zur aseptischen Abfüllung UHT-behandelter Nahrungsmittel.

Im zuvor angeführten Fall waren die Verpackungsmittel noch alleiniger Gegenstand der Betrachtung gewesen. In der Entscheidung über die Neugründung von Odin Development Ltd wird demgegenüber auch ein Bezug zu den dazugehörigen eigentlichen Investitionsgütern, den Produktionsanlagen, hergestellt[249]: „Mit der neuen Verpackung zu entwickeln sind das dafür erforderliche Sterili-

[245] EuGH l.c., S. 248.
[246] EuGH l.c., S. 248f.
[247] Daher bilden alle Verpackungsmaterialien für auf Sauerstoff empfindlich reagierende Trockenlebensmittel einen eigenständigen Markt; vgl. Kommission, CEKACAN, Slg 1989-1990, S. 173ff. (179).
[248] Kommission, Elopak/Metal Box, ABl. 1990, Nr. L209/15 ff.
[249] Vgl. i. ü. auch unten in diesem Kapitel „Tetra-Pak I" .

sierungs-, Abfüll-, Verschluß- und Beförderungsgerät, das den Anforderungen des neuen Produktes angepaßt sein muß, sowie die entsprechende Abfüll- und Verschlußtechnik."[250]

Dieses macht einen Unterschied zwischen der Betrachtung von Konsumgütern einerseits und Investitions- und Produktionsgütern andererseits deutlich. Bei Produktionsmitteln hängt die Möglichkeit, diese zu verwenden, auch davon ab, ob die Anlagen überhaupt mit den jeweiligen Produktionsmitteln kompatibel sind. Dieses wird bei Verpackungen und Verpackungsmaschinen unterschiedlicher Anbieter häufig nicht der Fall sein. Allein die hohen Umstellungskosten, die dann mit dem Wechsel auf alternative Anlagen verbunden wären, lassen eine Substituierbarkeit zwischen den Produktionsmitteln als kaum realistisch erscheinen[251]. Die relevante Abnehmersicht ist dann die der Käufer der Anlagen. So formuliert die Kommission in einem ähnlich gelagerten Fall, daß der Maschinenliefermarkt den „Schlüssel für den Eintritt in den Markt für Kartons darstellt."[252] Folge ist dann eine doppelte Betrachtung, nämlich einerseits der Maschinenmarkt und andererseits der Markt für Verpackungen. Für die Betrachtung von letzterem kann es im Einzelfall interessant sein, auch das Verhalten der Endabnehmer zu analysieren, um die Auswirkungen einer Preiserhöhung umfassend zu verstehen. Das Verhalten der Endverbraucher kann aber nicht ausschlaggebend für die Frage sein, ob eine Nachfragesubstitution gegeben ist[253].

Die Kommission sieht im Fall von Odin Development Ltd die möglichen Konkurrenten in den Anbietern anderer Verpackungsmittel bzw. Verpackungsanlagen[254].

bb.) Düngemittel - Kali und Salz

In seinem Urteil vom 14. 05. 1975 hatte der EuGH über eine Vereinbarung der Kali und Salz AG mit der Kali-Chemie AG zu entscheiden, in welcher sich die Kali-Chemie AG verpflichtet hatte, ihre Überproduktion von Kali der Kali und

[250] Kommission l.c., Nr. L 209/17.
[251] So werden bei Naphtaderivaten aus wirtschaftlichen und Sicherheitsgründen zwischen Hersteller und Abnehmer sogar eigene Pipelines zum Transport verwendet. Dieses führt selbst nach der Kommission zu einer „De-Facto-Bindung zwischen Lieferant und Abnehmer"; Kommission, ENI/Montedision, Slg. 1986-1988, S. 155ff. (156).
[252] Kommission, Abl. 1988, Nr. L 272/27ff., Nr. L 272/33; vgl. auch weiter unten Tetra-Pak I.
[253] So aber noch die Kommission in der „Tetra-Pak I Entscheidung", Abl. 1988, Nrn. L 272/35-37.
Der hier vertretenen Ansicht im Ergebnis folgend Gleiss/Hirsch l.c., Art. 85 EGV a.F.(Art. 81 n. F.), Rn. 213.
[254] Kommission, Abl. 1990, Nr. L 209/15ff, Nr. L 209/18.

Salz AG zu überlassen[255]. Aufgrund der Tatsache, daß diese beiden Firmen die einzigen Hersteller von Kali in der Bundesrepublik Deutschland waren, sah die Kommission hierin eine Verletzung von Art. 81 Absatz 1 EGV. Diesem hat der EuGH in seiner Entscheidung widersprochen.

Zunächst ist festzustellen, daß Kali neben Stickstoff und Phosphat einer der notwendigen Hauptnährstoffe für die Erzielung optimaler Ernteerträge ist und somit den Produktionsmitteln zugerechnet werden kann[256]. Die Kommission war von einem bestehenden Markt für Kali-Einzeldünger und nicht einem gemeinsamen Markt von Kali-Einzeldünger und kalihaltigen Mehrnährstoffdünger (sc. diese enthalten eine Nährstoffmischung und diverse Supplemente, so daß verschiedene Düngevorgänge in einem Arbeitsgang zusammengefaßt werden können) ausgegangen.

Demgegenüber sah der EuGH in diesen beiden Produkten einen gemeinsamen Markt für Kalierzeugnisse. So zeigten die Statistiken der ISMA London, daß in allen europäischen Ländern der Kali-Einzeldünger durch kalihaltige Mehrnährstoffdünger verdrängt würde[257]. Insofern stünden die beiden Erzeugnisse in Wettbewerb zueinander. Die Tatsache, daß in einigen, wenigen Fällen aufgrund der Bodenbeschaffenheit, der Verfügbarkeit von Arbeitskräften und dem Wetter der Einsatz von Kali-Einzeldünger angezeigt sei, impliziert nach dem EuGH noch nicht, daß die beiden Düngemittel getrennte Märkte bilden[258].
Aus diesem Tenor wird deutlich, daß die Austauschbarkeit von Gütern eines gemeinsamen Marktes nicht vollkommen sein muß. Kleinere Unterschiede in den Verbraucherpräferenzen vermögen noch nicht als Grundlage auszureichen, die Güter getrennten Märkten zuzuordnen. Andererseits ist mehr als nur eine „gewisse Austauschbarkeit“[259], also ein erhebliches Maß an Austauschbarkeit erforderlich, um von einem gemeinsamen Markt ausgehen zu können.

cc.) Bolzen - Eurofix-Bauco/Hilti

Auch bei Investitionsgütern wird die Kreuzpreiselastizität als Abgrenzungskriterium für relevante Produktmärkte herangezogen. In der Entscheidung Eurofix-Bauco gegen Hilti[260] hat die Kommission die Kreuzpreiselastizität implizit als Kriterium zur Marktabgrenzung angewendet. Während Hilti von einem weiten Produktmarkt für Befestigungsmethoden im Baugewerbe ausging, sah die Kommission in Bolzenschußgeräten einen eigenständigen Markt. Hierzu führt

[255] EuGH, Kali und Salz, Slg. 1975, S. 499ff.
[256] EuGH l.c., S. 501.
[257] EuGH l.c.
[258] EuGH l.c., S. 519f.
[259] Kommission, Ford/Volkswagen, Slg. 1990-1992, S. 510ff. (511).
[260] Kommission, Eurofix-Bauco/Hilti, Slg. 1986-1988, S. 363ff.

die Kommission aus, daß „geringfügige, jedoch bezeichnende Erhöhungen (Kürzungen) des Preises eines Bolzenschußgerätes, eines Bolzens oder einer Kartusche zumindest eine spürbare Veränderung der Nachfrage auf die alternative Befestigungsmethode (beziehungsweise von ihr weg) verursachen müßten.“[261] Weiter stellt die Kommission fest, daß nur „unter diesen Umständen (...) ausgeschlossen (wäre), daß eine Firma mit einem bedeutenden Anteil des Absatzes einer Befestigungsmethode in der Lage ist, eine nennenswerte Wirtschaftsmacht auszuüben und unabhängig von Kunden oder Wettbewerbern zu handeln.“[262] Da die Wahl einer Befestigungsmethode von einer Vielzahl unterschiedlicher Faktoren und sehr unterschiedlicher technischer wie auch rechtlicher Merkmale abhinge, sei eine nennenswerte Kreuzpreiselastizität jedoch nicht feststellbar[263].

Hieran wird deutlich, daß Investitionsgüter nicht schon deswegen einem gemeinsamen Markt zuzuordnen sind, weil sie in einer ihrer denkbaren Kernverwendungen alternativ verwendet werden können. Zusätzlich ist auch ein ähnliches Anwendungsprofil erforderlich.

Als weiteres Kriterium für die Zuordnung zu verschiedenen Märkten zieht die Kommission unterschiedliche Produktionsverfahren heran, indem sie ausführt, auf „der Lieferseite werden die einzelnen Arten von Befestigungsgeräten in der Regel mit völlig getrennten Technologien, nach unterschiedlichen Lieferbedingungen und von unterschiedlichen Firmen hergestellt (z.B. Bolzenschußgeräte und Punktschweißgeräte).“[264] Die Fehlerhaftigkeit dieses Abgrenzungskriteriums liegt auf der Hand, würde es doch implizieren, daß innovative Produkte mit einer neuen Technologie, einem anderen Markt als die älteren Produkte zuzuordnen wären, obwohl erstere häufig darauf abzielen, durch effizientere Befriedigung des gleichen Bedürfnisses in Konkurrenz mit den herkömmlichen Produkten zu treten[265].

dd.) Aggregate - Sachs

Mitunter werden bestimmte technische Erzeugnisse in einer Baugruppe zusammengefaßt. So bestehen Kupplungen aus verschiedenen Einzelteilen. Das Kammergericht führt hierzu aus, daß ein Aggregat in Einzelteile aufzuspalten ist, wenn letztere für sich gesehen Gegenstand von Angebot und Nachfrage

[261] Kommission l.c., S. 376.
[262] Kommission l.c.
[263] Kommission l.c., S. 377.
[264] Kommission l.c., S. 376.
[265] Ebenso das Kammergericht, welches im Handpreisauszeichner-Fall ausführt: „Andernfalls würde jede besonders zweckmäßige technische Erfindung einen eigenen Markt begründen, was mit Recht abgelehnt wird“; vgl. WUW/E OLG, Handpreisauszeichner, 995ff. (996).

sind[266]. Da im Fall der Kupplungen der Firma Sachs weder einheitliche Kupplungen angeboten noch verlangt würden, bestünden zwei unterschiedliche Märkte für Druckplatten und Scheiben als den wesentlichen Bestandteilen einer Kupplung.

ee.) Reifen - Michelin

In der Michelin-Entscheidung hatte die Kommission eine Abgrenzung des Ersatzreifenmarktes für LKW und Omnibusse vorzunehmen[267]. Ersatzreifen können entweder in Form von fabrikneuen Reifen oder als runderneuerte gebrauchte Reifen erworben werden.

Die Kommission gelangt in ihrer Marktabgrenzung zu dem Ergebnis, daß beide Reifentypen unterschiedlichen Märkten zuzuordnen sind. Der Tenor dieser Entscheidung ist in doppelter Hinsicht bemerkenswert.

Zum einen wird deutlich, daß die bloße Existenz eines sogar gleichwertigen Ersatzproduktes mit gleichem Verwendungszweck nicht ausreichen kann, um einen einheitlichen Markt anzunehmen. Vielmehr ist es erforderlich, daß dieses Ersatzprodukt auch in quantitativer Hinsicht dazu in der Lage ist, einen geeigneten Ersatz darzustellen. Die Kommission führt hierzu aus, daß, wenn der Preisunterschied zwischen Neureifen und runderneuerten Reifen zu einem Abwandern der Verbraucher auf letztere führen würde, „sich hier schnell Grenzen ergeben (würden): Die Zahl der Reifen, die sich runderneuern lassen, hängt nämlich von der Zahl qualitativ guter abgenutzter Reifen ab und ist daher beschränkt. So ist die Möglichkeit, systematisch runderneuerte Reifen (...) zu einem interessanten Preis als Alternative zu neuen Reifen anzubieten deutlich begrenzt.“[268]
Zum anderen wird in dieser Entscheidung am Verhalten des tatsächlichen Verbrauchers argumentiert, obwohl der „verständige Verbraucher“ vermutlich anders verfahren würde[269]. So birgt nach „Auffassung vieler Verwender ein Reifen (...), dessen Lauffläche erneuert wurde, Gefahren in Form einer verminderten Betriebssicherheit in sich, denen sie sich nicht aussetzen wollen.“[270] Wenn die Kommission aber sogleich ausführt, daß dieses „trotz einer vergleichbaren Kilometerzahl“[271] geschehe, so wird die Irrationalität dieser Verhaltensweise ex-

---

[266] Vgl. WUW/E OLG, Sachs, 1745ff. (1748f.).
[267] Kommission, Michelin, Slg. 1981-1985, S. 15ff.
[268] Kommission l.c., S. 16.
[269] Tatsächlich fehlen Ausführungen darüber, weshalb der verständige Verbraucher für eine objektiv gleichwertige Leistung bereit ist, den erheblichen Aufpreis von Neureifen hinzunehmen.
[270] Kommission l.c.
[271] Kommission l.c.

plizit anerkannt. Der verständige Verbraucher aber verhält sich nach mehrheitlicher Auffassung nicht irrational[272].

Der EuGH ist der Auffassung der Kommission im wesentlichen beigetreten[273]. Er bezieht die tatsächlichen Verbrauchergewohnheiten ebenso mit ein, indem er ausführt, es komme darauf an, daß das betreffende Unternehmen dazu in der Lage sei, „die Aufrechterhaltung eines wesentlichen Wettbewerbes zu verhindern und sich seinen Wettbewerbern , seinen Abnehmern und den Verbrauchern gegenüber in nennenswertem Umfang unabhängig zu verhalten“[274].

Bei der Abgrenzung der unterschiedlichen Reifentypen bezieht der EuGH zum einen die Angebotselastizität der Konkurrenten[275] und zum anderen die Struktur der Nachfrage[276] mit ein.

ff.) Chemische Verbindungen - ECS/AKZO, Messer Griesheim - Buse

Es wurde bereits am Beispiel von Speiseeis gezeigt, daß sogar ein einziges Erzeugnis unterschiedlichen Märkten zuzuordnen sein kann. Dieses gilt auch für Investitionsgüter. In der ECS/AKZO-Entscheidung war es Aufgabe der Kommission, über die Verwendung von Benzoylperoxyd zu entscheiden[277].

Benzoylperoxyd ist ein Peroxyd, das sowohl als Katalysator für die Herstellung von Kunststoffen , als auch als Bleichmittel für die Herstellung von Mehl verwendet werden kann. Als Bleichmittel für Mehl können alternativ Benzoylperoxid 20%, Benzyolperoxid 10%, Kaliumbromat 10%, Kaliumbromat 6% und verschiedene Vitaminmischungen verwendet werden[278].

Die Kommission war zunächst in ihrer einstweiligen Anordnung der Auffassung, es könne „dahingestellt bleiben, ob als relevanter Markt der Markt für organische Peroxide, Benzoylperoxide oder für Mehlzusatzstoffe anzusehen ist:

---

272 Auf das Konstrukt des verständigen Verbrauchers gerade unter dem Gesichtspunkt von Imagekampagnen, Markenbildung und Snob-Effekten wird später noch einzugehen sein; vgl. unten Kapitel 4 Nr. 1 c.).

273 Vgl. EuGH, Michelin, Slg. 1983, S. 3461ff. (3504f.).

274 EuGH l.c., S. 3505.

275 EuGH l.c., S. 3506.

276 EuGH l.c., S. 3505. Dieses entspricht einer einfachen Marktsegmentierung nach dem Abnehmerbedürfnis. Wir werden die betriebswirtschaftliche Marktsegmentierung im nächsten Kapitel dazu verwenden, die Nachfrageseite des relevanten Marktes zu definieren; vgl. unten in Kapitel 4 Nr. 2 a.) bb.).

277 Kommission, ECS/AKZO (einstweilige Anordnung), Slg. 1981-1985, S. 321ff.

278 Kommission l.c., S. 323.

auf jedem dieser Märkte rechtfertigt die Marktstellung der AKZO-Gruppe jedenfalls die Annahme einer Marktbeherrschung."[279]

Nimmt man hier die Kreuzpreiselastizität zur Hilfe, so kommt man zu dem Ergebnis der Existenz eines eigenen Marktes für Mehlbleichmittel. Bei einem signifikanten Anstieg der Benzoylperoxidpreise werden die Hersteller der Mehlprodukte auf Kaliumbromate und Vitaminmischungen ausweichen. Nicht so jedoch die Hersteller von Kunststofferzeugnissen. Diese werden für die Herstellung ihrer Erzeugnisse auf ganz andere Ersatzstoffe zurückgreifen. Zwischen den Mehlbleichmitteln und den Hilfsstoffen für die Kunststofferzeugung dagegen dürfte keine Kreuzpreiselastizität meßbar sein. Diese nach der Kreuzpreiselastizität signifikant verschiedenen Abnehmergruppen bedingen im Hinblick auf einen relevanten Markt im Sinne von Art. 82 EGV die Existenz eines eigenen Marktes für Mehlbleichmittel.

Die Kommission kam in ihrer endgültigen Entscheidung jedoch zu einem abweichenden Ergebnis[280]. Die Annahme der Existenz eines eigenen Marktes für Mehlbleichmittel würde nach der Kommission implizieren, daß es in dem Kunststoffsektor der organischen Peroxide „Hunderte getrennter „Märkte" gibt, einen für jede Zusammensetzung, Konzentration oder Darstellung."[281] Weiter wird ausgeführt, für „die Zwecke einer Beurteilung der Macht von AKZO am relevanten Markt erfordert die mögliche Austauschbarkeit organischer Peroxide durch andere Produkte in einem relativ geringfügigen Anwendungsbereich nach Ansicht der Kommission infolgedessen nicht, daß die Produktion von Schwefelverbindungen bei der Definition des relevanten Marktes mit einbezogen wird."[282] Daher vertritt die Kommission die Auffassung, „daß der sachlich relevante Markt für die Zwecke dieses Falles der Markt ist, von dem AKZO den Mitbewerber langfristig verdrängen wollte, und zwar der Markt für organische Peroxide insgesamt."[283]

Dieses Ergebnis bestätigt zunächst die aus dem Fall Kali und Salz gewonnene Erkenntnis, daß es einer Austauschbarkeit hinsichtlich eines erheblichen Teils der jeweiligen Produkte bedarf, um einen gemeinsamen Markt für unterschiedliche Erzeugnisse anzunehmen.
In diesem Fall wäre es aber nach dem Wortlaut der Entscheidung unter anderen Umständen möglich gewesen, einen Markt für Mehlbleichmittel anzunehmen, nämlich dann, wenn dieses der Markt gewesen wäre, von dem ECS hätte ver-

279 Kommission l.c., S. 326.
280 Kommission, ECS/AKZO, Slg. 1981-1985, S. 786ff.
281 Kommission l.c., S. 802.
282 Kommission l.c.
283 Kommission l.c.

drängt werden sollen. Der EuGH ist der Auffassung der Kommission beigetreten[284].

Es ist augenfällig, daß insbesondere die Kommission bezüglich der Marktabgrenzung Unsicherheiten aufweist und offensichtlich von mehreren existenten Märkten ausgeht, von denen derjenige relevant sein soll, von dem ECS hätte verdrängt werden sollen. Tatsächlich liegt das Problem in der sachwidrigen Gleichbehandlung von Ausbeutungs- und Behinderungsmißbrauch. Dieser Fall wird im nächsten Kapitel Gegenstand einer ausführlichen Analyse sein.

Das Bundeskartellamt argumentiert in eine ähnliche Richtung wie die Kommission. Zwar zieht es bei der Beurteilung, ob ein einheitliches Produkt unterschiedlichen Märkten zuzuordnen ist, nicht die Frage heran, ob sich die Behinderung nur auf einen Teil des „gesamten Marktes" beschränkt. Indem das Kartellamt es allerdings als wesentlich ansieht, ob sich ein einheitliches Produkt mit Hilfe unterschiedlicher Marktstrategien verkaufen läßt, fragt es danach, ob für ein bestimmtes Erzeugnis verschiedene Abnehmertypen vorliegen, die auf jeweils andere Ersatzvarianten zurückgreifen werden[285]. Aufgrund der Tatsache, daß für Stickstoff keine differenzierenden Marktstrategien zur Disposition stünden[286], kommt es zu dem Ergebnis, daß bei Stickstoff eine Aufspaltung des Marktes nach verschiedenen Verwendungszwecken nicht möglich ist. Konsequenz dieser weiten Abgrenzung des Marktes ist, daß die nur für einige Verwendungsmöglichkeiten des betreffenden Gutes existierenden Ersatzmöglichkeiten nicht zu berücksichtigen sind. Demzufolge schließt das Bundeskartellamt Kohlensäure vom relevanten Markt aus, weil diese wegen abweichender Eigenschaften nur für bestimmte Bereiche alternativ zum Stickstoff eingesetzt werden kann.

gg.) Vitamine - Vitamine

In der Entscheidung über die sachgerechte Abgrenzung relevanter Märkte in der Vitaminbranche vertrat die Kommission eine dem vorstehenden Fall ähnliche Auffassung[287].

---

[284] EuGH, ECS/AKZO, EuZW 1992, S. 21ff. (23).

[285] Vgl. WUW/E BKartA, Messer Griesheim - Buse, 2319ff. (2320).

[286] Teilweise werden auch vom BGH Überlegungen über in Betracht kommende differenzierende Marktstrategien angestrengt. So bezieht er sich im Fall von Antriebsaggregaten auf die Möglichkeit einer Produkt-, Preis- oder Rabattdifferenzierung; vgl. WUW/E BGH, Mannesmann - Brueninghaus, 1711ff. (1715).

[287] Kommission, Vitamine, Slg. 1973-1980, S. 272ff.

Vitamine können grundsätzlich in den Bereichen Therapie (ergänzend zu Arzneimitteln), Lebensmittelherstellung (als Zusatzstoffe) oder im Futtermittelsektor Anwendung finden[288].

Die Kommission vertrat die Auffassung, daß die Marktabgrenzung nur nach den Vitamingruppen, nicht aber nach den verschiedenen Verwendungsmöglichkeiten zu erfolgen habe[289]. In dem später vor dem EuGH geführten Prozeß hat dieser zu verschiedenen Verwendungsmöglichkeiten eines Gutes grundsätzlich Stellung genommen: „Wenn ein Erzeugnis zu unterschiedlichen Zwecken verwendet werden kann und diese unterschiedlichen Verwendungen auch unterschiedlichen wirtschaftlichen Bedürfnissen entsprechen, so kann dieses Erzeugnis gegebenenfalls getrennten Märkten angehören, die möglicherweise ihrerseits sowohl nach der Wettbewerbsstruktur als auch nach den Wettbewerbsbedingungen unterschiedliche Merkmale aufweisen. Diese Feststellung rechtfertigt jedoch nicht den Schluß, daß ein solches Erzeugnis gemeinsam mit allen anderen Erzeugnissen, mit denen es in seinen möglichen unterschiedlichen Verwendungen austauschbar ist und gegebenenfalls in Wettbewerb steht, einen einheitlichen Markt bildet. Der Begriff des relevanten Marktes setzt nämlich die Möglichkeit eines wirksamen Wettbewerbs zwischen den zu ihm gehörenden Erzeugnissen voraus, so daß ein hinreichender Grad von Austauschbarkeit zwischen allen zum gleichen Markt gehörenden Erzeugnissen im Hinblick auf die gleiche Verwendung erforderlich ist."[290]

Diese Austauschbarkeit wird vom EuGH bezüglich der verschiedenen Vitamingruppen untereinander abgelehnt, jedoch seien „Zweifel daran möglich, ob für die Abgrenzung der jeweiligen Märkte der Vitamingruppen C und E sämtliche Vitamine jeder dieser beiden Gruppen unabhängig von ihrer weiteren Verwendung in einem dieser Gruppen entsprechenden Markt zusammenzufassen sind oder ob im Gegenteil jede dieser beiden Gruppen auf zwei getrennte Märkte aufzuteilen ist, von denen der eine die bio-nutriv, der andere die technologisch zu verwertenden Vitamine umfaßt."[291]

Der EuGH hat die Beantwortung dieser Frage im Ergebnis offengelassen. Auch dieses Urteil dokumentiert offensichtliche Unsicherheiten darüber, wie bei der Abgrenzung relevanter Märkte systematisch vorzugehen ist.

[288] Vgl. Kommission l.c., S. 271.
[289] Kommission l.c., S. 280.
[290] EuGH, Vitamine, Slg. 1979, S. 511 ff. (515f.).
[291] EuGH l.c.

hh.) Besonderheiten bei möglicher Angebotssubstitution

Die Bedeutung potentieller Konkurrenten für die Abgrenzung des relevanten Marktes gehörte lange Zeit zu den umstrittensten Fragen in diesem Themenbereich. Mit der Neufassung von § 19 Absatz 2 Nr. 2 GWB wurde die potentielle Konkurrenz zumindest für die Feststellung des Bestehens von Marktmacht gesetzlich festgeschrieben.

Vielfach wird in diesem Sinne vertreten, potentielle Konkurrenz gehöre systematisch allein zur Feststellung einer marktbeherrschenden Stellung[292]. Dieser Ansicht kann bereits allein deswegen schwerlich gefolgt werden, weil die Berücksichtigung von potentieller Konkurrenz bei der Abgrenzung des relevanten Marktes in einigen Fällen bereits widerspruchslos akzeptiert wird[293].

Es ist unumstritten, daß Produkte, die sich noch in der Entwicklungsphase befinden, noch nicht zum aktuellen, real vorhandenen Angebot auf dem Markt gerechnet werden können. Gerade aber die Entwicklungsphase wird aus Gründen der Kostenreduktion und wegen erhoffter synergetischer Effekte häufig in Kooperation verschiedener Unternehmen durchgeführt. Eine solche Kooperation war Gegenstand der Vacuum-Interrupters-Ltd.-Entscheidung der Kommission[294]. Hierbei ging es um die Entwicklung von Vakuumschaltern, die innerhalb der Gemeinschaft noch nicht vertrieben wurden, da es für japanische oder Importe aus den USA an den erforderlichen europäischen Spezifikationen fehlte[295]. In der Entscheidung wird explizit auf noch bestehende Entwicklungsschwierigkeiten hingewiesen[296].

Trotz dessen führt die Kommission aus: „Das Produkt, das Gegenstand dieser Entscheidung ist, ist der Vakuumschalter, und der relevante Markt ist der Markt für Schalter im allgemeinen."[297]

Nennenswerte Kritik ist dieser Entscheidung nicht entgegengetreten[298]. Dieses ist auch nicht verwunderlich, ist doch in diesem Fall der potentielle Konkurrent

---

[292] So z.B. von v. Gamm l.c.

[293] Auf die Doppelfunktion der Konkurrenz, sei diese nun reell vorhanden oder nur potentiell, wurde bereits im letzten Kapitel hingewiesen. Das hier genannte Beispiel zeigt, daß die Feststellung von Konkurrenz aber auch für die Bestimmung der Marktgrenzen von überragender Relevanz ist. Das nächste Kapitel wird ausführlich auf die Bedeutung potentieller Konkurrenz für die Marktabgrenzung eingehen.

[294] Kommission, Vacuum Interrupters Ltd. ,Slg. 1973-1980, S. 795ff.

[295] Kommission l.c., S. 799f.

[296] Vgl. z.B. Kommission l.c., S. 803.

[297] Kommission l.c., S. 796.

[298] Ebensowenig wie der in die gleiche Richtung gehenden Entscheidung über Natriumumwälzpumpen; vgl. Kommission, Nartiumumwälzpumpen, Slg. 1973-1980, S. 384ff, insbesondere Abschnitt I 4 auf den Seiten 387f.

mit seinem noch nicht vorhandenen Erzeugnis Adressat der Entscheidung gewesen. Diesen potentiellen Konkurrenten zu vernachlässigen würde in einem Verfahren nach Art. 82 EGV oder § 19 GWB zur Folge haben, daß kein Mißbrauch stattfinden könnte, fehlte es doch bereits an einer Marktpräsenz.

Daß aber auch Mißbräuche durch diese potentiellen Konkurrenten von diesen Normen erfaßt sein sollen, wird von niemandem ernsthaft in Frage gestellt. Dann ist aber nicht einzusehen, warum nur der den Mißbrauch betreibende, potentielle Marktteilnehmer zum Markt gerechnet werden soll, nicht aber andere potentielle Konkurrenten. Dieses spricht bereits dafür, potentielle Konkurrenz mit in den relevanten Markt einzubeziehen. Eine Vernachlässigung würde sonst alsbald zu einer sich als zu eng erweisenden Marktdefinition führen.

Dieser Argumentation läßt sich auch nicht mit Erfolg entgegenhalten, daß es sich bei dem zitierten Verfahren um ein Zusammenschlußverfahren handele, dessen Regeln nicht für Mißbrauchstatbestände gelten würden. Genauso sind mißbräuchliche Verhaltensweisen durch Unternehmen denkbar, die sich noch in der Entwicklungsphase befinden oder einen Markteintritt planen. Dieses gilt insbesondere für solche, die bereits auf der vertikalen Marktebene aktiv sind, also bereits in geschäftlicher Verbindung zu Abnehmern oder Lieferanten des betreffenden Marktes stehen.

Es liegt allerdings auf der Hand, daß nicht alle überhaupt entfernt denkbaren Konkurrenten in den Markt miteinbezogen werden können. Von den Befürwortern der potentiellen Konkurrenz als eines Teils des relevanten Marktes wird fast einhellig auf eine ähnliche Basistechnologie, verbunden mit einer hohen Programmelastizität, abgestellt, um potentielle Anbieter zu identifizieren[299]. Dieses ist aber allein nicht ausreichend, weil ein Markteintritt zudem ganz wesentlich von der Attraktivität des Marktes abhängen wird. Hierfür sind neben einer ähnlichen Basistechnologie auch andere Faktoren maßgeblich[300].

Wie am Anfang des folgenden Kapitels gezeigt werden wird, beruhen gerade Investitionsentscheidungen auf rationaleren Überlegungen, als das Konsumverhalten der Endverbraucher[301]. Dieses wird insbesondere bei risikoreichen Markteintrittsüberlegungen der Fall sein. Mag auch das Konstrukt des verständigen Verbrauchers bei privaten Konsumenten fragwürdig sein[302], so ist der

---

[299] In diese Richtung argumentieren beispielsweise Groeben/Thiesing/Ehlermann l.c., Art. 86 a: F. (Art. 82 n. F.) EGV, Rn. 116; Bechthold l.c., § 22 GWB, Rn. 5 mwN; Langen/Bunte l.c., § 22 GWB, Rn. 20.

[300] In der Tat werden derartige Überlegungen von der Rechtsprechung passim für die Marktbetrachtung unterstützend herangezogen; vgl. z.B. WUW/E BKartA, Texaco - Zerssen, 1840ff. (1841f.).

[301] Vgl. unten Kapitel 4 Nr. 1 c.) bb.).

[302] Vgl. unten Kapitel 4 Nr. 1 c.) aa.).

Standpunkt eines verständigen potentiellen Konkurrenten, gemessen an seinen individuellen Möglichkeiten, geeigneter als die bloße Ähnlichkeit der Basistechnologie, wirkliche potentielle Konkurrenten zu identifizieren[303].

Verschiedentlich wird potentielle Konkurrenz, die auch als Angebotssubstitution bezeichnet wird, in der Entscheidungspraxis von Kommission und Gerichten berücksichtigt. Im folgenden sollen zwei Beispiele exemplarisch genannt werden[304]:

(1) Industrieanlagen - Tetra-Pak I

In einem Verfahren bezüglich einer Lizenzübernahme der Tetra-Pak-Gruppe vertrat diese die Ansicht, sie verfüge über keine marktbeherrschende Stellung iSv Art. 81, 82 EGV[305]. Gegenstand der Streitigkeiten war die Lizenz für ein Sterilisationsverfahren, welches zu seiner Durchführung sowohl einer spezifischen Abfüllanlage, als auch hierfür eigens von Tetra-Pak hergestellten Verpackungen, den sog. „Ziegelsteinkartons“, bedurfte. Explizit wird von der Kommission in diesem Zusammenhang auf die zwingende Verbindung von Abfüllanlagen und Verpackungen hingewiesen[306]. Insgesamt machte dabei der Anteil von Maschinen zur Sterilisation und Abfüllung von Milch einen Marktanteil von ca. 90% aus.

Zunächst macht die Kommission auf das Fehlen einer relevanten Nachfragesubstitution für die Kartons aufmerksam: Der Preis von Kartons mache nur einen marginalen Anteil an dem Preis für die verpackten Milchprodukte aus. Selbst wenn die Produzenten der Milcherzeugnisse, ihrerseits Abnehmer der Anlagen und Verpackungen von Tetra-Pak, etwaige Preiserhöhungen an die Endverbraucher weitergäben, so führte dieses nicht zu einer Änderung des Konsumentenverhaltens. Die Preiserhöhungen seien nämlich für die Verbraucher kaum spürbar. In dem Bereich derart marginaler Preiserhöhungen seien die Konsumpräferenzen der Endabnehmer nämlich noch so unterschiedlich, daß ihr Konsumverhalten preisunelastisch wäre. Dieses ließe sich durch unterschiedliche Verbrauchsgewohnheiten von Abnehmern von Frischmilch-, H-Milch-, Flaschenmilch-, Tütenmilch- und Kartonmilchprodukten belegen. Daher seien die Her-

---

303 Vgl. unten Kapitel 4 Nr. 1 b.).

304 Ein Beispiel hierfür ist auch das bereits erwähnte Michelin-Urteil, in welchem der EuGH explizit auf die Angebotselastizität der Mitbewerber abstellt: „Schließlich ist darauf hinzuweisen, daß es wegen der bedeutenden Unterschiede in der Produktionstechnik und den dafür erforderlichen Anlagen und Maschinen keine Angebotselastizität in bezug auf Reifen für schwere Fahrzeuge und Reifen für Personenkraftwagen gibt.“; EuGH, Michelin l.c., S. 3506.

305 Kommission, Tetra-Pak I, ABl. 1988, Nr. L 272/27 ff.

306 Kommission l.c., Nr. L 272/33.

steller von andersartigen Milchverpackungen bzw. Verpackungsanlagen vom relevanten Markt auszuschließen[307].

Die Sichtweise der Endabnehmer ist entgegen der Ansicht der Kommission für die Abgrenzung des relevanten Marktes irrelevant. Abnehmer von Maschinen und Verpackungen sind nämlich nicht die Endverbraucher, sondern die Hersteller der Milchprodukte. Insofern wäre die Möglichkeit einer Nachfragesubstitution durch die Molkereien das adäquate Abgrenzungskriterium gewesen. Konkurrenz zu diesen Herstellern anderer Milchverpackungen und den entsprechenden Anlagen besteht für Tetra-Pak daher nur bei der Entscheidung einer Molkerei für ein bestimmtes Abfüllsystem. Spätere Preisveränderungen der Verpackungen dürften aufgrund enormer Umstellungskosten kaum zum Wechsel der Molkerei auf eine andere Abfüllanlage führen[308].

In der oben genannten Michelin-Entscheidung wurde im übrigen ausdrücklich festgestellt, daß es bei der Existenz einer Vertriebsstufe nicht auf die Sichtweise des Endabnehmers ankommen kann: „Dieses Argument ist nicht stichhaltig (sc. abgestellt wurde zuvor von Michelin auf die Sichtweise der Endverbraucher der Reifen), da es bei dieser Sache nicht um das Verhältnis zwischen NBIM (sc. Hersteller) und den Verwendern (sc. Endabnehmer) geht. Der spezifische Reifentyp und seine Abmessungen sind bei der Prüfung der Substitutionsmöglichkeiten auf Ebene der Wiederverkäufer (sc. Vertriebsstufe) oder im Verhältnis NBIM-Widerverkäufer völlig unerheblich."[309]

Als weiteres Abgrenzungskriterium zieht die Kommission das Fehlen einer Angebotssubstitution heran. Flaschen- und Tütenhersteller könnten sich nicht ohne größeren Zeit- und Kapitalbedarf auf die Produktion steriler Milchkartons umstellen. Dem entgegen könnten die Hersteller Nicht-Steriler-Kartons zwar verhältnismäßig kurzfristig umdisponieren. Markteintrittsbarrieren seien jedoch die Patente und Lizenzen, die Tetra-Pak auf diesem Gebiet hätte[310]. Der EuGH hat in seinem späteren Urteil zu diesem Sachverhalt weitere Markteintrittsschranken im erforderlichen „Know-How" und der obligatorisch notwendigen großen Erfahrung für dieses Fertigungsverfahren gesehen[311]. Schließlich ist auch durch die bereits erwähnten hohen Umstellungskosten der Hersteller eine solche Barriere gegeben.

---

[307] Kommission l.c., Nrn. L 272/34-37.

[308] Die Kommission erkennt dieses in ihrer Entscheidung (L 272/37), sieht jedoch hierin lediglich eine Zutrittsschranke für andere Anbieter. Spiegelbildlich bedeutet diese jedoch für die Abnehmer ein Hindernis, von einer zur anderen Verpackungsart zu wechseln. Insofern schließt dieses Kriterium gleichsam eine realistische Möglichkeit zur Nachfragesubstitution aus.

[309] Kommission, Michelin l.c., S. 22.

[310] Kommission l.c., Nr. L 272/38.

[311] EuGH, Tetra-Pak I, Slg. 1990, S. II - 309ff (II - 313).

Dieses unterstreicht die hier vertretene Auffassung, daß die Möglichkeit einer Angebotssubstitution durch die potentiellen Konkurrenten nicht nur von der technischen Elastizität ihrer Produktionskapazitäten abhängt, sondern unter anderem auch von der Behinderung des Markteintrittes durch Marktbarrieren.

(2) Kopiergeräte - Olivetti/Canon

Für die Zuordnung zu unterschiedlichen Märkten ist es bei Investitionsgütern keineswegs erforderlich, daß sie eine grundsätzlich unterschiedliche Leistung erbringen. Ein weiteres Abgrenzungskriterium kann auch die Art der Leistungserstellung sein. So existieren Investitionsgüter mit unterschiedlichem Leistungsvermögen. Im Fall Olivetti gegen Canon[312] werden so beispielsweise Kopiergeräte mit verschiedener Leistungsfähigkeit auch unterschiedlichen Produktmärkten zugeordnet: „Die in das Arbeitsgebiet des Gemeinschaftsunternehmens fallenden Erzeugnisse werden verschiedenen relevanten Produktmärkten zugeordnet: Kopiergeräte im unteren bzw. mittleren und oberen Geschwindigkeitsbereich (...)“[313]. Dabei wird explizit auf die Bedürfnisstruktur der Abnehmer verwiesen. So führt die Kommission aus, innerhalb „dieser Bereiche ist festzustellen, daß eine umfassende Austauschbarkeit besteht, und daß die Kopiergeräte unterschiedlichen Reproduktionsbedürfnissen entsprechen, soweit Geschwindigkeit, andere Eigenschaften (z.B. Sortierer) und Robustheit betroffen sind.“[314]

Trotz dieser Zuordnung zu unterschiedlichen Märkten kann es aber sein, daß die Anbieter von Geräten anderer Leistungsstärke als potentielle Wettbewerber in den relevanten Markt mit einzubeziehen sind. Dieses ist insbesondere wegen der möglicherweise gegebenen Ähnlichkeit der technischen Produktionsvoraussetzungen zu berücksichtigen. Hierzu führt die Kommission aus, „Olivetti könnte in diesen Markt (sc. der Kopierer mittlerer Leistungsfähigkeit), der an den unteren Bereich angrenzt und auf dem Olivetti vor mehreren Jahren tätig war, wieder eintreten und allein auf ihm verbleiben. Olivettis Fachkenntnisse und Technologie könnten auf Kopiergeräte mit höherer Leistungsfähigkeit ausgedehnt werden, da die Ausgangserzeugnisse weitestgehend die gleichen sind.“[315]

---

[312] Kommission, Olivetti/Canon, Slg. 1986-1988, S. 347ff.
[313] Kommission l.c., S. 353.
[314] Kommission l.c.
[315] Kommission l.c., S. 354.

ii.) Qualität und Verarbeitungsgrad

Es bedarf keiner weiteren Ausführung, daß auch bei Betriebsmitteln und Rohstoffen verschiedene Qualitäten existieren können. Diesbezüglich bestehen keine Unterschiede zu Konsumartikeln[316].

Während Konsumgüter jedoch für den Endverbraucher bestimmt sind, also in der Regel fertige Erzeugnisse darstellen[317], können sowohl Betriebsmittel als auch Rohstoffe in einem unterschiedlichen Verarbeitungsgrad gehandelt werden. Je nach Zustand sind sie dann dazu bestimmt, vom Abnehmer weiterbehandelt zu werden, der damit seinerseits eine Wertschöpfung erbringen möchte. Die insofern „halbfertigen Produkte werden ihrerseits zu einer Vielzahl von Endprodukten von unterschiedlicher Form und Beschaffenheit weiterverarbeitet(...)“[318]. Im Fall von Polyurethanen isolierte die Kommission vier verschiedenen Verarbeitungsgrade, die jeweils unterschiedlich Produkte darstellen[319] und insofern unterschiedlichen relevanten Märkten zuzuordnen sind. Ein weiteres Beispiel ist die Verarbeitung von Zuckerrohr oder -rüben, die zunächst zu Rohzucker und dann, in einer zweiten Verarbeitungsstufe, zu Handelszucker raffiniert werden[320]. Beide Verarbeitungsstufen stellen auch hier unterschiedliche relevante Märkt dar.

jj.) Besonderheiten von Rohstoffbörsen

Rohstoffe, die an Warenbörsen gehandelt werden, weisen Besonderheiten auf. Zum einen kann regelmäßig auf die Ermittlung von der empirisch schwer zu bestimmenden Kreuzpreiselastizität verzichtet werden. Es läßt sich direkt nachvollziehen, wie beim Anstieg des Preises für einen Rohstoff auf einen anderen ausgewichen wird. Hier wird nämlich ein sprunghafter Anstieg der Abschlüsse bei einem Rohstoff mit einem Abfallen der Nachfrage nach einem anderen zusammenfallen. So ist Zink beispielsweise in vielen Bereichen durch Aluminium oder Kunststoffe ersetzbar. Die Kommission führt zur Situation an der Warenbörse aus, wegen „der Ersetzbarkeit des Zinkmetalls bestand die Gefahr, daß die Zinkverbraucher bei Preissteigerungen an der LME (sc. London Metal Exchange), die auch durch Spekulationsgeschäfte hervorgerufen werden konnten, auf billigere Substitutionsprodukte auswichen.“[321] Zudem besteht wegen der

---

[316] Vgl. oben in diesem Kapitel Nr. 1 a.) aa.) (2).
[317] An dieser Stelle sollen solche Güter vernachlässigt werden, die mittels sogenannter Konsumtechnologie in der einzelnen Haushalten weiterverarbeitet werden.
[318] Kommission, Reuter/BASF, Slg. 1973-1980, S. 293ff. (294).
[319] Kommission l.c.
[320] Vgl. Kommission, Vereinbarungen über Rohrzuckerlieferungen, Slg. 1973-1980, S. 696ff. (696f.).
[321] Kommission, Zinc Producer Group, Slg. 1981-1985, S. 485ff. (487).

großen Transparenz dieser Märkte kaum Gefahr, daß die Abnehmer aus irrationalen Gründen, trotz Preisanstieg und bei bestehender Ersatzmöglichkeit, nicht auf andere Rohstoffe ausweichen.

kk.) Besonderheiten von Verbundgeschäften - Tetra Pak II

In der sogenannten Tetra-Pak-II-Entscheidung der Kommission vom 5. Juni 1991 geht es im wesentlichen um das Bestreben der Firma Tetra-Pak, den Verkauf der Abfüllanlagen an den späteren Bezug des eigenen Verpackungsmaterials zu binden[322].

Ohne weiteren Kommentar wird zunächst auf die Tetra-Pak I Entscheidung Bezug genommen und bezüglich der Substitutionsmöglichkeit bei den Verpackungen auf den Endverbraucher abgestellt[323]. Dieses ist nach der hier vertretenen Ansicht verfehlt.

Zutreffend wird dann nach aseptischen und nicht-aseptischen Abfüllverfahren unterteilt[324]. Ferner geht die Kommission ohne weiteres von getrennten Märkten für Abfüllanlagen und Verpackungen aus[325]. Tetra-Pak strebe durch die Koppelung der Verkäufe von Produkten zweier verschiedener Märkte an, den Wettbewerb auf den Verkauf von Abfüllanlagen zu beschränken und damit Mitbewerber vom Kartonmarkt fernzuhalten[326]. Die Marktabgrenzung bedarf in einem solchen Fall des Verbundverkaufs von Produktionsanlagen und Produktionsmitteln jedoch einer genaueren Vorprüfung. Dabei sollte zweckmäßigerweise zwischen echten und unechten Verbundgeschäften unterschieden werden.

Echte Verbundgeschäfte sind solche, bei denen nach Erwerb der Produktionsanlage aus technischen oder (patent-)rechtlichen Gründen der Einsatz von anderen als den Produktionsmitteln des Anbieters aus tatsächlichen Gründen gar nicht mehr möglich ist[327]. Ist ein solches echtes Verbundgeschäft festzustellen, hat eine zweistufige aber gemeinsame Marktabgrenzung zu erfolgen. Zunächst ist das Verhalten des Anbieters bei dem Verkauf der Produktionsanlage auf seine Mißbräuchlichkeit hin zu untersuchen. Dieses erfolgt nach den normalen Regeln. Ist die Anlage dann an den Kunden verkauft worden, bedarf es bei den

---

[322] Kommission, Tetra-Pak II, Slg. 1990-1992, S. 131ff.
[323] Kommission l.c., S. 133.
[324] Kommission l.c.
[325] Kommission l.c.
[326] Kommission l.c., S. 157.
[327] Ein Beispiel hierfür ist die Herstellung von Komponenten für bestimmte Satelliten, die spezieller F&E bedarf, welche von alternativen Anbietern beim notwendigen Ersatz kaum noch zu leisten ist; vgl. Kommission, Alcatel/ANT Nachrichtentechnik, Slg. 1989-1990, S. 137 ff. (140).

Produktionsmitteln keiner eigenständigen Marktabgrenzung mehr. Diese stellen dann nämlich einen eigenständigen Markt für sich dar[328]. Folge ist, daß der Anbieter gewissermaßen als Monopolist anzusehen ist und alle seine Verhaltensweisen automatisch einer Prüfung auf Mißbräuchlichkeit hin unterworfen werden können[329]. Ebenso wenig bedarf es dann einer eingehenden Untersuchung bezüglich einer marktbeherrschenden Stellung[330].

Unechte Verbundgeschäfte sind dagegen vertraglicher Natur. Sie beruhen nicht auf tatsächlichen technischen oder rechtlichen Gründen, sondern werden vom Anbieter beim Verkauf seiner Produktionsanlagen mit dem Abnehmer vereinbart. Da hier auf der Ebene der Produktionsmittel Wettbewerb denkbar wäre, wirken sie wettbewerbsbeschränkend. Folglich sind unechte Verbundgeschäfte nach Maßgabe der entsprechenden Mißbrauchstatbestände zu verbieten.

Exemplarisch kann ferner die Entscheidung der Kommission im Fall Eurofix-Bauco gegen Hilti genannt werden[331]. Hilti stellte ein Bolzenschußgerät her, für dessen Verwendung es für das Gerät spezifisch genormter Kartuschen und Bolzen bedurfte. Patente auf den Kartuschen hinderten unabhängige Hersteller von Kartuschenstreifen daran, solche Streifen zu fertigen oder zu verkaufen[332]. Bezüglich der Kartuschen lag also ein echtes Verbundgeschäft vor.

Bei den Bolzen dagegen bestand kein derartiger rechtlicher Schutz[333], so daß auf diesem Gebiet Wettbewerb stattfand. Ein Versuch durch Hilti, eine vertraglich Bindung des Kartuschenabatzes an die eigenen Bolzen zu erreichen, würde daher ein unzulässiges unechtes Verbundgeschäft darstellen.

---

328 Denkbar ist auch, daß nur ein Teil der Produktionsmittel zum echten Verbundgeschäft gehört. Dieses ist z.B. in der CEKACAN-Entscheidung der Kommission nur für die Deckel der dort erwähnten Verpackungen der Fall; vgl. Kommission, CEKACAN, Slg. 1989-1990, S.173ff. (174).

329 Im Fall der Lieferung von Ersatzteilen für zuvor erworbene Investitionsgüter ist dieses bereits seit langem von der Kommission anerkannt. Im Fall des Registrierkassenherstellers Hugin sieht die Kommission in dem für damit verbundenen Ersatzteilmarkt eine monopolistische Stellung von Hugin und schließt insofern sofort auf eine marktbeherrschende Stellung: „Dementsprechend besitzt die Hugin AB ein weltweites Monopol für Hugin-Ersatzteile und nimmt somit (...) für diese Ersatzteillieferungen eine beherrschende Stellung ein“; Kommission, Hugin/Liptons, Slg. 1973-1980, S. 417ff. (425). Weiter sieht die Kommission in einem Monopolmarkt die Lieferverweigerung an Kunden der Orginalgeräte oder die Untersagung des Weiterverkaufs an Dritte als Mißbrauch an; vgl. Kommission l.c.

330 Auch dieses entspricht der bisherigen Praxis. Im GEMA-Fall führt die Kommission beispielsweise aus: „Die GEMA besitzt eine beherrschende Stellung in der Bundesrepublik Deutschland, (...) denn sie hat dort keine Wettbewerber; vgl. Kommission, GEMA, Slg. 1964-1972, S. 189ff. (195), II B.

331 Kommission, Eurofix-Bauco/Hilti, Slg. 1986-1988, S. 363ff.

332 Kommission l.c., S. 375.

333 Kommission l.c.

Ohne nähere Ausführung ist die Kommission in der Tetra-Pak II Entscheidung offensichtlich vom Vorliegen eines unechten Verbundgeschäftes ausgegangen. So wird ausgeführt, wenn es wirklich keine technische Alternative gäbe, „wäre die Verpflichtung nicht nötig"[334]. Zutreffend ist die Feststellung, daß „wenn dem Kunden (...) eine Wahl bleibt, (...) jede Verpflichtung, beides zusammen zu kaufen, bei einem Unternehmen mit einer Markstellung wie Tetra-Pak, verboten"[335] werden muß.

Bezüglich der Marktabgrenzung ist allerdings wohl nicht von zwei getrennten Märkten, sondern im Sinne eines echten Verbundgeschäftes, von einem zweistufigen aber gemeinsamen Markt auszugehen[336]. Hierfür sprechen zum einen die sämtlich gescheiterten Versuche der Mitbewerber auf der einen oder anderen Stufe einzutreten[337], als auch die enorm hohen Eintrittsbarrieren in Form von Patenten[338]. Um in dieser Hinsicht eine abschließende Aussage machen zu können, erweisen sich die Ausführungen der Kommission allerdings als zu eng.

Für das Vorliegen von Verbundgeschäften ist freilich erforderlich, daß es sich bei beiden Erzeugnissen um unabhängige und eigenständige Märkte handelt, auf denen die betreffenden Güter oder Dienstleistungen jeweils selbständig gehandelt werden. Zusatzleistungen zum Hauptgeschäft, wie etwa ein Garantieversprechen des Herstellers, das als solches nicht unabhängig von der Hauptleistung gehandelt wird, stellen keinen eigenständigen Markt dar[339].

II.) Räumliche Marktabgrenzung - Flachglas

Für Investitionsgüter sind, so wie für alle körperlichen Produkte, bezüglich der räumlichen Marktabgrenzung die Transportkosten ein wesentliches Kriterium für die Bestimmung regionaler Marktgrenzen. Der räumliche Markt ist um so

---

[334] Kommission, Tetra-Pak II l.c., S.156.

[335] Kommission l.c.

[336] Das Vorliegen eines echten Verbundgeschäftes ändert indessen nichts daran, daß Koppelungsverträge zu verbieten sind. Das ursprünglich echte Verbundgeschäft kann sich nämlich gewissermaßen in ein unechtes Verbundgeschäft umwandeln. Dieses kann durch Auslaufen der Patente oder technische Innovationen der Mitbewerber geschehen. Dann werden aus dem zweistufigen, aber gemeinsamen (gleichsam gekoppelten) Markt wieder zwei eigenständige Märkte; vgl. beispielsweise den Handpreisauszeichner-Fall, wo bestimmte Etiketten zunächst nur vom Hersteller der Geräte hergestellt wurden, wo dann aber später nachahmende Konkurrenten zwar nicht gleichwertige Geräte herzustellen vermochten, wohl aber die Etiketten. Diesem versuchte der Hersteller von vornherein durch ein vertragliches Kopplungsgeschäft entgegenzuwirken, was vom Kammergericht zu Recht als Mißbrauch angesehen wurde; WUW/E OLG, Handpreisauszeichner, 995ff.

[337] Kommission l.c., 134.

[338] Kommission, l.c., 135.

[339] Vgl. WUW/E BGH, Cartier-Uhren, 2451ff. (2454).

weiter abzugrenzen, je geringer Gewicht, Volumen oder Transportschwierigkeiten im weiteren Sinne[340] im Verhältnis zum Verkehrswert der Ware sind. Dieses hat die Kommission in der Flachglas-Entscheidung[341] näher ausgeführt: „Der geographische Standort der Produktionseinheiten ist ein exitenzbedingender Faktor für die Glasindustrie, da die Transportkosten zwar nicht ein unüberwindliches Hindernis für die Vermarktung von Flachglas über die Grenzen hinaus, zweifellos aber ein gewichtiger Faktor sind, weil mit zunehmender Entfernung zwischen Produktionsstätte und Lieferort das logistische System kritisch wird und die Wettbewerbsfähigkeit des Produktes leidet."[342]

d.) Handelsunternehmen - Metro-Kaufhof, Coop-Wandmaker, Tengelmann-Gottlieb

Die überwiegende Mehrzahl der Hersteller verkauft heutzutage ihre Erzeugnisse nicht direkt an die Endverbraucher, sondern bedient sich eines oder mehrerer Distributionskanäle. Wir wollen unter einem Distributionskanal die Gesamtheit aller miteinander verknüpften Organisationseinheiten verstehen, die daran beteiligt sind, ein Produkt oder eine Dienstleistung zur Verwendung oder zum Verbrauch verfügbar zu machen[343]. Die Distributionsfunktion wird im wesentlichen durch den Handel ausgeübt. Handel ist die wirtschaftliche Tätigkeit des An- und Verkaufs von Waren ohne wesentliche Be- und Verarbeitung[344]. Der Handel läßt sich in Groß- und Einzelhandel unterteilen.

Der BGH vertritt im Fall von Großhandelsbetrieben die Auffassung, daß als „bestimmte Art von Waren" nach § 19 Absatz 2 GWB auch ein umfassendes Sortiment in seiner heutzutage typischen Zusammensetzung von Nahrungs- und Genußmitteln sowie Wasch- Putz- und Reinigungsmitteln angesehen werden kann[345]. Dabei sind nach dem BGH alle Angebote der im Lebensmittelsektor tätigen Unternehmen der Groß- und Einzelhandelsebene miteinzubeziehen. Dieses sei sogar dann der Fall, wenn letztere nur Teile des Gesamtsortimentes führten. Voraussetzung sei insofern lediglich, daß die auf diese Weise zusammengefaßten Bezugsquellen den Abnehmern auch offenständen und eine wirtschaftlich adäquate Alternative darstellten[346].

---

[340] Solche können z.B. besondere rechtliche Vorschriften für den Transport sein. Für die besonders hohen Sicherheitsvorschriften für den Transport von radioaktiven Erzeugnissen vgl. Kommission, Amersham Bucheler, Slg. 1981-1985, S. 204ff. (205).

[341] Kommission, Flachglas, Slg. 1986-1988, S. 579ff.

[342] Kommission l.c., S. 600.

[343] Vgl. Stern/El-Ansary, Marketing Channels, 4. Auflage, Englewood Cliffs (N.Y.) 1992, S. 1.

[344] Vgl. Nieschlag/Dichtl/Hörschgen l.c., S. 1001.

[345] Vgl. WUW/E BGH, Metro - Kaufhof, 2231ff. (2234).

[346] WUW/E BGH l.c.

Das Kammergericht hält diese Sichtweise grundsätzlich auch auf der Einzelhandelsebene für anwendbar[347]. Dem entgegen sieht das Bundeskartellamt als wesentliches Objekt der privaten Nachfrage ein fiktives Güterbündel an, das von Spezialbetrieben nicht gewährleistet werden könne[348].

Gegen diese als Sortimentskonzept bezeichneten Abgrenzungsgrundsätze werden erhebliche Einwände vorgetragen. Wir wollen uns den von der Monopolkommission geäußerten Bedenken anschließen: Der Konsument fragt kein Güterbündel nach, sondern einzelne Produkte, die zur Befriedigung seiner persönlichen, vom Grundsatz her vollkommen unterschiedlichen Bedürfnisse dienen sollen. Die Berücksichtigung der Bedürfnisse eines Verbrauchers kann nur durch die Aufteilung des Sortiments in einzelne Produktgruppen erreicht werden. Das Sortimentskonzept führt zur Aufgabe des Bedarfsmarktkonzeptes[349], da es allein die Angebotsseite berücksichtigt.

Auch im Hinblick auf die unterschiedliche Positionierung der verschiedenen Betriebstypen im Handel bestehen erhebliche Zweifel am Sortimentskonzept. Müller-Hagedorn definiert einen Betriebstyp im Handel als eine in der Regel mehrdimensionale Kennzeichnung der Unternehmenspolitik, vor allem in bezug auf die Verkaufsfläche, das Bedienungssystem, das Sortiment und den Preis[350]. Das Angebot ist also noch nicht einmal unter Zugrundelegung des Sortimentskonzepts einheitlich.

Ebensowenig ist der Bedarf der Kunden, wie von der Rechtsprechung unterstellt, auf in qualitativer Hinsicht einheitliche Güter gerichtet. Vielmehr bedienen der Spezialhandel mit hoher Beratungsintensität und größeren Handelsspannen und die Discounter, die ihren Return on Investment allein über die Warenumschlagshäufigkeit erreichen, vollkommen andere Zielgruppen. Der Kunde des Spezialhandels wird den Discounter zu Recht nicht als adäquaten Ersatz ansehen[351]. Empirische Untersuchungen, die mit Hilfe der Mehrdimensionalen Skalierung[352] durchgeführt wurden, belegen eine positive Wahrnehmung der

---

[347] Vgl. WUW/E OLG, Coop - Wandmaker, 3917ff. (3919). Für den Bereich der Unterhaltungselektronik hat der BGH zwischenzeitlich ausgeführt, ein Sortiment von Geräten der Unterhaltungselektronik könne grundsätzlich auf der Einzelhandelsstufe eine Art von Waren im Sinne des § 19 Absatz 2 GWB sein. Die Problematik der verschiedenen Vertriebswege wurde zwar gesehen, aber im Ergebnis offengelassen; vgl. BGH, NJW 1992, S. 2289ff. (2289).

[348] Vgl. WUW/E BKartA, Tengelmann - Gottlieb, 2441ff. (2442).

[349] Vgl. Monopolkommission, Hauptgutachten VII, Tz. 450.

[350] Vgl. Müller/Hagedorn, Handelsmarketing, 2. Auflage, Stuttgart 1993, S. 23.

[351] Details zu den einzelnen Betriebstypen von Groß- und Einzelhandel würden an dieser Stelle freilich zu weit führen; vgl. hierzu Kotler/Bliemel, Marketing-Management l.c., S. 801ff., insbesondere die Darstellung der Betriebsformen des Einzelhandels auf S. 854ff.

[352] Wir werden später auf dieses in der betriebswirtschaftlichen Wissenschaft entwickelte multivariate Verfahren zurückkommen; vgl. unten Kapitel 5 Nr. 3.

unterschiedlichen Betriebstypen bei den Konsumenten. Gröppel konnte in diesem Zusammenhang nachweisen, daß die Verbraucher die gleichen Einkaufsstätten zu übergeordneten Gruppen bündeln, die aus Händlersicht in Betriebsformenkategorien zusammengefaßt werden[353].

Unterschiedliche Betriebsformen im Handel zielen folglich auf unterschiedliche Konsumentensegmente ab[354]. In einer weiteren empirischen Studie konnte Gröppel zusätzlich feststellen, daß die diversen Betriebsformen des Handels vollkommen unterschiedliche Einkaufsmotive und damit divergierende Bedürfnisse befriedigen[355]. Einkaufsmotive bedingen damit die Betriebsformenakzeptanz. Bei einem hohen kognitiven oder emotionalen Involvement werden eher die erlebnisorientierten Fachgeschäfte aufgesucht, während bei einem geringeren Stimulierungsbedürfnis oder einem kleineren Budget eher die preisgünstigen Betriebstypen frequentiert werden[356]. Der Konsument wählt eine Betriebsform also nach deren Eigenschaften in bezug auf Preis oder Erlebnis entsprechend seiner Präferenzen und im Zusammenhang mit dem ihm zur Verfügung stehenden Budget aus[357]. Die Handelsunternehmen ihrerseits versuchen, regelmäßig unter Einsatz multivariater Analysemethoden, ihr Unternehmenskonzept entsprechend der Konsumentensegmentierung auszurichten[358].

Die verschiedenen Betriebsformen weisen also keineswegs ein einheitliches, sondern vielmehr ein differenziertes Sortiment auf[359].

Ein Beispiel für die Grundpositionierung des Handels findet sich bei Becker[360]. Die exemplarische Positionierung aus dem Bekleidungsmarkt läßt sich uneingeschränkt auch auf andere Betriebstypen des Handelsgewerbes anwenden. Die beiden Dimensionen „qualitäts- oder leistungsorientiert vs. preisorientiert" und

---

[353] Gröppel, Competitive Retailing Strategies in Germany: An Empirical Study, in: Levy/Grewal (Hrsg.), Developments in Marketing Science, 1. Auflage, Miami 1993, S. 643ff.

[354] Vgl. auch Woratschek, Betriebsform, Markt und Strategie, 1. Auflage, Wiesbaden 1992, S.5.

[355] Vgl. Gröppel, Einkaufsmotive und Betriebsformenrelevanz, in: Thexis 10/4 1993, S. 4ff.

[356] Vgl. Gröppel, Die Dynamik der Betriebstypen - Ein Erklärungsversuch aus Konsumentensicht, in: Forschungsgruppe Konsum und Verhalten (Hrsg.), Konsumentenforschung, 1 Auflage, München 1994, S. 379ff. (386).

[357] Vgl. auch Woratschek l.c., S. 86.

[358] Vgl. in diesem Zusammenhang Woratschek, Die Positionierung von Handelsbetrieben: Ein Modell zur Unterstützung der Positionierungsentscheidung, in: Trommsdorf (Hrsg.), Jahrbuch der Forschungsstelle für den Handel 1996, Wiesbaden 1996, S. 3ff.

[359] Dabei ist ein weiterer Trend hin zum Erlebniseinkauf zu erwarten. Auch dieses spricht gegen die Annahme, der Kunde suche lediglich nach der Erfüllung seiner Wünsche durch ein Güterbündel, das durch ein uniformes Sortiment bereitgestellt werde. Zu zukünftig zu erwartenden Strukturveränderungen im Einzelhandel vgl. Greene, Einzelhandel: Kundenanforderungen nach der Jahrtausendwende, Was will der Homo electronis ?, Asw 4/1997, S. 42ff.

[360] Becker, Marketingkonzeption, 3. Auflage, Aachen 1990, S. 190.

„universales Angebot vs. spezialisiertes Angebot" dokumentieren die unterschiedlichen Aktionsfelder von Handelsunternehmen[361]:

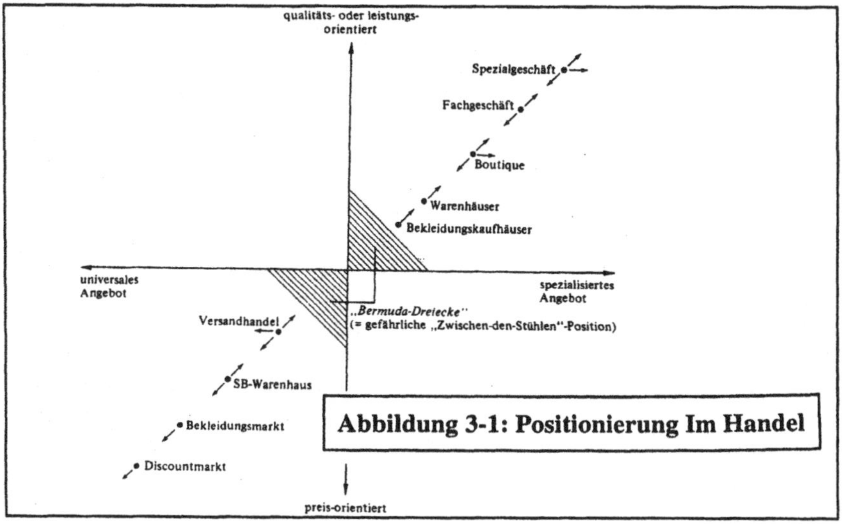

Abbildung 3-1: Positionierung Im Handel

Auch sind große Handelshäuser nicht mit kleineren Geschäften zu vergleichen. Häufig sind kleinere Betriebe dazu gezwungen, ihr Angebot auf Marktnischen auszurichten. Dieses liegt an verschiedenen Kostenvorteilen der Großbetriebe:

- Großbetriebe kaufen größere Positionen ein und gelangen hierdurch zu besseren Konditionen, die ihnen wiederum günstigere Preise ermöglichen;

- Kleinbetriebe können sich selbst bei steigender Nachfrage nicht unbegrenzt am Wachstum orientieren, da ihnen für den Aufbau entsprechender Infrastruktur, wie z.B. Parkplätzen und Verkaufsfläche, das notwendige Kapital fehlt. Großbetriebe erhalten darüber hinaus Fremdkapital zu günstigeren Konditionen;

- Kleinbetriebe verfügen aufgrund des begrenzten Sortiments kaum über die Möglichkeit der Mischkalkulation;

- Die traditionellen Kalkulationsformen werden heutzutage zunehmend als unpräzise angesehen, da sie über bedeutende Schwächen verfügen[362]. Kleinbe-

[361] In diesem Zusammenhang sind auch die Ausführungen Beckers über die gesamte Strategieentwicklung zur Lektüre empfehlenswert; Becker l.c., Kapitel 2 II: Konzeptionsebene der Marketingstrategien, S. 121-326. In dieser Darstellung wird der Unterschied verschiedener strategischer Ansätze anschaulich erklärt.

trieben fehlt das notwendige Know-How zu einer wettbewerbsgerechteren Fixkostenzuordnung.

Hieran wird deutlich, daß es für kleinere Handelsbetriebe häufig von existentieller Bedeutung ist, eine schützende Marknische zu finden[363]. Damit aber müssen sie sich auf bestimmte Segmente im Gesamtmarkt konzentrieren. Dieses ist ein weiterer Grund dafür, daß die Annahme eines einheitlichen Sortiments zwangsläufig zu realitätsfernen Abgrenzungen führen muß.

Die Kernfunktion des Handels ist die Distribution der Güter. Ausgangspunkt eines Marktes ist, dieses wurde bereits im Einführungskapitel dargelegt, ein Bedürfnis oder eine Bedürfniskombination. Das von einem Anbieter erzeugte Gut stellt einen Reflex auf dieses Bedürfnis dar. Aufgaben der Distributoren sind die Anpassung der Güter an die Kundenbedürfnisse im Hinblick auf Raum, Menge und Zeit sowie die Markerschließung[364]. In dieser Beziehung sind fiktive Güterbündel nicht enthalten. Sie stellen eine nicht mit der Realität korrespondierende Fiktion dar. Eine unterschiedliche Behandlung von Gütern in Abhängigkeit von der Distributionsstufe ist weder geboten noch nachvollziehbar.

Schließlich kommt man unter Anwendung der Sortimentssichtweise bei Einbeziehung des Fach- und Spezialhandels zu einem praktisch unbegrenzt großen Markt, auf dem eine beherrschende Stellung kaum mehr möglich ist. Dieses entspricht weder der Realität noch ist dieses in Anbetracht des zunehmenden Konzentrationsprozesses im Handel überhaupt sinnvoll[365]. Zunehmende Uniformität deutscher Innenstädte durch Erosion der kleineren Handelsunternehmen bei gleichzeitig steigender Präsenz umsatzstarker Filialunternehmen machen den Konzentrationsprozeß im Handel transparent. Dieses wird gemeinhin als ein die Innenstadt betreffendes Strukturproblem empfunden. Bei Fortschreiten dieses Prozesses sind Auswirkungen ähnlich wie in der Schweiz zu erwarten, wo Migros und Coop fast 70% des Lebensmitteleinzelhandels auf sich vereinigen[366].

---

362 Vgl. hierzu Hafner, in: Lexikon Handel und Absatz, Kalkulation im Handel, 3. Auflage, München 1988, S. 382ff.

363 Porter dokumentiert die Wichtigkeit für kleinere Unternehmen, eine schützende Marktnische zu finden: „Während Kostenvorsprungs- und Differenzierungsstrategien auf branchenweite Umsetzung ihrer Ziele abstellen, geht es bei der Konzentrationsstrategie nur darum, ein bestimmtes Ziel bevorzugt zu bedienen(...). Die Strategie beruht auf der Prämisse, daß das Unternehmen sein eng begrenztes strategisches Ziel wirkungsvoller oder effizienter erreichen kann als Konkurrenten, die sich in breiterem Wettbewerb befinden.“; Porter, Wettbewerbsstrategie l.c., S. 67.

364 Vgl. Nieschlag/Dichtl/Hörschgen l.c., S. 1002. Ferner sind in diesem Zusammenhang die Ausführungen in Kotler/Bliemel (S. 802ff.) zur Lektüre empfohlen.

365 Zum Konzentrationsprozeß im Handel vgl. auch Monopolkommission, Hauptgutachten VII, Tz. 439ff.

366 Kotler/Bliemel l.c., S. 841.

Die starke Stellung von Handelsketten führt häufig zu einer überlegenen Verhandlungsposition, so daß regelmäßig Nachfragemacht gegeben ist. Die fehlerhafte Abgrenzung der Handelsmärkte hat für die Industrie, von den großen und durch Markennamen profilierten Herstellern einmal abgesehen, zu untragbaren Zuständen geführt[367]. Da eine Entflechtung nach nationalem Recht nicht mehr möglich ist, mehren sich nunmehr die Nachfragemacht betreffenden Verfahren. Zur Feststellung eines Mißbrauchstatbestandes ist dann der Nachfragemarkt abzugrenzen. Dieses ist durch eine spiegelbildliche Anwendung der Grundsätze des Bedarfsmarktkonzeptes aus Anbietersicht zu erreichen[368]. Für den Handel bedeutet dieses, daß es auf die Möglichkeiten des Zulieferers, auf alternative Distributoren auszuweichen, ankommt. Das Kammergericht stellt insofern zutreffend fest, daß Einzelmärkte nach Maßgabe des Angebots der Zulieferer abzugrenzen sind, da kein Hersteller ein umfassendes Sortiment herstellen kann[369].

Die Nachfrage des Einzelhandels weist die Besonderheit auf, daß sie aus den Bedürfnissen der Endverbraucher direkt abgeleitet werden kann. Insofern besteht ein Unterschied zu Investitionsgütern, deren Nachfrage nur indirekt auf sich ändernde Verbrauchergewohnheiten zurückgeführt werden kann[370]. In diesen Fällen ist eine Betrachtung der Endverbraucher bei der Marktabgrenzung durchaus sinnvoll, weil sie direkte Schlüsse auf die Handelsstufe erlaubt. Daher kann die Sichtweise der Endverbraucher nach der hier vertretenen Ansicht ergänzend oder unterstützend herangezogen werden. Diese Auffassung scheint

---

367 Die Praktiken großer Handelsketten auf den Beschaffungsmärkten werden dabei zunehmend unverblümter. So sind beispielsweise Forderungen von nachträglichen Rabatten aufgrund eines neu angeschafften Warenwirtschaftssystems keine Seltenheit. Die Industrieunternehmen gehen zumeist auf diese Forderungen ein, wohlwissend, daß eine Ablehnung eine Auslistung der Ware zur Folge haben wird. Anzeigen gegen diese Verhaltensweisen wurden kaum aktenkundig, obwohl teilweise sogar eine Verletzung von strafrechtlichen Vorschriften wie etwa §§ 252, 240 StGB in Betracht kommen könnte. Eine interessante Abhandlung über den durch die deutsche Rechtsanwendung geschaffenen Zustand findet sich in MM 10/1997, Die Abzocker, S. 56ff. Dabei geht der Autor Sören Jensen auch auf das sogenannte Konditionenkarussell von Fiesser & Partner ein, in welchem der Zusammenhang von derartigen Verhandlungsmethoden und einem volkswirtschaftlichen Innovationsverlust dokumentiert wird (MM l.c., S. 66). Ein in diesem Zusammenhang treffliches Zitat findet sich bei Fischötter, Gedanken zum selektiven Vertrieb, WUW 1981, S. 478ff. (478) bereits im Jahre 1981: „Von Industrieseite kam dann auch die Klage, daß man die Kartellbehörden (inzwischen auch den Bundesgerichtshof) mehr fürchte als die Japaner - ein Vorwurf, der von fast allen Teilnehmern (sc. 3. Kartellrechtliche Arbeitstagung des Einzelhandels) geteilt wurde; eine der wenigen Ausnahmen war der Vertreter der Selbstbedienungswarenhäuser."

368 Vgl. hierzu weiter unten in diesem Kapitel Nr. 1 h.).

369 WUW/E OLG, Coop-Wandmarker l.c., 3927.

370 Den grundsätzlichen Unterschied zwischen Investitionsgütern und Konsumgütern in diesem Zusammenhang dokumentiert das Akzelerationsprinzip: Ein Anstieg der Verbrauchernachfrage um 10% kann einen Anstieg der industriellen Nachfrage um 200% auslösen; vgl. Kotler/Bliemel l.c., S. 330.

auch das Kammergericht zu teilen, indem es im Fall von Reisevermittlungen ausführt: „Andererseits ist nicht zu verkennen, daß den Reisebüros bei wirtschaftlicher Betrachtung eine dem Einzelhändler vergleichbare Position zukommt. Sie wird durch die Dienstleistungskomponente nicht umfassend geprägt, denn das geschäftliche Wohl der Agentur hängt letztlich davon ab, ob und wie es gelingt, das Produkt Reise zu verkaufen. Hierfür ist wiederum die Geltung des Veranstalters beim Endverbraucher von erheblicher, wenn nicht sogar von ausschlaggebender Bedeutung."[371]

In räumlicher Hinsicht ist grundsätzlich davon auszugehen, daß das Stadtgebiet mit seinen unmittelbar angrenzenden Vorortsiedlungen und Umlandgemeinden für den Lebensmitteleinzelhandel einen abgegrenzten Markt darstellt[372]. Das Bundeskartellamt bedient sich dabei eines Richtwertes von 20 Entfernungsminuten[373].

e.) Energie - Erdgas Schwaben, Texaco - Zerssen

Energieversorgungsunternehmen versorgen regelmäßig ein bestimmtes Gebiet im Sinne des § 6 Absatz 1 Energiewirtschaftsgesetz (EnWG). Diese Gebiete sind als regionale Teilmärkte und insgesamt als relevante Märkte einzustufen. Auch ein nur auf bestimmte Bereiche der regionalen Teilmärkte beschränktes Konkurrenzangebot anderer Energieversorger führt nicht zur isolierten Betrachtung dieser eigentlich allein von der Konkurrenz betroffenen Regionen, weil § 6 Absatz 1 EnWG das betroffene Unternehmen zu einem einheitlichen Wettbewerbsverhalten gegenüber allen seinen Abnehmern zwingt.
Elektrischer Strom bildet einen von anderen Energien unabhängigen Markt[374]. Dieses ergibt sich aus der Tatsache, daß elektrischer Strom zu mehr als 80% für

[371] Im Ergebnis allerdings offengelassen von WUW/E OLG, TUI-Partnerschaftsbonus, 3656ff. (3567). In einem anderen Fall von Reisevermittlungen werden die Sichtweisen von Reisevermittler und Endverbraucher über die Austauschbarkeit von Flugleistungen alternativ herangezogen; vgl. WUW/E OLG, Lufthansa - f.i.r.s.t. Reisebüro, 2849ff. Damit geht das Kammergericht, ohne es explizit zu erwähnen, auf die besondere Struktur einer abgeleiteten Nachfrage als eine Besonderheit von Handels- und vielen Dienstleistungsunternehmen ein.
[372] WUW/E OLG, Coop Schleswig-Holstein - Deutscher Supermarkt, 3591ff. (3597).
[373] WUW/E BKartA, Tengelmann - Gottlieb l.c., 2442.
[374] Wobei teilweise vertreten wird, daß zumindest die Abnehmer, die keine Tarifabnehmer seien, nochmals nach ihren sogenannten „Klemmeigenschaften" unterteilt werden müßten; vgl. hierzu vertiefend Knöpfle, Zur Gleichartigkeit von Unternehmen, insbesondere von Strombeziehern, nach § 26 Absatz 2 GWB, BB 1981, S. 1733ff mwN. Zur Abgrenzung des relevanten Marktes für Energieversorger hat zudem Weise eingehend Stellung genommen; vgl. Weise, Der sachlich relevante Markt für Energieversorgungsunternehmen, Dissertation, Bonn 1982.

Zwecke eingesetzt wird, für die andere Energieträger überhaupt nicht verwendet werden können, wie zum Beispiel für die Licht- und Krafterzeugung[375].

Die verschiedenen Energieträger für die Wärmeerzeugung, insbesondere leichtes Heizöl, Strom, Gas und Festbrennstoffe sind ebenfalls eigenständigen Märkten zuzuordnen. Dieses wird durch die hohen Umstellungskosten bedingt. Hat sich ein Haushalt oder ein Unternehmen erst einmal für eine bestimmte Art der Wärmeversorgung entschieden, so ist die Umstellung auf eine andere Art der Wärmeversorgung sehr kostenintensiv. Diese Kosten hindern den Abnehmer daran, auch bei spürbaren Preiserhöhungen den Energieträger zu wechseln[376].

f.) Dienstleistungen

Dienstleistungen sind als immaterielle Güter durch eine Synchronität von Produktion und Verbrauch sowie durch eine obligatorische Aufrechterhaltung eines bestimmten Leistungspotentials gekennzeichnet[377].

Die Bedeutung des tertiären Sektors hat in den letzten Jahren stark zugenommen. Für Dienstleistungen gelten im wesentlichen die gleichen Regeln, wie für materielle Güter. So kann mit zwei unterschiedlichen Dienstleistungen ein ähnlich strukturiertes Bedürfnis befriedigt werden: Postdienst und privater Paketservice befördern beide gleichermaßen das Objekt an den selben Ort. Ebenso kann man ein bestimmtes Ziel häufig sowohl zu Land, zu Wasser oder aus der Luft erreichen. Trotzdem präferieren bestimmte Abnehmer die eine oder die andere Leistung. Es ist nicht nur danach zu fragen, welches Leistungsziel eine solche Dienstleistung beinhaltet, sondern es muß zudem festgestellt werden, ob bestimmte Modalitäten vorliegen, die eine spezielle Bedürfnisausprägung erfüllen können. Dabei ist nach der Struktur der Bedürfnisse der verschiedenen Abnehmer zu fragen[378]. Diese läßt sich häufig an der Wertschöpfung der Leistung erkennen[379], die normalerweise den Reflex der Anbieter auf die sich in Form von Nachfrage manifestierten Bedürfnisse der Abnehmer darstellt.

---

375 Vgl. insgesamt WUW/E BKartA, Erdgas Schwaben, 1647ff. (1648f.).

376 Vgl. hierzu WUW/E BKartA, Texaco - Zerssen, 1840ff. (1841).

377 Vgl. Vahlens Großes Wirtschaftslexikon l.c., Band 1, S. 449.

378 Insofern geht z.B. die Auffassung des Kammergerichtes, es existiere ein Gesamtmarkt für alle Dienstleistungen von Handelsvertretern, an den wirtschaftlichen Gegebenheiten vorbei. Vielmehr hätte danach gefragt werden müssen, ob Handelsvertreter möglicherweise unterschiedliche Dienstleistungen für unterschiedliche Nachfrager anbieten. Angaben über derartige Strukturen läßt das Kammergericht leider vermissen; vgl. WUW/E OLG, Ausgleichsanspruch, 2340ff. (2342).

379 Nämlich zum einen aus dem Mehrwert in monetärer Hinsicht und zum anderen aus der spezifischen Zusammensetzung dieses Mehrwertes.

Die allgemeine Anerkennung dieser Hypothese spiegelt sich in verschiedenen Urteilen der nationalen und europäischen Wettbewerbsinstitutionen wieder, von denen im folgenden einige genannt werden sollen.

aa.) Transport

(1) Post - Eilkurierdienste in den Niederlanden

Im Jahre 1990 mußte die Kommission darüber entscheiden, ob die staatlich betriebene Post in den Niederlanden (sog. Basispost) einen einheitlichen Markt mit den Anbietern von privaten Kurierdiensten bildet[380]. Dieses hat die Kommission im Ergebnis abgelehnt und beide Dienstleistungen unterschiedlichen Märkten zugeordnet.

Die Unterscheidung erfolge zum einen aufgrund der unterschiedlichen Bedürfnisse des Klientels: der Eilkurierdienst erfülle die Bedürfnisse von Geschäftskunden, "für die die Übergabe einer Sendung an den Empfänger innerhalb einer bestimmten Frist von ausschlaggebender Bedeutung ist. Mit dem Basispostdienst wird der Bedarf der allgemeinen Kundschaft befriedigt, für die der Preis der Leistung zumindest ebenso ausschlaggebend wie die • eförderungsschnelligkeit ist."[381]

Damit kann nach der Kommission bei Dienstleistungen die Struktur des zu erfüllenden Bedürfnisses als Abgrenzungskriterium herangezogen werden. Werden von den Dienstleistungen unterschiedlich ausgeprägte Bedürfnisse befriedigt, so spreche dieses für unterschiedliche Märkte. Diese Feststellung muß keineswegs auf Dienstleistungsmärkte beschränkt bleiben.

Als weiteres Abgrenzungskriterium zieht die Kommission die Wertschöpfung der jeweiligen Dienstleister heran[382]. Dabei dienen die Umsatzdaten als Indikator für die Wertschöpfung: 95% aller Sendungen gehen über den Basispostdienst, nur 5% dagegen über den Kurierdienst. Dennoch beträgt der Umsatz der Basispost nur etwa das Doppelte des Umsatzes der Kurierdienste. Dies macht

---

[380] Kommission, Eilkurierdienstleistungen in den Niederlanden, ABl. 1990, Nr. L 10/47ff.

[381] Kommission l.c., Nr. L 10/48.

[382] Die nun folgende Abgrenzung beinhaltet allerdings keine Feststellung der Wertschöpfung im engeren Sinne, die sich als Preis abzüglich der eingesetzten Aufwendungen darstellt. Die Eilkurierdienste verlangen zwar höhere Preise als die Basispost, aber damit ist aber nicht gesagt, daß sie auch höhere Gewinne erzielen können, da sie zu deutlich höheren Kosten arbeiten. Wertschöpfung soll also im folgenden als eine Art Wertschöpfung im weiteren Sinne verstanden werden, und zwar als ein für den Verbraucher größerer Nutzen, der sich in einem höheren Preis ausdrückt.

nach der Kommission deutlich, daß es sich bei der Basispost um eine Dienstleistung mit geringer und beim privaten Eildienst um eine Leistung mit hoher Wertschöpfung handelt[383]. Demnach stünden die beiden Beförderungsleistungen nicht im Wettbewerb zueinander[384]. Die Wertschöpfung als Abgrenzungskriterium heranzuziehen erscheint durchaus plausibel, weil sie ein Indikator dafür sein kann, ob ein jeweiliger Wettbewerber in einer Branche die Kostenführerschaft anstrebt, ob er Differenzierung erreichen will oder ob er sich auf bestimmte Branchensegmente konzentriert[385]. Man kann die Wertschöpfung auch bei Konsum- und Investitionsgütern als Abgrenzungskriterium heranziehen. Die Art der Wertschöpfung ist allerdings in den drei Bereichen der Investitionsgüter, Konsumgüter und Dienstleistungen unterschiedlich.

(2) Passagierflüge - Aer Lingus/British Midland

Diesem Verfahren vor der Kommission ging eine Auseinandersetzung zwischen der britischen Luftverkehrsfirma Britsish Midland und der irischen Anbieterin Aer Lingus voraus, weil letztere sich geweigert hatte, British Midland in ein sogenanntes Interlinig-Abkommen[386] einzubeziehen[387].

Bei der Abgrenzung des sachlich relevanten Marktes stellt die Kommission fest, daß es sich bei dem Markt für die Bereitstellung und den Verkauf von Luftverkehrsleistungen um einen eigenständigen Markt handelt: „Die Merkmale des Land- und Seeverkehrs (...) (Geschwindigkeit, Bequemlichkeit, mehrfacher Wechsel der Beförderungsmittel) unterscheiden sich (...) in ausreichendem Maße von denen des Luftverkehrs, so daß eine Substitution der Nachfrage bei den meisten Reisenden ausgeschlossen werden kann. (...)
Es besteht eine erhebliche Nachfrage nach einer schnellen, flexiblen und bequemen Verkehrsverbindung (...), die nur im Luftverkehr befriedigt werden kann."[388]

Indem die Kommission weiter ausführt, daß es keine Anhaltspunkte dafür gebe, „daß durch die wesentlich preisgünstigere Beförderung im Landverkehr der Absatz von Luftverkehrsleistungen zu wesentlich höheren Preisen behindert wür-

---

[383] In diesem Sinne auch: Kommission, Eilkurierdienstleistungen in Spanien, Slg. 1989-1990, S. 167ff.

[384] Kommission, ABl. 1990, Nr. L 10/48.

[385] Teilweise können in Segmenten eines Gesamtmarktes eigenständige Märkte gesehen werden. Möglich ist aber auch, daß Gesamtmarkt und relevanter Markt identisch sind.

[386] Hiernach wird Luftfahrtunternehmen erlaubt, Leistungen für andere Gesellschaften zu verkaufen.

[387] Kommission, Aer Lingus/British Midland, Slg. 1990-1992, S. 315ff.

[388] Kommission l.c., S. 318. Tendenziell in diese Richtung argumentiert auch der EuGH, der allerdings für besondere Einzelfälle auch hiervon abweichende Ergebnisse für zulässig hält; vgl. EuGH, Flugtarife, Slg. 1989, S. 803ff. (849f.).

de“[389], verwendet sie auch im Bereich von Dienstleistungen die Kreuzpreiselastizität implizit als Indikator zur Abgrenzung von sachlich relevanten Märkten.

Zusätzlich wird auch im Dienstleistungsbereich die potentielle Konkurrenz mit in den relevanten Markt einbezogen: „Auch auf der Angebotsseite sind die Substitutionsmöglichkeiten beschränkt. Von 1989 bis Mitte 1991 durften keine anderen Luftverkehrsunternehmen Linienflugdienste zwischen London (Heathrow) und Dublin anbieten.“[390]

(3) Massenguttransporte - EATE-Beitrag

Luft-, Wasser-, und Landweg sind aber nicht nur bei Personenbeförderungen unterschiedlichen Märkten zuzuordnen. Auch beim Frachttransport werden durch die Auftraggeber unterschiedliche Anforderungen an den jeweiligen Transport gestellt. So sind die Luftfrachtraten grundsätzlich erheblich höher als die Seefrachtraten, aber die Transportdauer ist deutlich kürzer. Daher lassen sich teure, wetterfeste Verpackungen vermeiden, die Netzdichte ist höher und die Versicherungsprämien sind niedriger. Ferner schrumpfen die Transportkosten mit einem hohen Wert aber niedrigem Gewicht und Volumen des Frachtgutes anteilig zusammen, und die Kapitalbindung ist aufgrund der kürzeren Transportdauer geringer[391]. Der Auftraggeber muß entscheiden, ob er dazu bereit ist, für eine höhere Wertschöpfung auch einen höheren Preis zu zahlen.

Auch die Kommission ordnet die verschiedenen Transportarten unterschiedlichen Märkten zu. Im EATE-Beitrag-Fall[392] stellt sie fest, daß es sich bei dem Markt, auf den sich ein bestimmter Branchenvertrag auswirken sollte, um Beförderungen im grenzüberschreitenden Massengutverkehr handelt, „die von Partikulieren ausgeführt und bei denen die Verträge im Rahmen des „tour de rôle“-Systems (sc. Transportsystem) an den Transportzentralen abgeschlossen werden, und um den Verkehr von Frankreich nach Belgien und den Niederlanden.“[393] Neben der bloßen Unterscheidung von Luft-, Wasser- und Landfrachtverkehr können bei der Marktabgrenzung also sowohl Transportroute als auch bestimmte Frachtmodalitäten weitere Abgrenzungskriterien darstellen.

---

[389] Kommission l.c.

[390] Kommission l.c., S. 319.

[391] Vgl. zu den Vorzügen verschiedener Transportarten Jahrmann, Aussenhandel, 8. Auflage, Ludwigshafen (Rhein) 1981, S. 131ff., insbesondere 140f.

[392] Kommission, EATE-Beitrag, Slg. 1981-1985, S. 721ff.

[393] Kommission l.c., S. 723.

(4) Seefracht - Reederausschüsse in der Frankreich-Westafrika-Fahrt, CEWAL

In diesem Verfahren vor der Kommission ging es um die Aufteilung von Frachtraten durch einen Reederausschuß in der Frankreich-Westafrika-Fahrt[394].

In der Begründung ihrer Entscheidung macht die Kommission deutlich, daß die Unterscheidung von Transporten zwischen Land, Wasser und Luft keinesfalls ausreichend ist. Auch innerhalb der einzelnen Transportarten ist in sachlicher und in räumlicher Hinsicht zu unterscheiden. Dabei unterscheidet die Kommission zwischen einem Markt für Linienschiffahrt und einem Markt für Trampschiffahrt[395]. Hierbei wird wiederum von den Abnehmerbedürfnissen ausgegangen, die sich in der Verschiedenheit der angebotenen Dienstleistung widerspiegeln: So lohne sich die Charterschiffahrt (sc. Trampschiffahrt) nicht bei containerfähigen Gütern, während bei Massengütern ein Charter nach wie vor die vorzuziehende Alternative sei. Dieses liege auch an den unterschiedlichen Ausrüstungen der Schiffe[396].

Zusätzlich grenzt die Kommission den relevanten Markt räumlich als den Stückgutverkehr (sc. dieser wird regelmäßig durch die Linienschiffahrt befördert) zwischen Frankreich und den in der Entscheidung genannten 11 afrikanischen Staaten ab[397]. Hieraus ergibt sich eine weitere wesentliche Besonderheit von Dienstleistungen. Für diese wird die Abgrenzung des Marktes auch in räumlicher Hinsicht regelmäßig von Bedeutung sein, während bei den stofflichen Gütern die Erheblichkeit einer räumlichen Abgrenzung wesentlich von den Transportkosten abhängt[398]. Dienstleistungsunternehmen haben sich häufig auf die Bedienung eines bestimmten Raumes spezialisiert oder rekrutieren ihren Kundenstamm zumindest hauptsächlich aus einer bestimmten Region[399]. In manchen Fällen kann sich der räumlich relevante Markt für eine Dienstleistung sogar auf einen sehr kleinen Aktionsradius, wie z.B. den Hafen von Genua beschränken[400]. Ausnahmen sind auch in diesem Bereich vorhanden, und die Anzahl europaweit oder sogar international arbeitender Anbieter von Dienstleistungen wird sicherlich in den nächsten Jahrzehnten zunehmen.

---

394 Kommission, Reederausschüsse in der Frankreich-Westafrika-Fahrt, Slg. 1990-1992, S. 363ff.

395 Kommission l.c., S. 364. In der Argumentation identisch: Kommission, CEWAL, Slg. 1990-1992, S. 536ff. (538).

396 Kommission, Reederausschüsse in der Frankreich-Westafrika-Fahrt l.c., S. 364.

397 Kommission l.c., S. 379.

398 Vgl. z.B. in diesem Sinne Kommission, Baustahlmatten, Slg. 1989, S. 33ff. (34).

399 Vgl. so z.B. Kommission, London European/SABENA, Slg. 1986-1988, S. 525ff. (528).

400 Vgl. EuGH, Corsica Ferries Italia SRL/Corpo dei piloti del porto Genevoa, EuZW 1994, S. 475ff. (477).

Bei der räumlichen Marktabgrenzung bei Frachttransporten können Faktoren, wie die Kosten für die Nutzung eines Verladeplatzes, dessen Infrastruktur und die Kosten sowie die administrativen Schwierigkeiten beim Weitertransport in das eigentliche Bestimmungsland eine Rolle bei der Beantwortung der Frage spielen, ob andere An- oder Abladeplätze als Ersatz in Frage kommen[401].

(5) Flugreservierungen - London European/SABENA

In dieser Entscheidung[402] macht die Kommission deutlich, daß auch bei Dienstleistungen für Unternehmen nicht nur die Befriedigung des Bedürfnisses nach einer bestimmten Dienstleistung allein die Abgrenzung eines relevanten Marktes bedingen muß. Vielmehr können Dienstleistungen auch bei identischer Erfüllung des gleichen Bedürfnisses unterschiedlichen Märkten zuzuordnen sein. Der Grund ist dann in den unterschiedlichen Modalitäten der Erbringung der Dienstleistung zu sehen, wobei unterschiedliche technische Standards eine Rolle spielen können. So sieht die Kommission in verschiedenen Verfahren zwischen Reisebüros und Luftfahrtgesellschaften, Flugreservierungen vorzunehmen, unterschiedliche Märkte. Es handele sich bei der Flugreservierung um eine zwischen den Reisebüros und den Luftfahrtgesellschaften gelagerte Dienstleistung: „Der relevante Markt läßt sich (...) untergliedern in einerseits die einem oder mehreren Luftverkehrsunternehmen von einem Betreiber eines rechnergestützten Reservierungssystems angebotenen Reservierungsdienste und andererseits in das Angebot dieser Dienste an die Reisebüros.
Für die Anwendung des Artikels 82 ist der relevante Markt somit der Markt für rechnergestützte Flugreservierungen in Belgien.“[403]

bb.) Reisen und Tourismus - TUI-Partnerschaftsbonus, Lufthansa-f.i.r.s.t.

Ein besonders problematisches Feld innerhalb der Dienstleistungen bilden Reisen und Tourismus. Die Vielzahl der Kombinationen der in diesem Zusammenhang angebotenen Leistungen ist kaum überschaubar. So wird vom bloßen Transport bis hin zu kompletten Pauschalarrangements praktisch alles angeboten. Flugreisen stellen allein aufgrund ihres Vorteils bei der Inanspruchnahme von Urlaubszeit gegenüber anderen Beförderungsmitteln einen eigenständigen Markt dar, wobei zwischen touristischen und Reisen aus anderen Gründen grundsätzlich zu unterscheiden ist[404]. Zwischen Charter- und Linienflügen besteht dagegen aufgrund der Einheitlichkeit der Leistung kein Unterschied[405].

---

401 Vgl. Kommission, CEWAL, Slg. 1990-1992, S. 536ff. (546).
402 Kommission, London European/SABENA l.c.
403 Kommission l.c., S. 528.
404 Vgl. WUW/E OLG, Lufthansa - f.i.r.s.t. Reisebüro, 2849ff. (2850).
405 WUW/E OLG l.c.

Bei Reisen sind, ähnlich wie bei Kulturgütern, die persönlichen Präferenzen der Konsumenten besonders zu berücksichtigen. Dieses scheint dem Grundsatz nach zumindest von der Europäischen Kommission anerkannt zu sein. So sieht sie z.B. in Pauschalarrangements zum Besuch der Fußballweltmeisterschaft in Italien einen eigenständigen Markt[406].

In eine andere Richtung argumentierte zunächst das Kammergericht, welches Pauschalreisen grundsätzlich für untereinander austauschbar hielt[407]. In einem neueren Urteil zweifelt das Kammergericht diese Sichtweise aufgrund der abgeleiteten Struktur der Nachfrage selbst an, ohne dabei allerdings zu einem eindeutigen Ergebnis zu kommen[408].

Die Zusammenfassung aller Pauschalreisen zu einem einheitlichen Markt ist abzulehnen: Eine solche Aggregation vernachlässigt die saisonalen Besonderheiten der Nachfrage genauso wie die demographischen Restriktionen der Verbraucher. Familien mit Kindern können zum einen nur in den Ferienzeiten Urlaub machen und müssen zum anderen auf familienadäquate Urlaubsziele achten. Senioren können zwar zu jeder Zeit und auch unabhängig von der Restriktion noch verfügbarer Urlaubstage eine Reise buchen, werden aber Reiseziele mit besonderen Ansprüchen an die körperliche Konstitution meiden. Alleinreisende Frauen werden weniger dazu bereit sein, in arabischen Ländern ihren Urlaub zu verbringen, als Männer.

Es ist folglich notwendig, den Markt von Tourismusleistungen in relevante Teilmärkte aufzugliedern, weil die Struktur der Nachfrage keineswegs einheitlich ist[409]. Ohne empirische Untersuchungen wird dieses nicht möglich sein. Eine Möglichkeit, wie bei einer solchen Untersuchung vorzugehen sein könnte, wird im nächsten Kapitel vorgestellt[410].

---

406 Kommission, Pauschalarrangements, Slg. 1990-1992, S. 441ff. (442).
407 Vgl. WUW/E OLG, Lufthansa - f.i.r.s.t. Reisebüro, 2852.
408 Vgl. hierzu die Ausführungen über den Handel, der über eine ähnlich strukturierte Nachfrage verfügt; vgl. oben in diesem Kapitel Nr. 2 d.).
409 Einen wesentlichen Einfluß dürfte hier der Standort der Nachfrage im sogenannten Familienlebenszyklus ausüben. Dieser beschreibt den üblichen Werdegang von menschlichen Individuen vom alleinstehenden Single, über die junge Familie bis hin zum wieder unabhängigen Rentnerpaar.
410 Vgl. unten Kapitel 4 Nr. 2 b.) dd.).

cc.) Sonstige Dienstleistungen

(1) Navigationssysteme - Decca Navigator Systems

Bezüglich der Investitionsgütermärkte wurde festgestellt, daß Anlagen eine Art Schlüssel zu einem Produktionsmittelmarkt darstellen können. Dieses gilt dem Grundsatz nach auch für Dienstleistungen, zu deren Nutzung es eines bestimmten technischen Gerätes bedarf. Auch hier kann der Erwerb eines bestimmten Gerätes dazu führen, daß nur noch eine von ursprünglich mehreren alternativ nutzbaren Dienstleistungen in Anspruch genommen werden kann. Ebenso sind bei Dienstleistungen echte und unechte Verbundgeschäfte denkbar. Dieses wurde von der Kommission im Fall Decca Navigator Systems[411] sogar implizit anerkannt.

Decca-Funkwellen werden mittels ganzer Ketten von Sendestationen praktisch an allen nordeuropäischen Küsten emittiert. Mit Hilfe eines entsprechenden Empfanggerätes können diese Funksignale entschlüsselt werden und ergeben dann die geographische Position eines Schiffes. Sowohl die Funkwellen als auch die Empfangsgeräte des Decca-Navigationssystems wurden von der Firma Racal-Decca Marine Navigation Ltd. (Racal-Decca) angeboten. Nach dem Ablauf des ursprünglichen Patentschutzes herrscht seit 1982 bei den Geräten zum Entschlüsseln der Decca-Wellen Wettbewerb. Die Decca-Signale werden dagegen allein von Racal-Decca angeboten. Alternative Signalsysteme sind zwar am Markt verfügbar, jedoch nicht mit decca-kompatiblen Empfangsgeräten entschlüsselbar[412].

Die Kommission hat hierzu festgestellt: „Die Decca-Funksignale sind hinsichtlich ihrer Merkmale und ihrer Verwendung durch andere Funksignale und Navigationshilfen (...) nicht ersetzbar. (...)
Die Besitzer von Empfangsgeräten, die nur mit DNS (sc. Decca Navigator Systems) kompatibel sind und in anderen Bootstypen, vor allem Freizeitbooten, verwendet werden, können nur auf andere Signalsysteme umstellen, wenn sie die entsprechenden Empfangsgeräte kaufen oder mieten. Dies wird nur der Fall sein, wenn sich die Nutzungsdauer eines DNS-Empfangsgerätes ihrem Ende nähert.“[413]

Indem die Decca-Funkwellen für eine Vielzahl von Anwendern nicht austauschbar seien, „stellt ihre Übertragung einen getrennten Diensteistungsmarkt

---

[411] Kommission, Decca Navigator Systems, Slg. 1986-1988, S. 647ff.
[412] An diesem Markt hat sich zusehends das sogenannte Global-Positioning-System (GPS) durchgesetzt. Zu anderen Alternativen vgl. S. 668 in der genannten Entscheidung der Kommission.
[413] Kommission l.c., S. 659.

dar.“[414] Damit erfüllt das Decca-Navigations-System alle Voraussetzungen des oben entwickelten echten Verbundgeschäftes. Wenn erst einmal die Wahl für ein System getroffen wurde, ist ein alternatives Auswechseln der Dienstleistungen nicht mehr möglich. Nach der oben gegebenen Definition müßte der Markt für Decca-Signale dann als monopolistisch strukturierter Markt behandelt werden. Auch diese Tatsache wird von der Kommission implizit anerkannt: „Racal Decca war der einzige Anbieter von DNS-Signalen(...). Angesichts der erheblichen administrativen und finanziellen Marktzutrittshemmnisse hatte Racal Decca auch keinen potentiellen Wettbewerber(...).“[415]

Insgesamt bestätigt diese Entscheidung die oben gegebene Definition von echten Verbundgeschäften. Weiterhin zeigt sich, daß echte Verbundgeschäfte keine ausschließliche Besonderheit von Investitionsgütern und Produktionsmitteln sind. Auch bei Dienstleistungsmärkten sind echte Verbundgeschäfte festzustellen[416].

(2) Versicherungen - Versicherung von Fernsehreparaturkosten

Das Bedürfnis des Verbrauchers beim Abschluß einer Versicherung oder eines ähnlichen Vertrages ist eindeutig: es geht ihm um die Absicherung eines ihm im täglichen Leben begegnenden Risikos. Alle Arten von Geschäftsabschlüssen, die diesem Sicherungsbedürfnis genügen, sind dem gleichen relevanten Markt zuzuordnen.

Für die Absicherung gegen das Risiko einer möglicherweise anfallenden Fernseherreparatur können so beispielsweise sowohl ein Versicherungs- als auch ein Wartungsvertrag dem Sicherungsbedürfnis des Kunden in gleicher Weise genügen[417].

(3) Messen - Expo Dental

Besonders bei Investitionsgütern, aber auch bei zum privaten Konsum bestimmten Erzeugnissen wird es in zunehmendem Maße üblich, für diese Produkte Messen zu veranstalten.

Häufig dienen diese Veranstaltungen dazu, Zwischenabnehmer oder die verarbeitenden Betriebe an neue Erzeugnisse der Industrie heranzuführen. Der Wett-

---

414 Kommission l.c.
415 Kommission l.c., S. 660f.
416 Zusätzlich ist festzuhalten, daß echte Verbundgeschäfte auch in anderen Märkten, wie z.B. Konsumgütern regelmäßig vorkommen.
417 Vgl. WUW/E OLG, Fernsehreparaturkosten, 3183ff. (3184).

bewerb um die Aufmerksamkeit der auf den Messen vertretenen Einkäufer großer Firmen spielt dabei eine erhebliche Rolle. Messen werden zumeist bereichsspezifisch für bestimmte Branchen veranstaltet. Hierin liegt ein erstes Kriterium für die Abgrenzung verschiedener Märkte in der Messenveranstaltung.

Es allein bei dieser Abgrenzung zu belassen, wäre allerdings verfehlt. Manche Messen heben sich durch ihre Bedeutung aus der Masse der sonstigen Veranstaltungen dieser Art heraus. Sie sind von überragender Bedeutung für die Hersteller. Bei der in Italien regelmäßig stattfindenden „Expo Dental“ stell die Kommission fest, „daß die Teilnahme an der „Expo Dental“ für alle Hersteller, die auf dem italienischen Markt tätig sind oder dort Fuß fassen wollen, zur Notwendigkeit geworden ist, da diese Ausstellung auf dem Dental-Sektor von allen beteiligten Berufsgruppen am häufigsten besucht wird.“[418]

Diese überregionalen Messen sind mit anderen Messen nicht vergleich- und auch nicht austauschbar. Ihre Veranstalter sind Inhaber einer Monopolstellung. Sofern weitere ähnliche Messen existieren, sind diese auf ihre Gleichartigkeit im Hinblick auf ihr Angebot, ihren Umfang und ihren Anspruch an die Aussteller hin zu untersuchen[419]. Messen sind mit anderen Werbe- und Darstellungsmöglichkeiten nicht austauschbar[420].

g.) Medien und Informationen

aa.) Sachliche Marktabgrenzung

Informationen sind für die Abgrenzung relevanter Märkte in doppelter Hinsicht bedeutsam: Zum einen existieren eigenständige relevante Märkte für Informationen und zum anderen beeinflussen Informationen in einem erheblichen Maß das Urteil des Verbrauchers über die Austauschbarkeit von Gütern und damit das Konsumentenverhalten. Wir wollen eine Information allgemein als Nachricht, Wissensvermittlung oder Unterrichtung über etwas Unbekanntes definieren[421]. Der Zweck von Informationen besteht nach der betriebswirtschaftlichen Interpretation darin, Handlungen vorzubereiten und durchzuführen. Informationen reduzieren in diesem Zusammenhang den Unsicherheitsgrad von Entscheidungssituationen[422]. Informationsverarbeitungsprozesse führen zur Beurteilung von Produkten und zur Entscheidung für eine Alternative[423]. Beeinflussende

[418] Kommission, U.N.I.D.I., Slg. 1973-1980, S. 184ff. (187).
[419] OLG, Art Frankfurt `89, NJW-RR 1990, S. 1069ff. (1070).
[420] OLG l.c.
[421] Vgl. hierzu auch Das Große Lingen Universallexikon l.c., Band 8, S. 2204.
[422] Vgl. Vahlens Großes Wirtschaftslexikon l.c., Band 2, S. 964.
[423] Vgl. Trommsdorf l.c., S. 280ff.

Informationen, wie beispielsweise Produktwerbung, führen zu einer verzerrten Perzeption der Güter. Hierdurch kann mitunter die Einstellung zu den einzelnen Produktalternativen aktiv gesteuert werden[424]. Die Perzeption wiederum determiniert zusammen mit den objektiven Produktmerkmalen die Auswahlentscheidung des Konsumenten[425].

Dem Prozeß der Informationsaufnahme eines Individuums liegt das sogenannte Drei-Speicher-Modell als Bezugsrahmen zugrunde[426]. Die Verarbeitung vom sogenannten Ultrakurzzeitspeicher bis hin zum Langzeitspeicher in der rechten Gehirnhälfte beginnt mit der physischen Aufnahme der Information. Dieser folgen die Informationsselektion, der Lernprozeß und schließlich die Informationsverarbeitung[427].

Jedes Individuum hat einen gewissen Bedarf an Informationen ganz unterschiedlichen Typs. Träger der Informationen sind die unterschiedlichen Medien, welche den Transport zum Adressaten ausführen. Einer engeren Definition nach werden Medien als Mittel der Massenkommunikation verstanden, wobei gemeinhin zwischen Presse, Funk und Fernsehen unterschieden wird[428]. Als Instrumente der Informationsübertragung sind sie in diesem Zusammenhang für das Marketing von Unternehmen und Organisationen von besonderer Bedeutung. Nach einer weiter gefaßten Interpretation sind alle zur Speicherung und Übertragung von Informationen geeigneten Objekte[429] als Medien zu bezeichnen.

Informationen unterscheiden sich von den Kulturgütern, da sie kein kulturelles „Gut" im eigentlichen Sinne erzeugen. Die transportierenden Medien können wie zum Beispiel bei den Zeitungen körperlich sein, oder wie beim Radio oder Fernsehen nicht-körperlich. In allen Fällen wird die Information aber zunächst durch eine Dienstleistung zusammengestellt und erst dann mittels des jeweiligen Mediums transportiert.

Das Bedürfnis nach Information ist vom Bedürfnis nach einer kulturellen Leistung im weiteren Sinne abzugrenzen. Wir haben eine Information als Nachricht, Wissensvermittlung oder Unterrichtung über etwas Unbekanntes definiert. Demnach unterscheidet sich eine Information von einem kulturellen „Gut" dadurch, daß sie kein künstlerisches oder kreatives Element enthält. Innerhalb des Fernsehprogrammes wäre also zwischen informativen und kulturellen Beiträgen

---

[424] Vgl. Trommsdorf l.c., S. 266ff.
[425] Wir werden auf das Auswahlverhalten des Verbrauchers später näher eingehen; vgl. unten Kapitel 4 Nr. 2 a.).
[426] Vgl. Trommsdorf l.c., S. 228ff.
[427] Vgl. Trommsdorf l.c.
[428] Vgl. Vahlens Großes Wirtschaftslexikon l.c., Band 3, S. 1436.
[429] Vgl. Vahlens Großes Wirtschaftslexikon l.c.

zu unterscheiden[430]. Informationen können an Elemente der persönlichen Meinungsbekundung, sogenannte Kommentare[431], gebunden sein. Zu kulturellen Gütern und Sport besteht kein Austauschverhältnis, da das Grundbedürfnis unterschiedlich ist.

Informationen korrelieren häufig mit Urheber- oder besonderen Persönlichkeitsrechten von juristischen oder natürlichen Personen. In einem solchen Fall ist der Inhaber dieser Rechte noch nicht per se als Inhaber einer beherrschenden Stellung anzusehen. Vielmehr ergibt sich aus den Umständen des Einzelfalles, ob er über eine monopolistische Stellung auf einem seine eigenen Informationen betreffenden Markt verfügt[432]. Wesentliches Kennzeichen für einen existenten Markt für derartige Informationen sind entweder eine ubiquitäre gewerbliche Verwendung derartiger Informationen oder die Tatsache, daß ein bestimmter Wirtschaftszweig von ihnen abhängig ist[433].

Ein erstes Abgrenzungskriterium für relevante Informationsmärkte ist die zeitliche Abfolge der Gesamtinformation. Sie kann in kleinen Teilen oder im Ganzen erfolgen. Bei Programmführern für das Fernsehprogramm stellt die Kommission fest, daß „wöchentliche Programmlisten von täglichen Programmvorschauen unterschieden werden (können). Tägliche Programmvorschauen sind nach der von ihnen dem Verbraucher gebotenen Information nur in begrenztem Umfang mit wöchentlichen Programmlisten substituierbar. Die Tatsache, daß viele Verbraucher bereit sind, einen oder mehrere Programmführer von ITP, BBC und RTE (sc. irische bzw. britische Fernsehsender) käuflich zu erwerben, obwohl in den Tageszeitungen die Information von Tag zu Tag enthalten ist, ist ein Zeichen für eine Nachfrage nach einer längerfristigen Information. Es zeigt weiter den Wunsch der Kunden, daß diese Information in einer einzigen, das heißt in einem umfassenden Programmführer enthalten sein soll."[434]

Auch bei Tageszeitungen und Zeitschriften ist zunächst nach der Frequenz der Auflage zu unterscheiden. Nach dem BGH sind wöchentlich erscheinende Zeitungen aufgrund der weitergehenden Hintergrundinformationen und der eingehenderen Kommentierungen anderen Märkten als Tageszeitungen zuzuord-

---

[430] Moderne Fernseh- und Radiosender richten sich häufig bereits per se an eigene Zielgruppen, so daß auch im Hinblick darauf empirische Untersuchungen notwendig erscheinen, welche Zielgruppen welche Sender für austauschbar ansehen. Hier könnte es geboten sein, zwischen Sendern mit unspezifiziertem Publikum und Sendern mit spezieller Zielgruppenansprache zu unterscheiden.
[431] Teilweise von einer Mehrzahl von Personen, wie z.B. bei Talk-Shows.
[432] Vgl. z.B. EuGH, Radio Telefis Eireann, EuZW 1995, S. 339ff. (342).
[433] So z.B. in EuGH l.c.
[434] Kommission, Magill TV Guide/ ITP, BBC, und RTE, Slg. 1986-1988, S. 713ff. (718).

nen[435]. Tageszeitungen würden dagegen über einen höheren Grad an Aktualität verfügen.

Tageszeitungen wiederum sind wegen der unterschiedlichen Bedürfnisbefriedigung in Straßenverkaufszeitungen und Abonnementzeitungen zu unterscheiden. Während erstere wesentlich einer Kennzeichnung der Nachrichten als Sensationen bedürfen, sind Abonnementzeitungen in ihrer redaktionellen Aufmachung mehr am Informationsbedarf orientiert[436]. Wegen der unterschiedlichen Informationsstruktur ist zusätzlich in regionale und überregionale Tageszeitungen zu unterteilen[437].

Zeitschriften bedienen im Vergleich hierzu ein anders ausgeprägtes Bedürfnis. Publikumszeitschriften, die sich an ein möglichst breites Publikum wenden, sind grundsätzlich von Fachzeitschriften zu unterscheiden[438]. Fachzeitschriften bedienen einen klar umgrenzten Leserkreis, der sich durch seine Bedürfnisstruktur von den Lesern von Publikumszeitschriften und Tageszeitungen abgrenzt[439]. Innerhalb der einzelnen Gruppen von Fachzeitschriften, die jeweils entsprechend ihrer wissenschaftlichen, technischen, wirtschaftlichen oder sonst spezialisierten Ausrichtung eigenen Märkten zuzuordnen sind, können weitere Spezialmärkte aufgrund der sich unterscheidenden Informationstiefe bestehen[440].

Bücher unterscheiden sich aufgrund ihrer besonders vertiefenden Darstellung von Zeitschriften und Zeitungen und werden ihrerseits wiederum nach ihrem Einband in Taschenbücher, Paperbacks und Hardcover unterteilt[441].

Ebenso wie nach speziellen Informationsbedürfnissen zu unterscheiden ist, kann auch nach unterschiedlichen politischen Ausrichtungen abgegrenzt werden. Hierbei dürfte es auch eine Rolle spielen, ob politische Kommentierungen vom Informationsteil abgesetzt sind oder ob eine wertende Darstellungsform der Nachrichten der Regelfall ist[442]. Insofern dürfte die generelle Zusammenfassung eines Marktes für politische Wochenzeitschriften zu weit sein[443]. Zwischen den aufgrund unterschiedlicher politischer Motivation bestehenden, stark differierenden Interpretationen des politischen Tagesgeschehens, ist ein nen-

---

[435] Vgl. WUW/E BGH, Gruner+Jahr/Zeit, 2433ff. (2436f.).
[436] Vgl. z.B. WUW/E OLG, Kombinationstarif, 1767ff. (1768).
[437] Vgl. z.B. WUW/E OLG, Kombinationstarif l.c.; WUW/E BKartA, Burda-Springer, 1921ff. (1925).
[438] Vgl. z.B. WUW/E BKartA, Burda - Springer, 1924.
[439] Vgl. WUW/E BKartA, Bertelsmann - Deutscher Verkehrsverlag, 1709ff. (1710).
[440] Vgl. WUW/E BKartA l.c.
[441] Vgl. WUW/E OLG, Taschenbücher, 2825ff. (2832).
[442] Vgl. auch WUW/E OLG, Kombinationstarif, 1769.
[443] So aber der BGH; vgl. WUW/E BHG, Gruner+Jahr/Zeit, 2436.

nenswertes Austauschverhältnis entgegen dem BGH keineswegs selbstverständlich. Hier können nur empirische Untersuchungen eine abschließende Antwort über das Entscheidungsverhalten geben.

Medienmärkte sind aufgrund des unterschiedlichen Klientels in Konsumenten- und Werbekundenmärkte aufzuteilen[444]. Die Nachfrage nach dem jeweiligen Werbekanal leitet sich allerdings aus der Nachfrage nach dem jeweiligen Medium ab. Aus der Zusammensetzung der Mediennutzer wird auf die Eignung des Mediums als Werbekanal geschlossen. Insofern gelten bezüglich der Abgrenzung der jeweiligen Werbemärkte die gleichen Regeln wie für die Medien an sich. Ist die anvisierte Zielgruppe allerdings größer als diejenige des Mediums und beruht ihre Abgrenzung demgemäß auf übergeordneten Zielgruppenmerkmalen, so sind alle gleichartigen Medien in den relevanten Markt miteinzubeziehen, die eine Zielgruppe mit dieser Merkmalsausprägung ansprechen. Möchte beispielsweise eine Privatschule mittels Anzeigen in einem Ärzteblatt auf sich aufmerksam machen, so sind bei der Marktabgrenzung alle gleichartigen Printmedien heranzuziehen, die eine wirtschaftlich gut gestellte Zielgruppe ansprechen[445]. Dieses kann für Werbekunden im Einzelfall sogar dazu führen, daß Zeitungen mit redaktionellem Teil und reine Anzeigenblätter einen gemeinsamen Markt bilden[446].

Eine Marktbeherrschung liegt bereits dann vor, wenn eine beherrschende Stellung entweder auf dem Konsumentenmarkt oder auf dem Werbekundenmarkt zu bejahen ist[447].

Die Mediaplanung der verantwortlichen Agenturen wird regelmäßig an empirischen Untersuchungen über die Mediennutzer und ihrer verhaltensrelevanten Parameter orientiert. Folglich läßt das tatsächliche Verhalten der Werbetreibenden in der Nutzung der Werbekanäle Schlußfolgerungen auf das Verhältnis unterschiedlicher Mediengattungen untereinander zu. Die Mediaplanung bedient sich bei größeren Kampagnen regelmäßig sowohl Ferseh- wie auch Funk- und Printwerbung parallel. Dieses komplementäre Verhältnis, wie auch der signifikante Unterschied in den Wahrnehmungsformen - man kann bei Printmedien beispielsweise die Aufnahmegeschwindigkeit selbst bestimmen[448] - , führt zu der Schlußfolgerung, daß Fernsehen, Hörfunk und Printmedien grundsätzlich unterschiedlichen Märkten zuzuordnen sind[449].

---

[444] Vgl. z.B. WUW/E BGH, Zeitungsmarkt München, 1854ff. (1856); WUW/E BKartA, Burda - Springer, 1924; WUW/E OLG, Kombinationstarif, 1768.
[445] Vgl. WUW/E OLG, Privatschule, 2850ff.
[446] Vgl. WUW/E OLG, Internationale Ehevermittlung, 3560ff.
[447] Vgl. auch WUW/E BGH, Zeitungsmarkt München, 1856.
[448] Vgl. auch WUW/E OLG, Taschenbücher, 2832.
[449] Vgl. auch WUW/E BKartA, Burda - Springer, 1924f; WUW/E BKartA, Westdeutscher Rundfunk - Radio NRW, 2396ff. (2402).

Teilweise wird vertreten, daß zumindest die Branche privater Fernseh- und Hörfunkanbieter nicht unter den Begriff des relevanten Marktes subsumiert werden könne, weil dem Programm keine Gegenleistung gegenüberstehe und somit keine Abwägung zwischen Leistung und Gegenleistung stattfinde[450].
Dieses ist schon allein deswegen verfehlt, weil durch den aus der Inanspruchnahme eines Programmes bewirkten Verzicht auf alle anderen Alternativen der Zeitnutzung Opportunitätskosten entstehen. Eine materielle Gegenleistung ist kein konstitutives Element eines Marktes. Wie im Eingangskapitel bereits dargelegt wurde, besteht ein Markt zunächst einmal aus einem Bedürfnis oder einer Summe von Bedürfnissen[451]. Die Programmanbieter wollen ein bestehendes Bedürfnis nach Information oder Unterhaltung befriedigen. Das Angebot ist das damit korrespondierende Programm. Die vom Abnehmer zu erbringende Gegenleistung ist schlicht die Investition von Zeit. Die Programmanbieter versuchen, die ihnen gewährte Zeit auch für den Transport von Werbebotschaften zu verwenden. Insofern besteht ein Austauschverhältnis.

Die klassisch-neoklasische Theorie definiert einen Gütermarkt dementsprechend nur als das Aufeinandertreffen von Güterangebot und Investitions- und/oder Konsumnachfrage[452]. Die Gegenleistung ist hier kein selbständiger Bestandteil der Marktdefinition, sondern nur notwendige Bedingung, daß ein Angebot auf Bedürfnisbefriedigung überhaupt entsteht. Da ein Programmangebot offensichtlich entstanden ist, ist die Gegenleistung des Konsumenten ohne Bedeutung. Infolge der Tatsache, daß sich die Werbemärkte aus den Programmärkten ableiten, wäre es ebenso verfehlt, allein auf die Werbemärkte als relevante Märkte abzustellen[453].

Informationen werden oftmals für einen sehr speziellen Zweck benötigt. Sie sind mit anderen, nur ähnlichen oder unpräziseren Informationen nicht austauschbar. Diese Informationen mit spezifischem Charakter stellen dann einen eigenständigen Markt dar. So hat die Kommission im Fall der Firma British Leyland beispielsweise festgestellt, der „relevante Markt ist der Markt für die Lieferung von Informationen bezüglich der Bescheinigung über die Betriebserlaubnis, die ein Importeur benötigt, der ein BL-Fahrzeug (sc. BC - British Leyland) für den Verkehr in Großbritannien, das einen wesentlichen Teil des Gemeinsamen Marktes darstellt, zulassen will.“[454] Diese sehr spezifische Informa-

---

[450] So z.B. von Libbert; vgl. WUW 2/1990, Fusionskontrolle im Rundfunk, S. 128ff. (130). Auch die Monopolkommission teilt bemerkenswerterweise diese Auffassung, ohne allerdings überhaupt auf den der Kostenrechnung entspringenden Opportunitätsgedanken einzugehen; vgl. Monopolkommission, Hauptgutachten VI, Tz. 584.
[451] Vgl. oben Kapitel 1 Nr. 2 b.) aa.).
[452] Vgl. Felderer/Homburg, Makroökonomik und Neue Makroökonomik, 5. Auflage, Bochum und Dortmund 1990, S. 74ff.
[453] So tendenziell aber Libbert l.c.
[454] Kommission, British Leyland, Slg. 1981-1985, S.437ff. (440).

tion steht in keinem Austauschverhältnis zu anderen Informationen nur ähnlichen Inhaltes.

bb.) Räumliche Marktabgrenzung

Für die Abgrenzung des räumlich relevanten Marktes für Informationen ist ebenfalls auf die Medien abzustellen. Wesentliches Merkmal des erfolgreichen Transports einer Information sind die Absendung der Information und ein entsprechender Empfang beim Adressaten. Dieses kann nur durch die Verwendung einer beiden Seiten verständlichen Form gewährleistet werden. Medien bedienen sich hierbei im allgemeinen der Sprache, entweder in gesprochener oder in gedruckter Form. Demnach bilden die Sprachbarrieren zwischen den einzelnen Mitgliedsstaaten natürliche Grenzen der Märkte für Informationen. Hierfür macht es auch keinen Unterschied, daß viele europäische Einwohner einer oder mehrerer Fremdsprachen mächtig sind. Sie werden trotz dessen mehrheitlich Informationen in der eigenen Sprache vorziehen[455]. Bei der räumlichen Marktabgrenzung können zudem kulturelle oder politische Gründe eine Rolle spielen. Schließlich ist die Reichweite des Mediums von ausschlaggebender Bedeutung[456].

h.) Besonderheiten von Nachfragemacht - Sonderungsverfahren

Marktmacht muß nicht zwangsläufig von der Anbieterseite ausgehen. Auch Nachfrager können durch ein großes Abnahmevolumen über eine überlegene Marktposition in der vertikalen Beziehung verfügen.

Während die öffentliche Hand für bestimmte Güter sogar als Monopson[457] am Markt auftreten kann, ist bei privater Nachfragemacht eher die Form eines Bezugskartelles[458] üblich. In einem Fall des Bestehens von Nachfragemacht ist, gewissermaßen spiegelbildlich zum bisher dargestellten Abgrenzungsverfahren, aus der Sicht der Abnehmer nach deren Absatzalternativen zu fragen.

Im Fall der Nachfrage von Vermessungsleistungen, die im wesentlichen durch eine Stadt ausgeübt wurde, hat der BGH entschieden, daß sich bei Nachfragemacht der relevante Markt „grundsätzlich nach der Austauschbarkeit der einzel-

---

[455] Vgl. auch WUW/E BKartA, Bertelsmann - Deutscher Verkehrsverlag, 1711.
[456] Vgl. z. B. WUW/E BKartA, Westdeutscher Rundfunk - Radio NRW, 2403; OLG, NJW-RR 1986, S. 266f. (266f.).
[457] Hierfür sind beispielsweise Rüstungsgüter zu nennen, soweit man die begrenzten Exportmöglichkeiten vernachlässigt.
[458] Vgl. beispielsweise Kommission, National Sulphuric Acid Association, Slg. 1973-1980, S. 739ff.

nen Umsatzvorgänge für die Anbieter"[459] bestimmt. Bei der Austauschbarkeit der Umsatzvorgänge ist neben alternativen, gleichartigen Vertriebskanälen auch auf andere wirtschaftlich sinnvolle Verwertungsmöglichkeiten abzustellen[460].

Wie wir bereits festgestellt haben, ist ein Beispiel für das Bestehen von Nachfragemacht vor allem die stark konzentrierte Branche des Handels. Hier kann die Leistung des Handels auch spiegelbildlich als Angebot der Distribution als eine Art Dienstleistung interpretiert werden. Dann ist in der Nachfrage des Handels bezüglich einer bestimmten Produktkategorie und innerhalb des gleichen Betriebstyps ein eigener Dienstleistungsmarkt zu sehen[461].

2. Konzept einer wettbewerbsbezogenen räumlichen Marktabgrenzung

Der vorausgegangene Abschnitt hat bereits wesentliche Aspekte der räumlichen Marktabgrenzung verdeutlicht. So spielen die Transport- und Transaktionskosten, national unterschiedliche Vertriebskanäle, regionale Verbraucherpräferenzen und -strukturen, die Nähe eines Standortes zur anvisierten Zielgruppe[462] sowie unterschiedliche gesetzliche Regelungen eine erhebliche Rolle.

Wesentliches Anliegen dieses Abschnittes ist nunmehr die Frage, ob für eine wettbewerbsbezogene und damit realitätsnahe Abgrenzung von Märkten staatliche oder überstaatliche Grenzen eine Obergrenze darstellen können. Dieses korrespondiert mit der Frage danach, ob sich die Marktabgrenzung an nationalen, europäischen oder sogar weltweiten Maßstäben zu orientieren hat. Das Ergebnis dieser Frage ist schließlich auf seine Kompatibilität mit den gesetzlichen Rahmenbedingungen hin zu untersuchen.

a.) Globalisierung von Märkten

Seit den 60`er Jahren ist zu beobachten, daß die Wachstumsraten des Welthandels kontinuierlich über den Zuwachsraten der Bruttoinlandsprodukte aller Industrieländer liegen[463]. Diese zunehmende Verflechtung der Volkswirtschaften

---

[459] WUW/E BGH, Sonderungsverfahren, 2483ff. (2488).
[460] Vgl. BGH, Zuckerrübenanlieferungsrecht, NJW-RR 1991, S. 825f. In der europäischen Rechtspraxis werden die gleichen Grundsätze angewandt; vgl. Gleiss/Hirsch l.c., Art. 85 EGV a. F. (Art. 81 n. F.), Rn. 209.
[461] Zu der hier im Gegensatz zum herrschenden Sortimentskonzept vertretenen Interpretation des Handels im Sinne des Bedarfsmarktkonzeptes vgl. oben in diesem Kapitel Nr. 1 d.).
[462] Dieses gilt maßgeblich für Unternehmen, die sich mit ihrem Angebot an die sogenannte Laufkundschaft richten. Beispielsweise bei der Vermietung von Gewerbeflächen kann der Standort des zu vermietenden Objektes eine erhebliche Rolle spielen; vgl. WUW/E OLG, Schilderprägebetrieb, 5615ff. (5617f.).
[463] Vgl. Vahlens Großes Wirtschaftslexikon l.c., Band 2, S. 834.

durch steigenden Austausch von Waren, Dienstleistungen und Kapital über die nationalen Grenzen hinweg bezeichnet man als Globalisierung.

Die Gründe für dieses in jüngster Zeit immer schneller fortschreitende Zusammenwachsen der Märkte sind vielfältig. Technischer Fortschritt, insbesondere durch Innovationen in der Kommunikationspolitik, führten zu sinkenden Transaktionskosten und höherer Transparenz des Angebots. Gleichzeitig führt der schrittweise Abbau von Handelshemmnissen durch das GATT-Abkommen genauso wie Kapitalmarktliberalisierungen zu einem verstärktem weltweiten Wettbewerb[464].

Im Zeichen dieser Veränderungen der Weltmärkte haben sich die Marketingstrategien der im Außenhandel tätigen Unternehmen teilweise radikal verändert. Heute steht in etwa ein Drittel der Weltproduktion im weltweiten Wettbewerb. Dieser Anteil wird im Hinblick auf stagnierende und von Sättigungserscheinungen geprägten Inlandsmärkten zukünftig eher noch ansteigen.

Um weltweitem Wettbewerb gewachsen sein zu können, ist es für Unternehmen von existentieller Bedeutung Schlüsselfaktoren, wie Economies of Scale, Economies of Scope oder auch das strukturelle Hedging auszunutzen. An die Stelle der früheren Exportabteilungen sind Abteilungen getreten, die die Aktivitäten der Unternehmen marktorientiert, nach Produktgruppen und über Ländergrenzen hinweg, koordinieren.

Dabei existieren im wesentlichen drei verschiedene Ansätze für erfolgreiche Marketingstrategien auf internationalen Märkten[465]:

- Die Globale Strategie interpretiert die Welt als einen einzigen Markt. Diese Strategie ist erfolgversprechend, wenn zu erwarten ist, daß die Käufer ein standardisiertes Produkt genauso akzeptieren wie einen im wesentlichen einheitlichen Marketing-Mix. Zudem müssen die rechtlichen Rahmenbedingungen eine derartige Vorgehensweise zulassen. Ein Beispiel hierfür sind die Erzeugnisse der Unterhaltungselektronik.
- Eine multinationale Strategie knüpft an unterschiedlichen Bedingungen in den einzelnen nationalen Märkten an. Diese Strategie ist regelmäßig dann induziert, wenn die global integrativen Kräfte schwach sind und die besondere Struktur der Nachfrage eine Berücksichtigung der nationalen Bedingungen erfordert. Dieses kann beispielsweise bei abgepackten Lebensmitteln und kurzlebigen Konsumprodukten sowie bei Modeartikeln der Fall sein.
- Eine „glokale Strategie" standardisiert die Kernelemente des Marketing-Mix so weit wie möglich und lokalisiert die Elemente, die eine nationale Berück-

---

[464] Vgl. Vahlens Großes Wirtschaftslexikon l.c.
[465] Vgl. hierzu Kotler/Bliemel l.c., S. 649f.

sichtigung erfordern. Die Arzneimittelbranche, die von sehr unterschiedlichen rechtlichen Rahmenbedingungen bezüglich der Absatzmöglichkeiten geprägt ist, bietet die für einen glokalen Ansatz erforderliche Struktur.

Global operierende Unternehmen sichern sich niedrigere Kosten und eine größere Markenbekanntheit. Auf der anderen Seite ist globales Marketing wegen schwankender Wechselkurse, Protektionismus, politischer Instabilität und Produktanpassungskosten auch mit hohen Risiken verbunden.

Festzustellen ist, daß sich keine dieser Strategien an Ländergrenzen oder auch nur am europäischen Binnenmarkt orientiert. Vielmehr setzen alle Strategien an den wirklichen Marktbedingungen an. Die Unternehmen betrachten ihre Absatzmärkte demnach im Hinblick auf ihren Tätigkeitsbereich, häufig sogar weltweit[466]. Ob sich die Abnehmer als Gegenseite regional, überregional, national oder sogar weltweit mit ihrer Nachfrage orientieren, ist eine Frage des Einzelfalles. In der ökonomischen Realität existieren auf dem Hintergrund zunehmender Globalisierung regelmäßig keine nationalen Märkte mehr.

b.) Nationale räumliche Marktabgrenzung in der BRD - BGHZ 131, 107ff.

Das Kammergericht vertrat zunächst die Auffassung, daß der Geltungsbereich des GWB grundsätzlich auf das Bundesgebiet zu beschränken sei[467]. Etwas anderes könne allenfalls dann gelten, wenn die Nachfrager ihren „Bedarf tatsächlich in nennenswertem Umfang grenzüberschreitend deckten(...).“[468] Dem entgegen hat sich der BGH in seinem Urteil vom 24.10.1995 in dieser Hinsicht grundlegend festgelegt:

„Nach dem Gesetz gegen Wettbewerbsbeschränkungen (GWB) kann der räumlich relevante Markt im Sinne der Zusammenschlußkontrolle allenfalls so groß sein wie das Bundesgebiet.“[469]

Der BGH stützt dabei sein Urteil im wesentlichen auf folgende Gründe:

---

466 Die Telekom hat sich beispielsweise mit France Tèlècom und dem US-Netzbetreiber Sprint im Rahmen einer strategischen Allianz zusammengeschlossen, die unter der Firma „Global One“ 1996 ihren Betrieb aufnahm und der Telekom einen weltweiten Telekommunikationsservice ermöglicht. Dabei spricht die Telekom in ihrem Geschäftsbericht des Jahres 1996 selbst von dem Ziel, ein weltumspannendes Netz nationaler Kommunikationsunternehmen zu schaffen, welches auf 50 bis 60 nationalen Märkte etabliert sein soll. Dieses Beispiel dokumentiert die besonderen Schwierigkeiten, die eine an nationalen Grenzen orientierte Marktabgrenzung zukünftig erwarten läßt.

467 Vgl. WUW/E OLG, Fresenius/Schiwa, 5549ff. (5555).

468 WUW/E OLG l.c.

469 BGHZ 131, Backofenmarkt, S. 107ff. (112).

- Es komme nach dem Gesetz allein darauf an, ob zu erwarten sei, daß die Wettbewerbsverhältnisse im Inland betroffen werden könnten[470]. Dieses folge aus § 98 Absatz 2 GWB a. F. , dessen Zweck es sei, den Wettbewerb auf dem inländischen Markt zu schützen;
- Der allgemeine Schutzzweck begrenze den Anwendungsbereich einer Norm und damit sei der Anwendungsbereich normativ auf das Inland beschränkt[471];
- Weiterhin sei der Ermittlungsbereich des Kartellamtes eingeschränkt. Recherchen auf ausländischen Märkten seien unverhältnismäßig schwierig und ein Gesetz sei insofern so auszulegen, daß es im Sinne seiner Zielsetzung wirksam sein könne[472];
- Ein Hinweis, daß es bei der räumlichen Marktabgrenzung allein auf den inländischen Markt ankomme, ergebe sich aus dem Wortlaut von § 23 Absatz 5 Satz 2 Nr. 3 GWB a. F. , der für die Anzeigepflicht nur auf die inländischen Marktanteile abstelle[473].

Für den BGH ist ausländischer Wettbewerb nur auf Grundlage der Gesamtbetrachtung heranzuziehen. Allerdings seien bei der Berechnung der Marktanteile Importe hinzunehmen, während Exporte abzuziehen seien[474].

c.) Europäische räumliche Marktabgrenzung

Die Anfangsphase der Anwendung der europäischen Wettbewerbsvorschriften war allgemein von der Erwartungshaltung geprägt, daß die Kommission regelmäßig das Territorium der Mitgliedsstaaten als Grundlage einer räumlichen Marktabgrenzung heranziehen werde[475]. Die Praxis der Entscheidungen ist dieser im Sinne einer wettbewerbsbezogenen Marktabgrenzung als eher pessimistisch zu bezeichnenden Erwartung jedoch keineswegs gerecht geworden.

Im Gegensatz zu den deutschen Regelungen existiert in der europäischen Rechtspraxis eine Definition des geographisch relevanten Marktes: Der geographisch relevante Markt umfaßt das Gebiet, in welchem die beteiligten Unternehmen die relevanten Güter anbieten, in dem die Wettbewerbsbedingungen hinreichend homogen sind und das sich von den benachbarten Gebieten durch spürbar unterschiedliche Wettbewerbsbedingungen unterscheidet[476]. Dabei

---

[470] BGH l.c., S. 113.
[471] BGH l.c.
[472] BGH l.c., S. 114.
[473] BGH l.c.
[474] BGH l.c., S. 115.
[475] Vgl. hierzu Bechthold, Zwischenbilanz zum EG-Fusionskontrollrecht, in: EuZW 1994, S. 653ff. (656).
[476] Vgl. hierzu den Anhang Nr. I der Verordnung Nr. 3384/94, ABlEG 1994 Nr. L 377 S. 1, 9ff.

werden in dem zur Verordnung gehörenden Formblatt maßgebliche Kriterien zur räumlichen Marktabgrenzung, wie beispielsweise die Eigenschaften der Produkte, Marktzutrittsschranken oder Verbraucherpräferenzen genannt.

Die Kommission sieht es in ihren Entscheidungen nicht für obligatorisch an, die Marktabgrenzung auf die Europäische Gemeinschaft oder den europäischen Wirtschaftsraum zu beschränken, sondern ist bei ökonomischer Indikation durchaus dazu bereit, auf Basis von Weltmärkten zu argumentieren. So führt die Verknüpfung von europäischen mit den nordamerikanischen Märkten für Turboprop-Regionalflugzeugen bei gleichzeitigem Fehlen nennenswerter Handelshemmnisse zu einer weltweiten Marktabgrenzung[477]. In ihrem 24. Bericht über die Wettbewerbspolitik führt die Kommission im Jahre 1994 aus: „Bei der Prüfung verschiedener Produktmärkte hat die Kommission sowohl örtliche, regionale und nationale, als auch gemeinschaftsweite und weltweite Märkte vorgefunden.(...) Liegt ein weltweiter Markt vor, so wird dies bei der Beurteilung der Auswirkungen des geplanten Zusammenschlusses innerhalb der Gemeinschaft berücksichtigt."[478]

Obwohl auch die Kommission im Hinblick auf den gemeinsamen Markt oder einen wesentlichen Teil desselben zu entscheiden hat, sieht sie aus dieser Vorgabe keine Veranlassung, die Marktabgrenzung auf den Geltungsbereich der Schutznormen zu beschränken. Dabei sieht sich auch die Kommission Schwierigkeiten bei der Informationsbeschaffung ausgesetzt, die sie allerdings nicht dazu veranlaßt haben, hierin eine unverhältnismäßige Gefährdung der praktischen Anwendbarkeit der Wettbewerbsnormen zu sehen[479].

d.) Wettbewerbsbezogene räumliche Marktabgrenzung - Kritische Betrachtung von BGHZ 131, 107ff.

Nach der Neufassung von § 19 Absatz 2 Nr. 2 GWB ist für die Bestimmung einer marktbeherrschenden Stellung auch derjenige Wettbewerb heranzuziehen, der von Unternehmen herrührt, die sich nicht im Geltungsbereich des GWB befinden. Hiermit ist für die Frage der Einbeziehung solchen Wettbewerbs in die Abgrenzung relevanter Märkte freilich noch nichts gewonnen. Auf dem Hintergrund zunehmender Integration der europäischen Märkte und einer weltweit zunehmenden Verflechtung der Volkswirtschaften widerspricht die enge Marktabgrenzung des BGH zumindest den wirtschaftlichen Realitäten.

---

[477] Vgl. so z.B. WUW/E EV, Aerospatiale-Alenia/de Haviland, 1675ff. (1680f.).
[478] Kommission, XXIV. Bericht über die Wettbewerbspolitik 1994, Tz. 285.
[479] Vgl. hierzu Lange, Räumliche Marktabgrenzung in der deutschen Fusionskontrolle, in: BB 1996, S. 1997ff. (2001f.).

Wir wollen uns zunächst der Frage zuwenden, ob die vom BHG vorgetragenen rechtlichen Argumente tatsächlich so zwingend sind, wie in BGHZ 131, 107ff. konstatiert.

Die Entscheidung zum Backofenmarkt ist in der Literatur nicht ohne Widerspruch geblieben. In ihren Abhandlungen zu diesem Urteil kritisieren Lange[480] und Paschke[481] zutreffend die vom BGH herangezogenen Kriterien:

- Grundsätzlich richtig ist, daß sich der Schutzbereich des GWB nur auf das Inland beschränken kann. Der nationale Gesetzgeber hatte weder die Intention noch überhaupt die Kompetenz dazu, auch ausländische Unternehmen mit in den Schutzbereich des GWB aufzunehmen. Insofern nimmt der BGH zutreffend an, daß der Schutzbereich einer Norm deren Anwendungsbereich begrenzt. Dieses impliziert allerdings nur, daß sich der Anwendungsbereich des GWB nicht auf ausländische Unternehmen erstrecken kann, die nur auf sich nicht im Bundesgebiet befindlichen Teilen eines Marktes agieren, die in Frage stehende Handlung sich also nicht auf den Geltungsbereich des GWB bezieht. Nichts gemein hat diese Frage mit der Abgrenzung des relevanten Marktes, der lediglich den Bereich der wirksamen Wettbewerbsverhältnisse darstellen soll. Daran ändert auch § 98 Absatz 2 GWB a. F. nichts, bei der es sich lediglich um eine Kollisionsnorm handelte[482];

- Der europäische Binnenmarkt ist mittlerweile seiner praktischen Verwirklichung ein gutes Stück nähergekommen. Viele Marktdaten werden mittlerweile bereits europaweit erfaßt. Die Kommission sieht sich zudem nicht daran gehindert, Märkte europaweit oder sogar als Weltmärkte abzugrenzen. Warum gerade dem Kartellamt in dieser Hinsicht besondere Schwierigkeiten begegnen sollten, ist vom BGH nicht dargetan. Es ist eher anzunehmen, daß einer räumlich weiten Marktabgrenzung keine unüberwindlichen Schwierigkeiten gegenüberstehen, die die Rechtsanwendung als solche in Frage stellen könnten. Dieses ergibt sich bereits daraus, daß die Unternehmen, die naturgemäß ein Interesse an einer weiten Marktabgrenzung haben, entsprechendes Datenmaterial zur Verfügung stellen werden. Insofern kann sogar dahinste-

---

[480] Lange l.c.

[481] Paschke, Die räumliche Marktabgrenzung in der GWB-Fusionskontrolle nach dem Backofenmarktbeschluß des BGH vom 24.10.1995, in: ZHR 1996, S. 673ff.

[482] Lange formuliert diesen Sachverhalt treffend: „Die Frage nach dem Geltungsbereich eines Gesetzes ist nicht identisch mit der Frage nach den wirtschaftlichen Geschehnissen auf diesen Märkten (...). Legt man bei der räumlichen Marktabgrenzung einen größeren Markt als die Bundesrepublik Deutschland zugrunde, etwa den Europäischen Wirtschaftsraum, so führt das selbstverständlich nicht dazu, daß der Anwendungsbereich des GWB ausgeweitet würde.“; Lange l.c., S. 1999.

hen, ob es bei der Rechtsanwendung überhaupt auf ein solches Praktikabilitätsargument ankommen kann[483] oder nicht[484];

- Auch das Wortlautargument aus § 23 Absatz 5 Satz 2 Nr. 3 GWB a. F. vermag nicht zu überzeugen. Zwar sind die Marktanteile auf Inlandsbasis anzugeben, die Umsätze dagegen aber weltweit. Der Gesetzgeber wollte an dieser Stelle im GWB vermutlich nur praktikable Schwellenwerte festlegen, um auf entsprechende Kriterien mit bloßer Indizwirkung schnell zurückgreifen zu können[485].

Wir können demnach festhalten, daß die vom BGH in seiner Entscheidung als zwingend ins Feld geführten gesetzessystematischen Argumente keineswegs unumstößlich sind, sondern im Gegenteil sogar auf unzutreffenden Schlußfolgerungen beruhen.

An den ökonomischen Realitäten geht dieser Beschluß ohnehin vorbei. Der im Rahmen des europäischen Integrationsprozesses angestrebte Binnenmarkt soll gerade nicht vor Grenzen halt machen. Wo Gewinne zu erwarten sind, haben sich Unternehmen seit langem über bestehende Grenzen hinweggesetzt. Daß die internationale Verflechtung der Volkswirtschaften ständig weiter voranschreitet, hat bereits der Abschnitt über die heutige Bedeutung von Globalisierungsstrategien der Unternehmen gezeigt.

Die Auslegung des BGH führt ferner dazu, daß deutsche Unternehmen benachteiligt werden können. Unternehmen mit einem hohen inländischen Marktanteil und kleinen Exportraten werden im Inland schnell als marktbeherrschend angesehen werden, obwohl ihr Gesamtmarktanteil viel geringer sein kann. Wie Paschke richtig erkennt, wird es kleineren deutschen Unternehmen, die sich in grenzüberschreitenden Märkten behaupten wollen, nur schwer zu erklären sein, warum sie, wenn sie nicht in den Anwendungsbereich der europäischen Fusionskontrollverordnung fallen, auf der Ebene der Marktabgrenzung nach deutschen Recht deutlich strenger behandelt werden als ihre marktstarken multinationalen Wettbewerber, die der liberalen räumlichen Marktabgrenzung der Kommission unterfallen[486].

Dieses führt gleichzeitig zu einem letzten Argument gegen BGHZ 131, 107ff. Die vom BGH bewußt vorgenommene Differenzierung von der Vorgehensweise der Kommission widerspricht der innerhalb der europäischen Mitgliedsstaaten angestrebten Vereinheitlichung der Rechtsvorschriften: Art. 2, 3 lit. h) EGV

---

[483] Sich dafür aussprechend Paschke l.c., S. 675.

[484] Grundsätzlich ablehnend dagegen Lange, der einen Schluß von verfahrensrechtlichen Vorschriften auf den materiellen Gehalt einer Norm grundsätzlich ablehnt; Lange l.c., S. 2000.

[485] Vgl. hierzu Lange l.c.

[486] Paschke l.c., S. 681.

hätten eine Entscheidung im Sinne einer harmonischen Rechtsanwendung zumindest unterstützen müssen. Dieses wird durch die aktuelle Diskussion um eine 6. Gesetzesnovelle des GWB und eine damit verbundene Anpassung an das Gemeinschaftsrecht eindrucksvoll unterstrichen[487].

3. Die zeitliche Dimension einer wettbewerbsbezogenen Marktabgrenzung

Die Marktabgrenzung in zeitlicher Hinsicht hat bisher weder in der nationalen noch in der europäischen Rechtspraxis eine größere eigenständige Rolle gespielt[488]. So sind zeitliche Besonderheiten, dieses wurde beispielsweise für den potentiellen Wettbewerb gezeigt[489], häufig bereits Gegenstand der Marktabgrenzung in sachlicher Hinsicht.

Die zeitliche Dimension des Marktes läßt sich allgemein als der Zeitraum definieren, für den die Wettbewerbsverhältnisse zu untersuchen sind[490]. Der EuGH konstatiert, Kennzeichen für die Güter eines Marktes sei, daß sie einen „gleichbleibenden" Bedarf erfüllten[491]. Welche Anforderungen an eine solche Feststellung zu stellen sind, läßt er indessen offen. Letztlich wird dieses eine Frage des Einzelfalles bleiben müssen, wobei die Anforderungen an dieses Kriterium nicht zu hoch zu stellen sind. So ist die Länge eines Fußballspieles und der damit verbundenen Transaktionen im Hinblick auf die Besonderheit dieses Marktes als ausreichend anzusehen[492].

Bei der zeitlichen Evolution von Märkten und damit von Produkten oder Dienstleistungen sind grundsätzlich drei Konstellationen denkbar, die jeweils unterschiedlich zu behandeln sind. Die Güter folgen regelmäßig dem Lebenszyklus des Marktes, der aus den Phasen Innovation, Wachstum, Stagnation und Degeneration besteht[493].

Innovative Produkte können innerhalb dieser Entwicklung ältere Erzeugnisse ablösen und damit einen Markt neu beleben. Sie sind dann zum Markt des ursprünglichen Erzeugnisses zu zählen. Dieses war zum Beispiel bei Schallplattenspielern zu beobachten, die durch die CD-Geräte abgelöst wurden.

---

[487] Vgl. Bundesministerium für Wirtschaft, Eckpunkte für eine Novelle des Gesetztes gegen Wettbewerbsbeschränkungen, Bonn 1996; Monopolkommission, Hauptgutachten XI, Tz. 897ff.

[488] So auch Gleiss/Hirsch l.c., Art. 85 EGV a. F. (Art. 81 n. F.), Rn. 299; Bechthold l.c., § 22 GWB, Rn. 207.

[489] Vgl. hierzu auch die Ausführungen unten in Kapitel 4 Nr. 1 b.).

[490] Vgl. auch Bechthold l.c., § 22 GWB, Rn. 14.

[491] EuGH, Continental Can, Slg. 1973, S. 215ff. (248).

[492] Vgl. BGHZ, Inter Mailand, S. 100ff.

[493] Vgl. hierzu oben Kapitel 1 Nr. 2 b.).

Allerdings ist es auch denkbar, daß ein Bedarf vollkommen entfällt. Dieses gilt für die Nadeln von Plattenspielern, für die keine direkten Ersatzprodukte existieren. Hier brach der eigenständige Markt für Nadeln aufgrund der Strukturveränderung des vorgelagerten Marktes für Abspielgeräte zusammen.

Schließlich kann ein Markt saisonalen Zyklen unterliegen, so daß er zu bestimmten Zeiten existent ist und zu anderen eben nicht. Dieses gilt beispielsweise für Messen. In diesem Zusammenhang hat der BGH entschieden, daß eine Messe im Herbst nicht zum gleichen Markt gehören kann wie eine entsprechende Veranstaltung im Frühjahr[494].

4. Zusammenfassung: Katalog allgemeingültiger Kriterien

Nachdem wir eine Vielzahl von Entscheidungen und Urteilen branchenweise analysiert haben, soll nun ein Katalog von allgemeingültigen Kriterien zur Marktabgrenzung zusammengestellt werden. Wie bereits am Anfang des Kapitels erläutert worden ist, dient dieser Katalog der späteren Überprüfung der im vierten Kapitel erarbeiteten, systematischen Abgrenzung relevanter Märkte.

Zusammenfassend lassen sich die folgenden möglichen Kriterien für eine Marktabgrenzung isolieren:

- Wesentliches Kennzeichen für die Abgrenzung soll die Austauschbarkeit seiner Güter untereinander sein, bei gleichzeitiger Heterogenität zu anderen Märkten;
- Vollkommen identische Produkte können unter Umständen unterschiedlichen Märkten zuzuordnen sein;
- Die Merkmale der Güter wie Qualität, Verarbeitungsgrad oder der Vertriebsweg können auf unterschiedliche Märkte hinweisen;
- Die bloße chemische oder technische Identität soll dagegen irrelevant sein;
- Eine unterschiedliche Wertschöpfung kann auf verschiedene Märkte hindeuten;
- Die Austauschbarkeit muß für einen großen Teil des Gesamtmarktes gelten;
- Ein grundsätzlich unterschiedlicher Produktnutzen ist dagegen nicht erforderlich;
- Potentielle Konkurrenz ist unter gewissen Voraussetzungen mit in den relevanten Markt einzubeziehen;
- Die Struktur der Verbraucher und ihrer Bedürfnisse ist relevant;
- Persönlicher Geschmack und rein subjektives Empfinden kann im Einzelfall allein für die Marktabgrenzung maßgeblich sein;

[494] Vgl. WUW/E BGH, Sportartikelmesse II, 1027ff. (1029).

- Insgesamt ist die tatsächliche Handhabung und nicht der Verwendungszweck ausschlaggebend.

Im nun folgenden Kapitel wollen wir eine systematische und nach der Struktur der jeweiligen Problemstellung operationalisierte Vorgehensweise bei der Marktabgrenzung entwickeln. Dabei wird unterstellt, daß anhand der Vielzahl der hier analysierten Fälle alle relevanten Kriterien mit übergeordneter Bedeutung isoliert werden konnten.

Kapitel 4

Die wettbewerbsbezogene Abgrenzung des relevanten Marktes

Wie bereits im Einführungskapitel festgestellt wurde, konstituiert sich ein wettbewerbsbezogener relevanter Markt aus den drei Elementen Anbieter, Nachfrager und den gehandelten Gütern. Nur alle drei Elemente zusammen können eine am wirklichen Wettbewerb orientierte Marktabgrenzung ergeben und müssen folglich bei der Marktabgrenzung entsprechende Berücksichtigung finden. Dieses wird durch das Bedarfsmarktkonzept nicht gewährleistet. Insbesondere mangelt es an einer Operationalisierung der Vorgehensweise. Letzteres führt zu Unsicherheiten bei der praktischen Abgrenzung, die besonders in den Fällen offen zutage treten, in denen für ein Gut mehrere verschiedene Verwendungsmöglichkeiten in Betracht kommen und jede dieser Verwendungen für sich gesehen über andersartige Substitute verfügt.

Die im letzten Kapitel ausführlich dargestellten Fälle ECS/AKZO[495] und Vitamine[496] vermögen diese Unsicherheiten eindrücklich zu dokumentieren. In der Literatur wird hierzu ausgeführt, in einer solchen Fallkonstellation sei es grundsätzlich sowohl möglich, den Markt nur auf das Ausgangsprodukt zu beziehen, als auch das betrachtete Gut mit den für jede Verwendung möglichen Substituten unterschiedlichen Märkten zuzuordnen. Die richtige Einordnung hinge maßgeblich davon ab, ob eine unterschiedliche Marketingstrategie möglich erscheine[497]. In dieser Hinsicht weiterführende Abgrenzungsgrundsätze lassen sich jedoch weder Literatur noch Rechtsprechung entnehmen.

An ein systematisches Abgrenzungsverfahren sind im Sinne einer sowohl wissenschaftlich korrekten als auch praktikablen Vorgehensweise einige grundlegende Anforderungen zu stellen:

- Das Abgrenzungsverfahren muß geeignet sein, die Besonderheiten jeder einzelnen Branche zu erfassen;

- Alle im letzten Kapitel gewonnenen branchenübergreifenden Kriterien für eine Marktabgrenzung müssen bei Bedarf berücksichtigt werden können.

---

[495] Vgl. Kapitel 3 Nr. 1 c.) ff.).
[496] Vgl. Kapitel 3 Nr. 1 c.) gg.).
[497] Vgl. so statt vieler Langen/Bunte l.c., § 22 GWB, Rn. 15.

- Das Verfahren muß flexibel sein. Es muß möglich sein, multivariate Verfahren dort zu implementieren, wo an einer intuitiven Vorgehensweise Zweifel bestehen. Gleichzeitig muß bei eindeutiger Sachlage auf zeit- und kostenintensive Erhebungen verzichtet werden können;

- Eine wettbewerbsbezogene Marktabgrenzung sollte im allgemeinen nicht zweck- oder normorientiert vorgenommen werden. Ein Markt befindet sich auch in sachlicher Hinsicht dort, wo wesentlicher Wettbewerb real besteht[498];

- Die Abgrenzung sollte auf möglichst genau zu quantifizierenden oder qualitativ eindeutigen Kriterien beruhen, die subjektiven Interpretationen möglichst keinen Spielraum belassen.

Im Rahmen einer methodisch nachvollziehbaren Operationalisierung wird es zudem erforderlich werden, auf moderne Verfahren der Betriebswirtschaftslehre zurückzugreifen[499].

Das zweite Kapitel hat gezeigt, daß das Bedarfsmarktkonzept methodische Schwächen aufweist, die zunächst behandelt werden müssen. Erst im Anschluß daran können wir uns der Operationalisierung einer wettbewerbsbezogenen Marktabgrenzung zuwenden.

1. Schwächen des Bedarfsmarktkonzeptes

a.) Ausbeutungsmißbrauch und Behinderungsmißbrauch

§ 22 Absatz 4 Satz 1 a. F. GWB enthielt eine Generalklausel, die auch das mißbräuchliche Ausnutzen einer wirtschaftlichen Machtposition auf Drittmärkten

---

498 Dieses entspricht im übrigen einer weit verbreiteten Ansicht; vgl. so z.B. Gleiss/Hirsch l.c., Art. 85 EGV a. F. (81 n. F.), Rn. 207.

499 Hoppmann vertritt in diesem Zusammenhang die Auffassung, die Wirtschaftswissenschaften hätten lediglich Fragestellungen zu erarbeiten und Methoden bereitzustellen, während sie wertende Aspekte anderen überlassen müßten. Diese auf dem Wertfreiheitspostulat von Max Weber beruhende Ansicht ist heutzutage als überholt anzusehen. Die Abgrenzung relevanter Märkte bedarf der Auswahl bestimmter, für die Abgrenzung geeigneter Kriterien. Diese Auswahl der Kriterien impliziert zwingend eine subjektive Entscheidung über ihre Relevanz für den Untersuchungszweck. Folglich sind die Wirtschaftswissenschaften überhaupt nicht dazu in der Lage, wertungsfreie Verfahren zur Abgrenzung relevanter Märkte zu liefern. Demzufolge ist der Auffassung Hoppmanns zu widersprechen, der davon ausgeht, daß allein die Kartellbehörde über die relevanten Kriterien für eine Marktabgrenzung zu entscheiden habe.

erfaßte[500]. Diese Generalklausel ist im Rahmen der zweiten Novelle des GWB im Jahre 1965 eingeführt worden, weil der Gesetzgeber die fehlende Möglichkeit, bei indirekter Ausübung wirtschaftlicher Macht auf Drittmärkten zu intervenieren, als Gefahr für den Wettbewerbsprozeß erkannt hatte: „Ein Unternehmen, daß auf einem Markt eine beherrschende Stellung hat, kann den daraus sich ergebenden Vorsprung auch auf anderen Märkten ausnutzen. So ist es z.B. möglich, daß ein Unternehmen den Monopolgewinn aus einer marktbeherrschenden Stellung dazu ausnutzt, um auf einem anderen Markt Wettbewerber - etwa durch gezielte Preisunterbietung - auszuschalten, potentielle Konkurrenten fernzuhalten und so auch auf diesem Markt eine Vorzugsstellung zu erlangen."[501]

Da Art. 82 EGV seit jeher in diese Richtung interpretiert worden ist, sollte die Einführung dieser Generalklausel auch der Harmonisierung der Rechtsvorschriften dienen[502]. Die Rechtsprechung des EuGH hat die Anwendbarkeit von Art. 82 EGV auf Drittmärkte stets bestätigt[503].

Die Generalklausel aus § 22 Absatz 4 Satz 1 GWB a. F. wurde nach der letzten Neufassung des GWB entfernt. Nunmehr ist nach § 19 Absatz 1 GBW lediglich die mißbräuchliche Ausnutzung einer marktbeherrschenden Stellung verboten. Aus der Systematik des Katalogs aus § 19 Absatz 4 GWB ergibt sich, daß mit Mißbräuchen im Sinne von Absatz 1 wohl allein solche gemeint sind, die auf dem betreffenden relevanten Markt stattfinden.

Vielfach ist zu der Generalklausel vertreten worden, daß für die Anwendung der Generalklausel nach der Einführung des Satz 2 im Rahmen der vierten Novelle des GWB 1980 kaum ein eigener Anwendungsbereich verbleibe[504]. Diese Auffassung wird nach einer systematischen Operationalisierung der Abgrenzung relevanter Märkte widerlegt werden. Bei einer korrekten Betrachtung von Ausbeutungs- und Behinderungsmißbrauch wäre der ehemaligen Generalklausel sogar eine wesentliche eigenständige Bedeutung zugekommen.

§ 19 Absatz 4 Nr. 2 GWB regelt den Ausbeutungsmißbrauch. Diese Regelung ermächtigt die Kartellbehörde dann zum Eingreifen, wenn das marktbeherrschende Unternehmen Preise oder sonstige Geschäftsbedingungen fordert, die sich bei wirksamen Wettbewerb vermutlich nicht ergeben würden. Hierbei geht

---

[500] Vgl. Ebel, Kartellrechtskommentar, § 22 GWB, Rn. 31.
[501] BT-Drucksache IV/2564, S. 15.
[502] BT-Drucksache IV/2564, S. 15f.
[503] Vgl. so z.B. EuGH, Commercial Solvents, Slg. 1974, S. 223ff. (251): „Ein Mißbrauch auf dem Markt für Rohstoffe kann mithin wettbewerbsbeschränkende Wirkungen auf dem Markt haben, auf dem die aus dem Rohstoff gewonnenen Derivate verkauft werden (...)."
[504] So z.B. Bechthold l.c., Rn. 53.

es um Verhaltensweisen in der vertikalen Marktbeziehung, also entweder gegenüber Nachfragern oder Anbietern.

In vertikaler Richtung auf die Ausweichmöglichkeit der jeweiligen Marktgegenseite abzustellen, ist sachgerecht. Da es sich um ein Verhalten gegenüber einem spezifischen Marktelement im Sinne unserer Interpretation handelt, kann die Betrachtung auf den relevanten Markt beschränkt bleiben.

Nicht auf den relevanten Markt beschränkt bleiben muß dagegen der Behinderungsmißbrauch im Sinne von § 19 Absatz 4 Nr. 1 GWB. Trotz dessen stellt der Gesetzeswortlaut ausdrücklich auf eine Beeinträchtigung der Wettbewerbsmöglichkeiten anderer Unternehmen auf dem Markt ab. Damit wird allein die horizontale Marktdimension erfaßt.

Der im letzten Kapitel bereits dargestellte Fall ECS/AKZO[505] verdeutlicht die auf diese Weises bewirkte Eingrenzung des Regelungsbereichs dieser Vorschrift. Grundsätzlich wäre in diesem Fall ein Behinderungsmißbrauch in zwei Richtungen denkbar gewesen: AKZO hätte allein im Bereich der Mehlzusätze tätig werden können oder aber auf dem gesamten Feld der Benzyolperoxide.

AKZO entschied sich für die erste Variante und unterbot den Preis nur im Bereich der Mehlzusätze. Hierbei handelt es sich um eine sogenannte Querattacke. Eine solche kann den Konkurrenten dort besonders wirksam treffen, wo die Marktanteile der Kontrahenten stark differieren. Einem Unternehmen mit kleinem Marktanteil entstehen durch eine Preissenkung weitaus geringere Kosten als dem Konkurrenten mit großem Marktanteil[506]. AKZO hat offensichtlich diese Strategie verfolgt, da sie im Bereich der Mehlzusätze im Gegensatz zu ECS nur über einen kleinen Marktanteil verfügte[507].

Es liegt auf der Hand, daß eine derartige Strategie nur dann erfolgreich sein wird, wenn sie auf den anvisierten Bereich beschränkt werden kann. AKZO hätte diese Strategie kaum verfolgt, wenn die Abnehmer von Mehlzusätzen ohne Schwierigkeiten ihre Nachfrage aus dem Angebot für den Kunststoffbereich hätten decken können. Genau dieses wäre aber eingetreten, wenn ein einheitlicher Markt für Benzyolperoxide wirklich bestehen würde: Die Abnehmer hätten stets das günstigste Angebot ausgewählt. Die Preiserhöhung bei den Mehlzusätzen hätte dann zu einem Nachfrageeinbruch geführt.

---

[505] Vgl. Kapitel 3 Nr. 1 c.) ff.).

[506] Vgl. hierzu ausführlich Porter, Wettbewerbsstrategie l.c., S. 122.

[507] Vgl. EuGH, ECS/AKZO, EuZW 1992, S. 21ff. (23): „AKZO praktizierte somit Preissenkungen in einem Sektor - demjenigen der Mehlzusätze -, der für ECS wesentlich war, für AKZO dagegen nur begrenzte Bedeutung hatte." Eine solche Vorgehensweise entspricht genau dem Wesen einer Querattacke im Sinne Porters.

Damit aber ist wesentliche Voraussetzung für eine erfolgreiche Querattacke, dieses ergibt sich im übrigen bereits aus dem Wortlaut, das Bestehen unterschiedlicher relevanter Märkte[508]. Dieses wiederum verdeutlicht bereits, daß das Abstellen auf einen Markt für Benzyolperoxide fehlerhaft war. Der relevante Markt ist vielmehr derjenige für Mehlzusätze.

Die Konstellation hätte aber auch anders liegen können. Unterstellt sei nunmehr folgendes: AKZO wollte seine Stellung im Bereich der Benzyolperoxide durch Steigerung der Marktanteile auf allen Märkten stärken und führte insofern Preissenkungen für diese Erzeugnisse insgesamt durch. Im Bereich der Mehlzusätze sei nur eine geringe Bedeutung organischer Peroxide unterstellt. Eine Preissenkung würde in diesem Bereich nur zu unwesentlichen Veränderungen der Marktanteile führen. Schließlich sei angenommen ECS wäre im wesentlichen allein im Bereich der Mehlzusätze tätig.

Eine solche Maßnahme seitens AKZO beträfe nicht mehr einen einzigen Markt allein. Vielmehr ist eine gesamte Branche, nämlich die der Erzeuger von organischen Peroxiden, betroffen. Der Markt für Mehlzusätze wäre in dieser Konstellation dem entgegen gar nicht in Mitleidenschaft gezogen worden.

Ein Behinderungsmißbrauch kann also verschiedene Dimensionen entfalten. Er kann sich, wie im wirklichen Fall der Firma AKZO, auf einem spezifischen Markt auswirken. Darüber hinaus kann er aber auch marktübergreifend relevant werden. Wir werden später hierauf zurückkommen.

Die mögliche Auswirkung des Behinderungsmißbrauchs auf unterschiedliche Märkte ist in der Rechtspraxis bisher nicht adäquat berücksichtigt worden. Häufig kommen die Gerichte deswegen zu zweifelhaften Marktabgrenzungen, weil versucht wird, den in Wahrheit marktübergreifenden Mißbrauch unter einen einzigen Markt zu subsumieren. Die von der Literatur herangezogene Frage, ob unterschiedliche Marketingstrategien möglich erscheinen, kann bestenfalls als Hilfsinstrument angesehen werden. So können für unterschiedliche Märkte verschiedene Vorgehensweisen im Marketing-Mix gewählt werden. Zwingend ist dieses jedoch nicht. In sogenannten „Markenfamilien" wird häufig für ganz unterschiedliche Zielgruppen eine ähnliche Marketingstrategie verfolgt. Bereits wegen des Verlustes der Markentransfereffekte würde sich hier kaum jemand ernsthaft für die Möglichkeit verschiedener Marketingstrategien aussprechen können.

[508] Vgl. auch Porter, Wettbewerbsstrategie l.c., S. 121f. Porter zieht als Beispiel den Fall Maxwell House/Folger`s heran, in welchem der Erfolg der Querparade von Folger`s von unterschiedlichen relevanten Märkte in geographischer Hinsicht abhing. Ob die Märkte in geographischer oder aber sachlicher Hinsicht unterschiedlich sind, macht jedoch keinen Unterschied.

Demzufolge ist von einem praktikablen Marktabgrenzungsverfahren zusätzlich zu fordern, daß es die unterschiedlichen Erscheinungsformen des Behinderungsmißbrauchs zu berücksichtigen vermag. Die Entfernung der Generalklausel im Sinne von § 22 Absatz 4 Satz 1 a. F. GWB erweist sich in diesem Zusammenhang als ein schwerwiegender Fehler des Gesetzgebers, da die Möglichkeit zur Bekämpfung eines marktübergreifenden Behinderungsmißbrauchs nunmehr weggefallen ist.

b.) Potentieller Wettbewerb

Vor der eigentlichen Operationalisierung der Marktabgrenzung ist ferner die Beantwortung der Frage von Bedeutung, ob man potentiellen Wettbewerb als einen grundsätzlichen Bestandteil des relevanten Marktes ansehen sollte.

Dagegen spricht die Tatsache, daß es sich hierbei um noch keinen real vorhandenen, sondern eben nur um einen latent existierenden Wettbewerb handelt, der sich möglicherweise zukünftig manifestieren könnte. Trotz dessen ist potentieller Wettbewerb im Einzelfall insbesondere von der Europäischen Kommission und vom EuGH als Bestandteil des relevanten Marktes angesehen worden[509]. Nach den Befürwortern dieser Ansicht sollen solche Konkurrenten zum aktuellen Markt gerechnet werden, die über eine ähnliche Basistechnologie und mithin über eine hohe Angebots- oder Programmelastizität verfügen.

Es liegt auf der Hand, daß keinesfalls jedes Unternehmen mit ähnlichem Produktionsprogramm mit in den relevanten Markt einbezogen werden kann. Will man potentiellen Wettbewerb als einen Bestandteil des relevanten Marktes ansehen, ist eine hinreichende Wahrscheinlichkeit für seine spätere Manifestation zu fordern. Fraglich ist in diesem Zusammenhang, wo genau die Grenze zwischen Marktteilnehmer und Marktaußenseiter zu ziehen ist. Markteintrittsentscheidungen hängen von weiteren Faktoren als nur der technischen Elastizität der Anlagen ab.

aa.) Determinanten der Markteintrittsentscheidung

Ein Konkurrent wird sich normalerweise dann für einen Eintritt in einen Markt entscheiden, wenn ihm die zu erwartende Kapitalverzinsung attraktiv erscheint. Die Verzinsung des eingesetzten Kapitals wird um so höher sein, je geringer die Eintrittskosten sind. Eine ähnliche Basistechnologie allein ist hierfür noch kein

[509] Vgl. oben Kapitel 3 Nr. 1 c.) hh.).

Garant. Bestehende Markteintrittsbarrieren können bedeutsame Kostentreiber darstellen[510]. Für derartige Barrieren existieren im wesentlichen fünf Ursachen:

- Fixkostendegressionseffekte und andere Betriebsgrößenvorteile führen bei einer hohen Ausbringungsmenge zu bedeutenden Einsparungen. Sie zwingen den Konkurrenten dazu, auf dem gleichem Ausbringungsniveau einzusteigen oder erhebliche Kostennachteile in Kauf zu nehmen;

- Erfolgreiche Differenzierungsstrategien der bisherigen Marktteilnehmer können zu Käuferloyalität und Produktbindung führen. Zur Überwindung dieser Kundenpräferenzen sind erfahrungsgemäß erhebliche Investitionen erforderlich;

- Die Kapitalkosten für den Eintritt können abschreckend wirken. Werbung und Produktentwicklung stellen auch bei ähnlicher Basistechnologie im Falle eines Fehlschlags erhebliche „Sunk Costs“[511] dar;

- Für die Abnehmer können durch den Wechsel zu anderen Produkten Umstellungskosten entstehen, die es zusätzlich zu überwinden gilt;

- Die Marktinsider können über größenunabhängige Vorteile wie z.B. Patente, Know-How, günstigen Zugang zu Rohstoffen, Subventionen, vorteilhafte Standorte oder Erfahrungskurveneffekte verfügen.

Zusätzlich können zu erwartende Vergeltungsmaßnahmen der Marktinsider die Entscheidung über einen Markteintritt beeinflussen. Haben diese beispielsweise in der Vergangenheit aggressiv auf neue Wettbewerber reagiert, oder verfügen sie über wesentliche ungenutzte Potentiale, so sind dieses Indikatoren, die einen Widerstand erwarten lassen.

Schließlich spielt auch der Reifegrad des Marktes eine Rolle. Wie im Einführungskapitel gezeigt wurde, durchläuft ein Markt innerhalb seines Lebenszyklus vier Stadien[512]. Es ist offensichtlich weniger attraktiv, in einen übersättigten Markt mit abnehmender Nachfrage einzutreten als in einen jungen Wachstumsmarkt. Dieses ergibt sich bereits aus der Tatsache, daß sich in einem ausgereiften Markt nur Marktanteile auf Kosten der Mitbewerber gewinnen lassen,

[510] Diese Determinanten einer Entscheidung für einen Markteintritt sind insbesondere von Porter ausführlich diskutiert worden; vgl. Porter, Wettbewerbsstrategie l.c., S. 29ff.

[511] „Versunkene Kosten“ sind fixe Kosten des Markeintritts, die bei Marktaustritt weder abgeschrieben sind, noch durch Verkauf oder alternative Nutzung der erworbenen Anlagen oder aufgrund ihrer immateriellen Natur für das Unternehmen zurückgewonnen werden können; vgl. Vahlens Großes Wirtschaftslexikon l.c., Band 4, S. 2045.

[512] Vgl. oben Kapitel 1 Nr. 2 b.).

während ein Neueinsteiger in einem jungen Markt einfach am Marktwachstum partizipieren kann.

bb.) Bestimmung der für einen Markteintritt kritischen Kosten

Die genannten Hindernisse für einen Markteintritt werden von den Entscheidungsträgern der quantitativ und qualitativ zu schätzenden Nachfrage gegenübergestellt. Dabei werden die zukünftigen Erwartungen über die Entwicklung von Kosten und Absatz verglichen.

Die durch die Hindernisse verursachten Kosten müssen durch die Umsätze im Markt amortisiert werden. Demzufolge lassen sie sich in Form folgender Eintrittsbedingung formulieren:

$$U > K$$

mit

U = erwartete Umsätze und
K= erwartete Kosten

(Formel 4-1).

Die Kosten wiederum setzen sich aus den Kosten der Wertschöpfung (K_W) und den zur Überwindung der Hindernisse (K_H) anfallenden Kosten zusammen:

$$U > K_W + K_H \quad \text{oder} \quad U - K_W - K_H > 0$$

(Formel 4-2).

Die Bedingung eines positiven Überschusses nach Abzug der Kosten allein ist aber für eine Eintrittsentscheidung nicht ausreichend. Dem Unternehmen steht nicht nur eine einzige Investitionsmöglichkeit zur Verfügung, sondern es besteht die Möglichkeit, in alternative Gütermärkte oder am Kapitalmarkt zu investieren. Diese Möglichkeiten können durch die Verwendung eines sogenannten Kalkulationszinsfußes vergleichbar gemacht werden. Der Kalkulationszinsfuß ist die subjektive Mindestverzinsung eines Investors an sein Investitionsobjekt[513]. Dieses bedeutet, daß der oben aus Umsatz und Kosten errechnete Über-

---

513 Vgl. Däumler, Grundlagen der Investitions- und Wirtschaftlichkeitsrechnung, 8. Auflage, Felde-Jägerlust 1994, S.29.

schuß, als erwartete Effektivverzinsung des eingesetzten Kapitals (i_e) ausgedrückt, zumindest den subjektiven Erwartungen des Investors an eine solche Verzinsung (i_k) entsprechen muß. In die subjektive Erwartung des Investors gehen zum einen die erwarteten Opportunitätskosten durch Verzicht auf die zweitbeste Anlagemöglichkeit (i_o) und zum anderen ein eventuell zu erwartendes besonderes Risiko der Anlage (i_r) mit ein. Damit ergeben sich für einen Markteintritt folgende zwei Bedingungen:

$$\mathbf{U - K_W - K_H > 0}$$

(Formel 4-3)

und

$$\mathbf{i_e > i_k}$$

mit $\mathbf{i_k = i_o + i_r}$

(Formel 4-4).

In dieser Berechnung sind alle oben genannten Hindernisse, sowie die zu erwartenden Produktionskosten und die alternativen Anlagemöglichkeiten berücksichtigt worden. Die von der Rechtsprechung geforderte ähnliche Basistechnologie spielt in zweierlei Hinsicht eine Rolle: Zum einen vermag sie die zu erwartenden Eintrittskosten erheblich zu reduzieren. Auf der anderen Seite ist sie eine notwendige Bedingung dafür, daß der Markteintritt auch in zeitlicher Hinsicht so rechtzeitig erfolgen kann, daß das potentielle Angebot bereits zum betrachteten Zeitpunkt als am Markt präsent angesehen werden kann.

Nach der nunmehr definierten Eintrittsbedingung sind die Grenzen des relevanten Marktes je nach Verhalten der Marktinsider fließend: Insbesondere Preiserhöhungen, die ohne wesentliche Auswirkung auf das Absatzvolumen blieben, werden Markteintritte nach sich ziehen. Grenzanbieter, deren Kalkulationszinsfuß bisher nur knapp über der erwarteten Effektivverzinsung lag, werden durch die erwartete steigende Effektivverzinsung des eingesetzten Kapitals in den nun für sie attraktiven Markt eintreten[514].

---

[514] Porter schlägt in diesem Zusammenhang vor, die Gewinnplanziele zurückzunehmen, um die Attraktivität eines Marktes für Neueintritte zu vermindern: „Daher ist es wesentlicher Bestandteil jeder Defensivstrategie zu entscheiden, welches Preis- und Gewinniveau sich gegenwärtig behaupten läßt. Viele Unternehmen haben Angriffe provoziert, weil sie zu habgierig waren"; vgl. Porter, Wettbewerbsvorteile l.c., S. 623. Dieses vermag für die hier vertretene Auffassung zu sprechen.

cc.) Konsequenzen für eine wettbewerbsbezogene Marktabgrenzung

Mißbräuchliches Ausnutzen einer starken Marktstellung geschieht in aller Regel auf dem Hintergrund eines damit bezweckten höheren Profites[515]. Wie aber gezeigt wurde, induzieren steigende Profite Markteintritte von potentiellen Konkurrenten.

Dieses verdeutlicht die Interdependenz von Marktinsidern und potentiellen Wettbewerbern. Letztere sind nur aufgrund der von ihnen bis dato als ungünstig eingestuften Effektivverzinsung noch nicht eingetreten. Dieses kann und wird sich jedoch mit jedem Versuch, durch die Ausübung von Marktmacht den Profit zu steigern, ändern. Wir stellen also fest, daß Marktgrenzen noch nicht einmal kurzfristig invariant sind.

Dagegen läßt sich nicht mit Erfolg vorbringen, die Markteintrittsüberlegungen würden nicht auf derartig objektiven Überlegungen gefällt, sondern beinhalteten auch diverse subjektive Komponenten. Bedenkt man, daß es sich bei den für die Normen des GWB relevanten Fälle um Unternehmen handeln muß, die durch ihre Entscheidungen die Wettbewerbsverhältnisse beeinflussen können, so wird offenkundig, daß Markteintrittsüberlegungen in diesem Bereich auf objektiv quantifizierbaren Kriterien beruhen werden. Diese Marktteilnehmer verfügen regelmäßig über kompetente Entscheidungsträger.

Fraglich bleibt also allein, was dieses für die Abgrenzung relevanter Märkte bedeutet. Fest steht, daß den Kartellbehörden nicht zugemutet werden kann, für alle in Frage kommenden Unternehmen die Kalkulationszinssätze zu ermitteln oder sogar zu prognostizieren.
Vielmehr ist nach einem Vermutungstatbestand vorzugehen, welcher im einzelnen durch die betroffenen Unternehmen widerlegt werden kann. In diesem Zusammenhang ist der Kreis der potentiellen Konkurrenten möglichst klein zu halten. Es obliegt dann dem Verfügungsadressaten, diesen Kreis durch entsprechendes Beweismaterial zu erweitern. Ein Vermutungstatbestand sollte an potentielle Konkurrenten folgende Anforderungen stellen:

- Der potentielle Konkurrent verfügt über eine ähnliche Basistechnologie;
- Freie Ressourcen sind vorhanden und nicht in anderen Projekten gebunden;
- Der betrachtete Markt weist eine im Verhältnis zu verwandten Märkten und Anlagen am Kapitalmarkt (nebst einer hypothetisch anzusetzenden Risikoberücksichtigung) überdurchschnittliche Rentabilität auf[516];

[515] Dieses kann direkt durch höhere Verbraucherpreise geschehen oder indirekt, indem versucht wird, etwaige Konkurrenten nicht in den Wettbewerb eintreten zu lassen.

[516] Ein Indikator für die Rentabilität eines Marktes oder einer Branche kann die Wettbewerbsintensität darstellen. Ist ein Markt durch besonders intensiven Wettbewerb gekennzeichnet, so spricht dieses für eher unterdurchschnittliche Rentabilitäten. Die Intensität des Wettbe-

- Die Eintrittsbarrieren erscheinen im Hinblick auf die oben genannten fünf Gruppen als überwindbar;
- Der Markt selbst befindet sich in einem Stadium des Lebenszyklus, der einen Markteintritt überhaupt sinnvoll erscheinen läßt. Dieses wird in einer bereits bevorstehenden Degenerationsphase nicht der Fall sein.

Als Fazit ist also festzuhalten, daß potentieller Wettbewerb ein fester Bestandteil des relevanten Marktes ist. Die Grenzen des Marktes sind aufgrund wechselnder Effektivzinserwartungen fließend. Das Ausnutzen von Marktmacht, gerade in vertikaler Richtung, kann Eintritte sogar induzieren. Diesem ist durch einen Vermutungstatbestand Rechnung zu tragen, der den Kreis potentieller Konkurrenten möglichst eng faßt. Demzufolge hat sich die von uns bereits am Anfang von Kapitel 2 aufgestellte Hypothese bestätigt: Potentieller Wettbewerb ist nicht allein eine Frage der Marktbeherrschung, sondern ihm kommt bei der Bestimmung der Marktgrenzen eine signifikante Bedeutung zu.

c.) Das Konzept des verständigen Verbrauchers

Der Abnehmer soll die Güter des gleichen relevanten Marktes als durcheinander austauschbar bewertet haben. Für eine systematische Marktabgrenzung ist in diesem Zusammenhang die Beantwortung der Frage von besonderer Bedeutung, wie ein solches Austauschbarkeitsurteil zu erheben ist. Bereits im zweiten Kapitel wurde gezeigt, daß sowohl Rechtsprechung als auch ein Teil der Lehre für die Ermittlung der Verbrauchersicht einen fiktiven verständigen Verbraucher heranziehen und danach fragen, welche Güter dieser für miteinander austauschbar ansehen würde.

Der Grund für die Verwendung einer Fiktion, wie der des verständigen Verbrauchers liegt auf der Hand. Durch die intuitive Ermittlung der Abnehmersicht werden empirische Erhebungen regelmäßig entbehrlich. Die Verfahren werden damit sowohl kostengünstiger als auch weniger zeitaufwendig.

Trotz dieser Vorzüge basiert das Instrument des verständigen Verbrauchers regelmäßig auf der Annahme, daß von ähnlichen Produkten mit vergleichbarer Ausstattung und Einsatzmöglichkeit auf deren Austauschbarkeit geschlossen werden kann. Mit anderen Worten: Von einem bloßen Ähnlichkeitsurteil wird auf eine Substitutionsbeziehung geschlossen.

In diesem Abschnitt wollen wir näher untersuchen, ob eine solche Annahme zulässig ist. Dabei sind Konsumgüter und Investitionsgüter getrennt zu behan-

---

werbs läßt sich systematisch mit der von Porter vorgetragenen Strukturanalyse von Branchen feststellen; vgl. Porter, Wettbewerbsstrategie l.c., S.25ff.

deln. Von dem Ergebnis dieser Untersuchung wiederum wird es abhängen, ob das Instrument des verständigen Verbrauchers im Rahmen einer wettbewerbsbezogenen Marktabgrenzung Verwendung finden darf.

aa.) Konsumgüter

Das Verhalten von Konsumenten ist einer Vielzahl von Einflußgrößen unterworfen. Die hierzu erschienene Literatur ist umfangreich und kann im Rahmen dieser Arbeit nicht umfassend gewürdigt werden[517].

Die Auswahlentscheidung des Verbrauchers läßt sich mit Hilfe der folgenden Abbildung schematisieren:

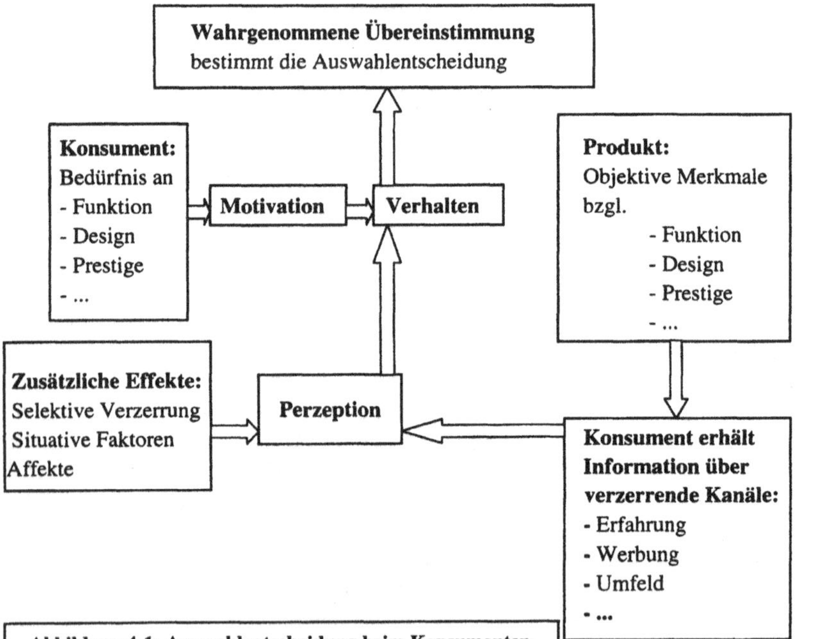

Abbildung 4-1: Auswahlentscheidung beim Konsumenten.

[517] Nach wie vor findet das Standardwerk von Kroeber-Riehl große Akzeptanz und soll an dieser Stelle stellvertretend für eine nahezu unüberschaubare Anzahl wissenschaftlicher Publikationen genannt werden: Kroeber-Riehl, Konsumentenverhalten, 3. Auflage, München 1984.

Abbildung 4-1 macht deutlich, daß die Auswahlentscheidung des Konsumenten nicht nur auf seinem Bedürfnis nach einem bestimmten Produktnutzen beruht, sondern vor allem auch auf seiner subjektiven Wahrnehmung dieser Eigenschaften bei dem von ihm in Betracht gezogenen Produkt. Seine Perzeption wird dabei maßgeblich durch die ihm zur Verfügung stehenden Informationskanäle beeinflußt. Festzustellen ist also, daß keineswegs Kongruenz zwischen objektiv vorhandenen und perzipierten Produktattributen bestehen muß.

Wie viele Informationskanäle der Konsument nutzt und welchen Einfluß sie haben, wird von der Produktkategorie und den Charakteristika des Individuums determiniert. Güter des täglichen Bedarfs wählt der Konsument normalerweise mit einem geringeren Informationsaufwand aus als Anschaffungen, die mit hohen Kosten verbunden sind.

Durch die Sammlung der Informationen erhält der Verbraucher einen subjektiven Eindruck über das am Markt erhältliche Angebot und der damit verbundenen Produkteigenschaften. Er wird jedoch, in Abhängigkeit von der Wichtigkeit und dem Preis des Gutes, nur über einen Teil der am Markt existierenden Güter Informationen erhalten. Je nach seinen Erfahrungen wird er einige der ihm bekannt gewordenen Produkte einer näheren Betrachtung unterziehen und gegebenenfalls zusätzliche Informationen einholen, um schließlich ein Gut auszuwählen. Demzufolge existieren beim Konsumenten unterschiedliche Informationsniveaus über die einzelnen Bestandteile des Marktangebots.

Die Perzeption wird darüber hinaus maßgeblich durch die Werbe- und Kommunikationspolitik des Anbieters beeinflußt und muß daher nicht mit den wirklichen Produktmerkmalen übereinstimmen. Häufig werden über Werbemaßnahmen unterbewußt Image- oder Lebensstilinformationen transportiert.

Aus diesen Gründen ist der Verbraucher überhaupt nicht dazu in der Lage, objektive Produkteigenschaften „verständig" miteinander zu vergleichen. Unvollständige Informationen und verzerrende Einflüsse verhindern, daß beim Abnehmer ein objektives Bild über die am Markt gehandelten Güter entstehen kann.

Wie bereits die Entscheidung der Kommission im Henkel/Colgate-Fall zeigt, können Werbemaßnahmen teilweise sogar dazu führen, daß teurere Markenartikel chemisch oder technisch identischen aber deutlich günstigeren Alternativen vorgezogen werden[518]. Diese Auswirkungen der Produktkommunikation sind nicht auf einfache Konsumgüter beschränkt. Auch bei teuren Gütern wie bei Automobilen oder Uhren führt die Produktkommunikation zur Wahl profilierter Marken, weil sich der Abnehmer ein bestimmtes Prestige verspricht.

---

[518] Vgl. oben Kapitel 3 Nr. 1 a.) bb.) (3).

Ein weiteres Beispiel für irrationales Verbraucherverhalten ist der sogenannte „Snobeffekt“. Dieser wird definiert als das Ausmaß, in welchem die Nachfrage nach einem Gut abnimmt, infolge der Tatsache, daß andere Wirtschaftssubjekte dieses Gut vermehrt nachfragen[519]. Ein solcher Effekt kann bei einer Preissenkung eines Gutes die Folge haben, daß die Gesamtnachfrage geringer wird, weil die ehemals Exklusivität suchenden Kunden in einem stärkeren Maße abwandern, als neue Kunden durch die Preissenkung gewonnen werden.

Beim privaten Verbraucher kann der Wunsch nach dem Erleben bestimmter Gefühle eine wesentliche Triebfeder für den Konsum sein[520]. Dieses wird von der Produktwerbung vielfach genutzt, um mit den angebotenen Gütern einen entsprechenden Erlebniswert zu verbinden. Der Wunsch nach einem Erlebnis kann je nach der Persönlichkeit des Verbrauchers verschieden ausgeprägt sein. Einer „verständigen“ Interpretation sind diese subjektiven Wünsche nicht zugänglich. Die Subjektivität der Erlebniswünsche ist ein weiters Argument dafür, daß das Konzept des verständigen Verbrauchers nicht dazu geeignet ist, das wirkliche Konsumentenverhalten wiederzugeben.

Selektive Verzerrungen beim Verbraucher, die ebenfalls in seiner Persönlichkeit begründet sind, führen zusätzlich dazu, daß er einigen Informationen zugänglicher ist als anderen[521]. Unvorhersehbare situative Faktoren können darüber hinaus dazu führen, daß der Verbraucher das von ihm als beste Alternative wahrgenommene Produkt doch nicht auswählt, sondern sich für ein anderes Gut entscheidet[522].

Verzerrungen in der Wahrnehmung und irrationale Verhaltensweisen der Konsumenten sprechen folglich gegen die Verwendung des Konstruktes des verständigen Verbrauchers. Auch wenn diese Erkenntnis nicht auf Güter des täglichen Bedarfs beschränkt ist, so läßt sich tendenziell doch feststellen, daß bei einem wichtigen und teuren Kauf die Anzahl der zu Rate gezogenen rationalen Argumente zunimmt[523]. Dem allerdings folgt spiegelbildlich, daß die Rationalität und das Informationsniveau von Konsumentscheidungen bei Gütern des täglichen Bedarfs sehr gering sein können.

Demzufolge ist für den Bereich des privaten Konsums das Konzept des verständigen Verbrauchers zu modifizieren. Wir wollen unter einem verständigen Ver-

---

519 Vgl. Vahlens Großes Wirtschaftslexikon l.c., Band 4, S. 1892f.

520 Kroeber-Riel nennt in diesem Zusammenhang das Streben nach Prestige, Geselligkeit, Geborgenheit, Abwechslung, Erfolg, Überlegenheit und Jugendlichkeit als Beispiele ; vgl. Kroeber-Riehl l.c., S. 141.

521 Vgl. Kotler/Bliemel l.c. S. 299.

522 Vgl. Kotler/Bliemel l.c. S. 315.

523 Vgl. Kotler/Bliemel l.c., S. 304.

braucher also nicht den rational handelnden Konsumenten verstehen, der seine Auswahlentscheidung auf Basis eines Vergleichs objektiver Kriterien fällt.

Es soll jedoch eine andere Einflußgröße außer Betracht bleiben. Die Auswahlentscheidung ist nicht allein von dem subjektiv wahrgenommenen Produktnutzen abhängig, sondern auch von Affekten[524]. So kann sich ein Mann dafür entscheiden, statt einer Zeitung ein kosmetisches Erzeugnis zu kaufen, weil in dieser Abteilung des Kaufhauses eine attraktive Verkäuferin tätig ist. Affekte können dazu führen, daß eine Auswahl nicht am wahrgenommenen Nutzen oder Erlebniswert, sondern an situativen Faktoren orientiert wird. In diesem Fall sind Urteile über die Austauschbarkeit von Gütern ohne Bedeutung, weil der wahrgenommene Produktnutzen in den Hintergrund tritt. Diese Ausnahmesituation soll für eine Beurteilung über die Austauschbarkeit von Gütern außer Betracht bleiben, weil sie nicht auf einem tatsächlichen Wettbewerbsverhältnis der Güter beruht.

Wir wollen den verständigen Verbraucher privater Konsumgüter wie folgt definieren:

Der verständige Verbraucher im Bereich des privaten Konsums ist in seinem Urteil über die Austauschbarkeit von Gütern nicht frei von verzerrenden Einflüssen bei der Produktwahrnehmung. Er trifft seine Auswahlentscheidung trotz dessen verständig nach dem subjektiv empfundenen Nutzen oder Erlebniswert, ohne dabei von Affekten beeinträchtigt zu werden.

(Definition 4-1)

bb.) Investitionsgüter

Wir wollen uns nun näher mit der Frage beschäftigen, ob sich das für den privaten Verbraucher konstatierte Auswahlverhalten auf den Bereich der Investitionsgüter übertragen läßt.

Der industrielle Markt setzt sich aus allen Individuen und Organisationen zusammen, die für die Produktion von Gütern und Dienstleistungen, die verkauft, vermietet oder auf sonstige Weise anderen zur Verfügung gestellt werden, selbst Güter oder Dienstleistungen erwerben[525].

Ein wesentliches Merkmal von Investitionsgütermärkten ist die Professionalität der Einkäufer. Diese verfügen von Berufs wegen über umfangreiche Kenntnisse

---

[524] Vgl. Nieschlag/Dichtl/Hörschgen l.c., S. 105.
[525] Kotler/Bliemel l.c., S. 328.

über das Marktangebot. Während in privaten Haushalten regelmäßig nur ein oder zwei Personen die Entscheidungen über einen Kauf treffen, sind am industriellen Beschaffungsprozeß regelmäßig eine Vielzahl von Personen beteiligt, die die in Betracht kommenden Investitionen hinsichtlich der technischen Details, dem Preis, der zu erwartenden Effektivverzinsung und der Amortisationsdauer prüfen[526].

Industrielle Abnehmer unterhalten Beschaffungsteams, um den Einfluß subjektiver Faktoren zu minimieren und ein größtmögliches Maß an Objektivität bei der Kaufentscheidung zu erreichen.

Dieses führt zu einem erhöhten Maß an Rationalität bei der Kaufentscheidung. Die Professionalität des Beschaffungsteams und die Interaktion seiner Mitglieder haben zur Folge, daß Auswahlentscheidungen tatsächlich im Sinne eines rational handelnden und gleichermaßen verständigen Verbrauchers getroffen werden. Dieses Team wird Investitionen mit vergleichbarer technischer Spezifikation wie auch Nutzbarkeit und einer ähnlichen Effektivverzinsung für als miteinander austauschbar ansehen. Demzufolge läßt sich im industriellen Bereich tatsächlich von einem Ähnlichkeitsurteil auf die Austauschbarkeit schließen. Im Fall professioneller Abnehmer ist das Konzept des verständigen Verbrauchers damit in aller Regel ohne Modifikation anwendbar.

cc.) Konsequenzen für eine wettbewerbsorientierte Marktabgrenzung

Um den Markt als Spiegelbild der tatsächlichen Wettbewerbsverhältnisse abgrenzen zu können, ist es notwendig, die wirklichen Marktverhältnisse zu berücksichtigen. In diesem Sinne sind vereinfachende Annahmen über das Verbraucherverhalten grundsätzlich unzulässig.

Für den privaten Abnehmer wurde gezeigt, daß er sich keineswegs rational verhalten muß. Dieses liegt hauptsächlich an der mangelnden Objektivität seiner Informationskanäle und dem unterschiedlichen Informationsniveau über die verschiedenen Alternativen. Auch wenn die Rationalität mit steigender Bedeutung und höherem Preis des Gutes zunimmt, ist dieses noch keine Garantie für objektive Auswahlentscheidungen bei diesen Gütern. Für den privaten Konsum sind daher beim geringsten Zweifel über das Verbraucherverhalten empirische Untersuchungen erforderlich.

---

[526] Dieses Beschaffungsteam besteht aus allen Personen, die am Kaufentscheidungsprozeß beteiligt sind, dabei eine Reihe von gemeinsamen Zielen verfolgen und die aus den Entscheidungen resultierende Risiken gemeinsam tragen; vgl. Webster/Wind, Organizational Buying Behavior, 1. Auflage, Englewood Cliffs (N.Y.) 1972, S.6.

Etwas anderes gilt für industrielle Abnehmer. Hier sind Auswahlentscheidungen durch professionelle Einkäufer und deren Interaktion in einem Beschaffungsteam regelmäßig von einem hohen Maß an Rationalität geprägt. Nur wenn erhebliche Zweifel an dieser Rationalität bestehen, sind weitere Untersuchungen erforderlich. In der Regel wird die Sicht des fiktiven verständigen Verbrauchers ein hohes Maß an Kongruenz mit der Sichtweise des Beschaffungsteams aufweisen.

d.) Zusammenfassung

Bevor eine systematische und vor allem wettbewerbsbezogene Marktabgrenzung entwickelt werden kann, war die Klärung einiger grundsätzlicher Fragen erforderlich. Wir können die Erkenntnisse dieses Abschnittes wie folgt zusammenfassen:

- Ausbeutungs- und Behinderungsmißbrauch unterscheiden sich in ihren möglichen Auswirkungen. Während ersterer regelmäßig auf einen relevanten Markt beschränkt bleibt, kann letzterer sich genauso auf angrenzende Märkte erstrecken. Dieses zu berücksichtigen, wird zu den Aufgaben einer systematischen Marktabgrenzung gehören;
- Aufgrund sich wandelnder Erwartungen bezüglich der Effektivverzinsung des eingesetzten Kapitals sind die Marktgrenzen fließend. Demzufolge ist potentieller Wettbewerb dann als Bestandteil des relevanten Marktes anzusehen, wenn seine spätere Manifestation als wahrscheinlich erscheint;
- Das Konstrukt des verständigen Verbrauchers ist zumindest für den privaten Konsumenten nicht haltbar. Beim geringsten Zweifel an der Rationalität einer Auswahlentscheidung sind empirische Erhebungen des Verbraucherverhaltens unverzichtbar. Nur so läßt sich der Markt als Spiegelbild tatsächlich vorhandener Wettbewerbsverhältnisse abgrenzen.

2. Konzept einer wettbewerbsbezogenen Marktabgrenzung

Unbeantwortet ist bisher die Frage, ob es möglich ist, für die Abgrenzung relevanter Märkte eine systematische Vorgehensweise zu finden. Wie wir im zweiten Kapitel festgestellt haben, enthalten die hierzu vorgetragenen Ansätze aus der juristischen Lehre keinerlei konkrete Handlungsanweisungen.

Am Anfang des Einführungskapitels wurde konstatiert, daß ein wettbewerbsbezogener Markt aus den Elementen Abnehmer, Anbieter und den betreffenden Gütern besteht. Es soll nun untersucht werden, wie genau diese drei Elemente bei der Marktabgrenzung zu berücksichtigen sind.

a.) Das Entstehen von Märkten - die Verbraucherseite

Wir wollen unsere Untersuchung mit einer Analyse des Marktelementes der Abnehmer beginnen. Die Rechtsprechung stellt einige grundsätzliche Anforderungen an die Verbraucherseite:

„Er (sc. der relevante Markt) umfaßt nicht nur völlig gleichwertige Produkte, sondern alle Güter, die sich nach ihren Eigenschaften, ihrem Verwendungszweck und ihrer Preislage so nahe stehen, daß der verständige Verbraucher sie als für die Deckung eines bestimmten Bedarfs geeignet ansieht, nachdem er sie in berechtigter Weise abwägend miteinander verglichen und als austauschbar bewertet hat.“[527]

Diese Definition kann stellvertretend für die Vielzahl sich ähnelnder Formulierungen von nationalen und europäischen Organen und Gerichten herangezogen werden.

Das zitierte Urteil enthält zwei Informationen über die Verbraucherseite: Es soll sich um einen verständigen Verbraucher handeln, der darüber hinaus einen bestimmten Bedarf aufweist.

Zu dem Konzept des verständigen Verbrauchers wurde bereits im ersten Abschnitt dieses Kapitels Stellung genommen. Im folgenden soll untersucht werden, was unter einem „bestimmten Bedarf“ zu verstehen ist. Dieser soll zunächst nicht „unbestimmt“ sondern bereits „bestimmt“, also irgendwie konkretisiert sein.

Bedarf und Bedürfnis werden in der Literatur teilweise als synonym, teilweise aber auch als Begriffe verschiedenen Inhaltes verstanden[528]. Hierbei handelt es sich um ein rein terminologisches Problem. Für unsere Betrachtung sei unterstellt, daß beide Begriffe inhaltsgleich sind. Ein Bedürfnis wird allgemein als ein Zustand eines Mangels definiert, den ein Individuum zu überwinden sucht und den es als Mangel erlebt[529].

Wir wollen uns nochmals Abbildung 4-1 zuwenden[530]. In dem Moment, in welchem ein Mangel aktiv empfunden wird, wird er zur Motivation. Motive wiederum haben nach allgemeiner Ansicht emotionale und kognitive Komponen-

[527] WUW/E OLG, Sachs, 1745ff. (1748).
[528] Vgl. Stein, Bedarf und Bedürfnisse, in: HdSW, Band 1, Göttingen 1956, S. 707ff.
[529] Das Große Lingen Universallexikon l.c., Band 2, S. 447.
[530] Vgl. oben in diesem Kapitel Nr. 4 1 c.) aa.).

ten[531]. Die emotionale Komponente löst den zur Abhilfe des Mangels erforderlichen Handlungsablauf aus, während die kognitive Komponente die Grundlage für die Zielrichtung der Handlung bildet. Der kognitive Anteil seinerseits wird von zwei Einflußgrößen bestimmt[532]:

- vom subjektiv wahrgenommenen Ziel-Mittel-Zusammenhang;
- vom subjektiv vorausgesetzten Befriedigungswert der Zielerreichung.

So wird beispielsweise die Bereitschaft, ein Geschenk zu kaufen, maßgeblich von der Erwartung beeinflußt, daß Kauf und Übergabe zu dem Ergebnis „Freude und Anerkennung des Beschenkten" führen. Das Ziel ist die Reaktion des Beschenkten, das ausgewählte Geschenk das damit korrespondierende Mittel. Der erwartete Befriedigungswert ist davon abhängig, wie wichtig und angenehm dem Schenker dieses Ergebnis ist[533].

Es ist grundsätzlich möglich, daß verschiedene Objekte als Mittel gleichermaßen geeignet sind. Als Geschenk können ein Blumenschmuck oder ein Buch in Betracht kommen. Im industriellen Bereich stellen für mehlverarbeitende Betriebe Bezyolperoxid, Kaliumbromat und diverse Vitaminmischungen alternative Mehlzusätze dar.

Umgekehrt kann ein und dasselbe Objekt aber auch zur Befriedigung unterschiedlicher Bedürfnisausprägungen dienen. Im Fall ECS/AKZO hatten beispielsweise einige Abnehmer den Bedarf nach einem Mehlzusatz, die anderen jedoch nach einem Kunststoffkatalysator. Beide Bedürfnisse ließen sich durch Bezyolperoxid gleichermaßen erfüllen. Die jeweiligen Substitute für Benzyolperoxid waren jedoch nicht gleichermaßen als Mittel für beide Abnehmertypen geeignet. Für die Verwender der Mehlzusätze beinhalteten die alternativen Kunststoffkatalysatoren vermutlich gar keinen Nutzenwert.

Demzufolge ist die kognitive Komponente der Motivation bei beiden Gruppen der Bezyolperoxidverwendern unterschiedlich strukturiert. Damit erweist sich die beiden Gruppen als geeignet erscheinende Befriedigungsmöglichkeit durch Benzyolperoxid nur als zufällige Überschneidung bei ansonsten vollkommen heterogenen Motiven. Dieses soll im folgenden näher untersucht werden.

Dabei wollen wir in einem ersten Schritt die Bedürfnisstruktur eines einzelnen Individuums untersuchen. Diese ist für die Markabgrenzung aber nur von untergeordneter Bedeutung. Die Marktnachfrageseite besteht regelmäßig aus einer Vielzahl von Individuen mit ähnlicher Bedürfnisstruktur. In einem zweiten

---

[531] Vgl. Trommsdorf, Konsumentenverhalten, 2. Auflage, Köln 1993, S. 112.
[532] Vgl. Kroeber-Riehl l.c., S. 134.
[533] Vgl. Kroeber-Riehl l.c.

Schritt ist daher darauf einzugehen, wie Individuen mit ähnlicher Bedürfnisstruktur zur Abnehmerseite eines Marktes zusammengefaßt werden können.

aa.) Die Bedürfnisstruktur eines Individuums

Der Mensch als Individuum wird zu verschiedenen Zeiten von verschiedenen Bedürfnissen motiviert, für die er sodann Befriedigung sucht[534].

In der Literatur besteht ein grundsätzlicher Konsens darüber, daß die Motivation in eine „niedere" und eine „höhere" Stufe unterteilt werden kann. Die „niederen" Motivationen sind physiologisch bedingt und sind auf biologisch vorprogrammierte Emotionen und Triebe zurückzuführen. Die höheren Motivationen sind demgegenüber psychisch bedingt und entspringen häufig erlernten gesellschaftlichen Gepflogenheiten[535].

Ein Mensch versucht stets, die Bedürfnisse der unteren Stufe zuerst zu verwirklichen. Sobald dieses zu einem großen Teil gelingt, wird er durch die Bedürfnisse der nächsten Stufe motiviert, während die untere Stufe für ihn an Bedeutung verliert. Erst wenn die auf Grundbedürfnisse gerichtete Motivation in einem ausreichenden Maß Befriedigung gefunden hat, richten sich die Wünsche des Konsumenten auf zusätzliche ästhetische Erlebnisse[536]. In diese Rangordnung fügen sich die am Markt angebotenen Produkte und Dienstleistungen ein.

Sie können einfache Bedürfnisse wie z.B. den Hunger befriedigen, oder eine Kombination aus „höheren" und „niederen" Motiven, wie zum Beispiel Pelzmäntel, die neben der Funktion des Schutzes des Individuums vor dem Witterungseinfluß auch das Streben ihres Trägers nach Eleganz, Prestige und Erlebnis erfüllen sollen.

---

[534] Nach Maslow sind die menschlichen Bedürfnisse je nach ihrer Dringlichkeit in einer hierarchischen Struktur angeordnet. Als elementarste Bedürfnisse gelten hiernach die physiologischen Grundbedürfnisse wie z.B. Hunger und Durst. Es folgen zweitens die Sicherheitsbedürfnisse wie der Schutz der Person und drittens soziale Bedürfnisse nach Liebe und Zugehörigkeit. Die vierte Stufe bildet das Ziel nach der Wertschätzung der anderen Individuen. Als höchste Bedürfnisstufe steht schließlich das Ziel nach persönlicher Selbstverwirklichung; vgl. Maslow, Motivation and Personality, 1. Auflage, New York 1954, S. 80ff.
Diese Hypothesen konnten empirisch nicht belegt werden und sind in der psychologischen Literatur auf erheblichen Widerspruch gestoßen. Hall sieht in der mangelnden empirischen Absicherung der Hypothesen den Versuch Maslows, ein ideologisch geprägtes, humanistisches und emanzipatorisches Menschenbild zu etablieren; vgl. Hall/Lindzey, Theorien der Persönlichkeit, 1. Auflage, München 1978, Band 1, S. 365ff.

[535] Vgl. Kroeber-Riehl l.c., S. 135f.

[536] Vgl. Kroeber-Riehl l.c., S. 136f.

Für die Auswahl eines Gutes ist die Ziel-Mittel-Wahrnehmung des Konsumenten von zentraler Bedeutung. Der erwartete Befriedigungswert bestimmt dagegen die Stärke der Motivation.
Die Ziel-Mittel-Wahrnehmung wird durch Lernprozesse gesteuert[537]. Für den privaten Konsumenten sind dabei sein soziales Umfeld und seine bisherige Erfahrung genauso wie Werbung und Marketing die den Lernprozeß beeinflussenden Faktoren. Demgegenüber wird der Lernprozeß in einem industriellen Beschaffungsteam durch die Interaktion seiner Mitglieder maßgeblich determiniert.

Die Vermögensverhältnisse begrenzen die Konsummöglichkeiten des Individuums. Das Ausmaß des empfundenen Mangels als Pendant zum Befriedigungswert einer Aktivität bestimmt den Anteil am verfügbaren Gesamtbudget, der einer Konsumaktivität zukommt. Das Individuum sucht für diesen Budgetanteil den größtmöglichen Nutzen, sei es in Form eines funktionalen Nutzens oder in Form eins subjektiven Erlebniswertes. Es wird Güter für miteinander austauschbar ansehen, die ihm etwa das gleiche Ausmaß an Befriedigung für einen vergleichbaren Budgeteinsatz bieten.

Um hier zu aussagefähigen Ergebnissen über die Austauschbarkeit gelangen zu können, ist es erforderlich, die Nachfrageseite des Marktes homogen abzugrenzen. Nur Individuen mit vergleichbaren Urteilen über die Austauschbarkeit von Gütern können ein valides Bild erzeugen.

Der Millionär wird andere Geschenke in Betracht ziehen, als der Arbeitslose. Beide zusammen können kein adäquates Bild über die Austauschbarkeit von alternativen Geschenkmöglichkeiten abgeben. Ebenso verhält es sich mit unseren Verwendern von Mehlzusätzen: Sie ziehen die für Bezyolperoxid alternativ einsetzbaren Kunststoffkatalysatoren nicht als brauchbaren Ersatz in Betracht. Verwender von Mehlbleichmitteln und die Erzeuger von Kunststoffen können bei gemeinsamer Betrachtung keine sinnvolle Aussage über die Austauschbarkeit von Bezyolperoxid ermöglichen.

Es ist also die Ziel-Mittel-Wahrnehmung des Individuums, welche die alternativen Befriedigungsmöglichkeiten für ein Bedürfnis festlegt. Nur solche Güter, die einen in etwa vergleichbaren Nutzen versprechen, erscheinen dem Individuum als miteinander austauschbar.

In seinem Urteil hat das Gericht mit dem Bezug auf einen „bestimmten Bedarf" nicht auf höhere oder niedere Bedürfnisse als solche abgestellt. Es existiert weder ein Markt für physiologische Grundbedürfnisse noch ein Markt für Le-

[537] Vgl. Kroeber-Riehl l.c., S. 137.

bensmittel im allgemeinen. Offensichtlich verlangt das Attribut „bestimmt" einen höheren Grad an Konkretisierung.

Die Konkretisierung eines Bedürfnisses durchläuft mehrere Stadien. Das erste Stadium der Konkretisierung ist der empfundene Mangel, wie beispielsweise der Hunger. Die Bedürfniskonkretisierung kann dann beispielsweise folgende Stadien durchlaufen: Das Individuum empfindet um 11 Uhr vormittags Hunger. Es hat vermutlich den Bedarf nach einer kleinen Mahlzeit. Diese soll nicht warm, sondern kalt und erfrischend sein. Geeignet erscheint dem Individuum Obst. Am Tresen eines Supermarktes wählt es aus der Vielzahl vorhandener Angebote eine Banane aus. Ein „bestimmter" Bedarf im Sinne des Kammergerichts muß bereits hinreichend genau konkretisiert sein. So wäre die Konkretisierungsstufe „Nahrung" nicht ausreichend. Hier wäre der Bedarf wohl eher im Sinne der Warenkategorie „Obst" zu definieren.

Der Wunsch nach einer Banane manifestiert sich erst auf der letzten Stufe der Konkretisierung[538]. Festzustellen ist demnach, daß nicht das Bedürfnis an sich, sondern erst der konkretisierte Wunsch die Ursache einer spezifischen Nachfrage ist. Nur so läßt sich die Definition in Einklang mit dem Austauschbarkeitsurteil des Verbrauchers bringen. Einem Bedürfnis können verschiedene Wünsche nach konkreten Gütern entspringen. Es ist danach zu fragen, welche der in Frage kommenden Konkretisierungen dem Individuum als vergleichbare Wünsche und somit austauschbar erscheinen.

Bereits im zweiten Kapitel wurde die Ansicht, man könne die Austauschbarkeit im Hinblick auf einen gleichen Verwendungszweck bestimmen, diskutiert[539]. Der Grund, warum diese Ansicht abzulehnen ist, liegt auch darin, daß sie systemwidrig Bedürfnisse und Wünsche vermengt. Der Verwendungszweck „Geschenk" ist ein nicht näher konkretisiertes Bedürfnis. Letzteres ist gleichsam unbestimmt im Sinne des Kammergerichts. Ob ein Gut im Einzelfall mit anderen Konkretisierungen austauschbar ist, ist eine Frage vergleichbarer Wünsche und muß empirisch untersucht werden:

In unserem eingangs genannten Beispiel suchen sowohl der Millionär als auch der Arbeitslose ein Geschenk. Trotz dessen haben beide ganz andere Wünsche. Der bloße Verwendungszweck als Geschenk läßt aber noch keine Aussage dar-

---

[538] Kotler konstatiert in diesem Zusammenhang: „Wünsche sind das Verlangen nach konkreter Befriedigung. (...) Während der Mensch nur wenige Bedürfnisse hat, sind seine Wünsche zahlreich. Diese Wünsche werden durch das Einwirken gesellschaftlicher Kräfte und Institutionen - Kirchen, Schulen, Familie und Wirtschaftsunternehmen - kontinuierlich geformt und umgestaltet. Unter Nachfrage ist der Wunsch nach spezifischen Produkten zu verstehen, begleitet von der Fähigkeit und der Bereitschaft zum Kauf."; vgl. Kotler/Bliemel l.c., S. 8.

[539] Vgl. oben Kapitel 2 Nr. 1.

über zu, ob die betrachteten Güter auch miteinander austauschbar sind. Dem Millionär werden die Geschenkideen des Arbeitslosen vermutlich als ärmlich erscheinen, während letzterer sein Budget durch Auswahl der Geschenke des Wohlhabenden sicherlich hoffnungslos überfordern würde.

Bei ECS und AKZO handelt es sich um Individuen in Gestalt von Unternehmen. Wie wir bereits gesehen haben, kann man die Substitutionsmöglichkeiten eines Individuums problemlos feststellen, ohne eine Aggregation vornehmen zu müssen. Ganz anders liegt es jedoch im Falle einer unbestimmten Vielzahl von Konsumenten. Hier sind aus einer heterogen strukturierten Gruppe Teilgruppen mit möglichst homogenen Austauschbarkeitsurteilen zu bilden. Jede dieser Teilgruppen bildet dann die Nachfrageseite eines für sich geschlossenen relevanten Marktes. Wir wollen uns im folgenden Abschnitt näher mit dieser Problematik auseinandersetzen.

bb.) Die Nachfrageseite des relevanten Marktes

Nach dem Urteilstenor soll der Verbraucher die Güter des gleichen relevanten Marktes als austauschbar bewertet haben. Diese Bewertung soll nicht von einem einzelnen, sondern von einer Vielzahl von Verbrauchern abgegeben werden. Wir haben konstatiert, daß hierfür homogene Strukturen in dem Urteil über eine solche Austauschbarkeit gegeben sein müssen. Verbraucher mit unterschiedlichen Austauschbarkeitsurteilen sind verschiedenen Märkten zuzuordnen, weil ihre Aggregation keine sinnvollen Ergebnisse erwarten läßt.

Wir wollen dieses in Beziehung zu der von Kotler[540] getätigten Feststellung setzen: Die Ausprägung der Wünsche ist vom sozialen Umfeld des Individuums abhängig. Dieses Umfeld prägt die Präferenzen. Letztere wiederum bestimmen, welcher Mangel vom Individuum mit der höchsten Priorität bewertet wird. Insofern determiniert das soziale Umfeld genauso wie die daraus entstandene, sich kontinuierlich fortentwickelnde Persönlichkeit eines Individuums den empfundenen Befriedigungswert eines Gutes.

Wenn aber die Wünsche in ihrer konkreten Ausprägung insgesamt vom Umfeld abhängig sind, so muß dieses auch für die Ziel-Mittel-Wahrnehmung gelten. Von einem ähnlichen Umfeld kann somit auf eine grundsätzlich vergleichbare Ziel-Mittel-Wahrnehmung geschlossen werden. Eine ähnliche Ziel-Mittel-Wahrnehmung bedingt ihrerseits ähnliche Urteile über die Austauschbarkeit von Gütern, wenn für ein Gut von mehreren Individuen ein einheitlicher Befriedigungswert empfunden wird. Mit anderen Worten: Das Urteil über die Austauschbarkeit von Gütern ist vom sozialen Umfeld des Individuums abhängig.

---

[540] Vgl. o. Fn. Nr. 538.

Für den industriellen Bereich ist diese Aussage insofern zu modifizieren, als daß die Austauschbarkeitsurteile des Beschaffungsteams von dem Tätigkeitsbereich des Unternehmens abhängig sind.

Folglich müssen in dieser Hinsicht homogene Gruppen von Individuen zusammengestellt werden. Im Fall ECS/AKZO ist dieses recht einfach. Ein Hersteller von Mehlzusätzen hat ähnliche Vorstellungen über die Austauschbarkeit von Benzyolperoxiden wie andere Hersteller von Mehlzusätzen. Ebenso verhält es sich mit den Herstellern von Kunststoffkatalysatoren. Beide Gruppen lassen sich nur getrennt betrachten. Demzufolge gehören beide Gruppen unterschiedlichen relevanten Märkten an.

Für den privaten Konsumenten ist diese Feststellung ungleich schwieriger. Die Feststellung, welche Individuen bezüglich ihrer Geschenkwahl zusammenzufassen sind, kann nicht intuitiv getätigt werden. Am Anfang einer solchen Betrachtung muß zunächst die Erkenntnis stehen, daß eine vollkommene Homogenität in den Austauschbarkeitsurteilen nicht erreicht werden kann. Kein Individuum gleicht vollkommen dem anderen. Genauso wenig existieren Individuen mit vollkommen identischen Präferenzen. Insofern müssen Gruppen mit möglichst homogenen Austauschbarkeitsurteilen gefunden werden. Wir wollen die Abnehmerseite eines relevanten Marktes daher wie folgt definieren:

Die Nachfrageseite eines relevanten Marktes bilden diejenigen natürlichen oder juristischen Personen, die hinsichtlich der Austauschbarkeit der von ihnen gewünschten Güter untereinander möglichst homogene und im Verhältnis zu anderen Individuen möglichst heterogene Beurteilungsstrukturen aufweisen.

(Definition 4-2)

Die betriebswirtschaftliche Wissenschaft bezeichnet die analytische Aufteilung eines Absatzmarktes in intern homogene und extern heterogene Abnehmergruppen als Marktsegmentierung[541].

Abnehmer lassen sich grundsätzlich durch folgende Kriterien in unterschiedliche Segmente einteilen:

- Demographische Merkmale, wie z.B. Geschlecht, Alter, Familienstand, Haushaltsgröße, Einkommen, Beruf, Ausbildung und Wohnort. Nachteil einer solchen Marktsegmentierung ist die geringe Verhaltensrelevanz der einzelnen Merkmale [542];

541 Vgl. Vahlens Großes Wirtschaftslexikon l.c., Band 3, S. 1409.
542 Vgl. Becker l.c., S. 230.

- Psychographische Merkmale, wie allgemeine Persönlichkeitsmerkmale, Einstellungen, Nutzen-Erwartungen, Lebensstil und Lebensgewohnheiten. Eine solche Einteilung der Abnehmer zeichnet sich durch eine große Verhaltensrelevanz aus[543].

Von der Ausprägung einzelner demographischer Merkmale läßt sich kaum auf Austauschbarkeitsurteile schließen. Man kann die Summe der demographischen Merkmale jedoch dazu verwenden, das Individuum einer bestimmten sozialen Schicht zuzuordnen. Unter Schichtung einer Gesellschaft ist die gedankliche Einteilung ihrer Mitglieder in Gruppen zu verstehen, die sich in ihrem sozialen Status unterscheiden[544]. Zwischen den einzelnen Schichten lassen sich deutliche Unterschiede beim Auswahlverhalten beobachten. Amerikanische Studien haben beispielsweise gezeigt, daß Angehörige der unteren sozialen Schichten für manche Güter höhere Preise zahlen, als Angehörige höherer Schichten[545]. Der Grund hierfür dürfte in einer geringeren Bereitschaft und Fähigkeit zur Informationsaufnahme sowie in einer besonderen Präferenz für Markenartikel zu sehen sein.

Die Ausprägung der psychographischen Merkmale ist häufig auf den Kulturkreis des Individuums zurückzuführen. Zwischen unterschiedlichen Kulturkreisen läßt sich ein kulturspezifisches Verbraucherverhalten feststellen. Dieses wird wesentlich durch Traditionen, kulturelle Normen, Lebensstile sowie Denk- und Verhaltensmuster bestimmt[546]. Derartige Prägungen sind regelmäßig internalisiert, werden also von den Angehörigen eines Kulturkreises nicht bewußt realisiert. Die kulturelle Gruppenzugehörigkeit bedingt in einem besonderen Maß die Bewertung von Gütern und deren Austauschbarkeit.

Demnach sind für die Ermittlung von hinsichtlich ihrer Austauschbarkeitsurteile homogenen Gruppen die psychographischen Marktsegmentierungskriterien außerordentlich wichtig. Problematisch ist jedoch, daß die betriebswirtschaftliche Wissenschaft von einer einheitlichen Grundauffassung über die im Einzelfall relevanten Kriterien weit entfernt ist[547].

Allen hierzu vertretenen Ansichten gemein ist zumindest die Erkenntnis, daß es sich bei der Bildung sogenannter Verbrauchertypologien um ein mehrdimensio-

---

[543] Vgl. Becker l.c., S. 231.
[544] Vgl. Vahlens Großes Wirtschaftslexikon l.c., Band 4, S. 1858.
[545] Vgl. Vahlens Großes Wirtschaftslexikon l.c.
[546] Vgl. Vahlens Großes Wirtschaftslexikon l.c.
[547] Die Eignung allgemeiner Persönlichkeitsmerkmale für die Marktsegmentierung wird unterschiedlich eingeschätzt und außerordentlich kontrovers diskutiert. Teilweise wird vertreten, man könne die psychographischen Kriterien gar nicht heranziehen, sondern es seien vielmehr die verschiedenen Einstellungskomponenten der Individuen relevant; vgl. Becker l.c.

nales Problem handelt[548]. Nur durch die Berücksichtigung einer Vielzahl psychographischer wie auch demographischer Merkmale lassen sich Verbrauchertypen mit einer hinreichend homogenen Verhaltensstruktur bilden. Allein von solchen in sich homogenen Verbrauchertypen kann erwartet werden, daß sie auch bezüglich ihrer Austauschbarkeitsurteile hinreichend homogene Strukturen aufweisen.

cc.) Die Clusteranalyse

Als Verfahren zur Bildung von homogenen Teilgruppen ist in der betriebswirtschaftlichen Wissenschaft die Clusteranalyse entwickelt worden. Der Begriff bezeichnet zunächst nur die Tatsache, daß es sich hierbei um ein Verfahren zur Gruppenbildung handelt. Das zu bearbeitende Datenmaterial besteht im allgemeinen aus einer Vielzahl von Personen bzw. Objekten.

Ausgehend von diesen Daten besteht die Aufgabe der Clusteranalyse in der Zusammenfassung der Daten zu Gruppen mit einer weitgehend verwandten Eigenschaftsstruktur, die zu den anderen Gruppen möglichst wenig Ähnlichkeiten aufweisen[549]. Damit korrespondiert die Zielsetzung der Clusteranalyse mit der oben in Definition 4-2 aufgestellten Voraussetzung. Die Clusteranalyse ist darüber hinaus als Instrument zum Auffinden von Persönlichkeitstypen besonders geeignet[550].

Das Verfahren läßt sich systematisch in zwei grundlegende Ablaufschritte unterteilen[551]:

- Wahl des Proximitätsmaßes: Es werden zunächst für jeweils zwei Personen oder Objekte die Ausprägungen der Eigenschaften überprüft. Im Anschluß wird ein Zahlenwert festgelegt, der die Unterschiede bzw. die Übereinstimmung charakterisiert. Diese Zahl symbolisiert die Ähnlichkeit der Personen oder Objekte im Hinblick auf die untersuchten Merkmale;

- Wahl des Fusionierungsalgorithmus: Aufgrund der Ähnlichkeitswerte werden die Personen oder Objekte zu Gruppen zusammengefaßt, die sich in ihrer Eigenschaftsstruktur weitgehend ähneln.

Vor der Durchführung der eigentlichen Clusteranalyse sind zunächst die Merkmale festzusetzen, durch die die Personen oder Objekte adäquat beschrieben

[548] Vgl. so z.B. Becker l.c., S. 232.
[549] Vgl. Backhaus/Erichson/Plinke/Weiber, Multivariate Analysemethoden, 8. Auflage, Münster 1996, S. 262.
[550] Vgl. Backhaus et al. l.c., S. 263.
[551] Vgl. Backhaus et al. l.c., S. 262.

werden können. Hier können alle denkbaren Variablen herangezogen werden. Demographische Kriterien können genauso miteinbezogen werden wie psychographische Determinanten.

Für die Abgrenzung des relevanten Marktes bedeutet dieses, daß die involvierten Parteien im Zweifelsfall alle Kriterien mit einbeziehen können, die sie bei ihrer Zielgruppe als kennzeichnend vermuten. Es sind sowohl metrische als auch nicht-metrische Variablen zulässig.

Zur Festlegung des Proximitätsmaßes wird zunächst eine Matrix aufgestellt, in der die einzelnen Personen oder Objekte in den Zeilen und die beschreibenden Variablen in den Spalten stehen. Diese Rohdatenmatrix wird sodann in eine Distanz- oder Ähnlichkeitsmatrix überführt[552]. Letztere enthält die sogenannten Distanzwerte, die die Ähnlichkeiten zwischen den betrachteten Personen oder Objekten quantifizieren. Diese Distanzwerte werden auch als Proximitätsmaße bezeichnet. Abhängig vom gewählten Skalenniveau sind in der Praxis viele geeignete Proximitätsmaße für Nominal-Skalen[553] und metrische Skalen[554] entwickelt worden.

Als Ergebnis des ersten Schrittes werden alle Personen oder Objekte mit einer korrespondierenden Entfernung zu den anderen Personen oder Objekten in einem n-dimensionalen Raum verbunden. Die in der Distanzmatrix aufgeführten Werte bilden den Ausgangspunkt für die im Anschluß durchzuführenden Clusteralgorithmen, die die Gruppierung der gegebenen Objektmenge zum Ziel haben[555].

Der in der Praxis am häufigsten verwendete Fusionierungsalgorithmus ist das sogenannte agglomerative Verfahren, eine Unterform der polythetischen Methoden[556]. Dieser Algorithmus beinhaltet folgende Ablaufschritte:

---

552 Vgl. Backhaus et al. l.c., S. 264.

553 Auf eine mathematische Betrachtung der Proximitätsmaße soll im folgenden verzichtet werden. Für Nominal-Skalen bieten sich die Tanimoto-, M-, Kulczynski-, RR- und Dice-Koeffizienten an. Sie basieren allesamt auf einer binären Zerlegung der Merkmalsausprägungen; vgl. Backhaus et al. l.c., S. 265ff.

554 Die Betrachtung metrisch skalierter Daten ist weniger problematisch, weil hier ohne die Zerlegung der Merkmale in quasi-metrische Größen operiert werden kann. In diesem Zusammenhang haben sich die L_1- und L_2-Norm, die Mahalanobis-Distanz und der Q-Korrelations-Koeffizient als Proximitätsmaße durchgesetzt; vgl. Backhaus et al. l.c., S. 273ff.

555 Diese Algorithmen lassen sich ihrerseits in monothetische und polythetische Verfahren unterscheiden; vgl. Backhaus et al. l.c., S. 281.

556 Die existierenden Clusterverfahren sind Gruppentheoretische Verfahren, Hierarchische Verfahren (agglomerativ und divisiv), Partionierende Verfahren (Austausch- und Iteriertes Minimaldistanzverfahren), sowie allgemein als Optimierungsverfahren bekannte Methoden; vgl. Backhaus et al. l.c.

- Man geht von der kleinsten Partition aus. Dieses impliziert, daß zunächst jedes Objekt als eine einzelne Gruppe (Cluster) interpretiert wird;
- Man berechnet die Distanzen zwischen allen Objekten;
- Gesucht werden die beiden Cluster mit der kleinsten Distanz zueinander;
- Diese beiden Gruppen mit der größten Ähnlichkeit werden zu einem neuen Cluster zusammengefaßt;
- Man berechnet die Abstände zwischen der neuen und den übrigen Gruppen, um wieder diejenigen mit den geringsten Abständen zusammenzufassen[557].

Nach Abschluß der Verfahren zeigt das Ergebnis der Clusteranalyse folgendes charakteristisches Bild[558]:

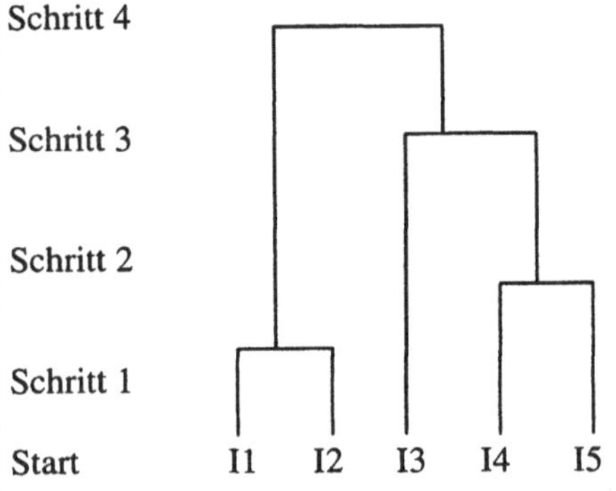

Abbildung 4-2: Ergebnisbaum der Clusteranalyse

Die Ausgangssituation besteht in dem in Abbildung 4-2 dargestellten Beispiel aus den Individuen I1 bis I5. I1 und I2 sind sich am ähnlichsten, weisen also die geringste Distanz zueinander auf. Sie werden in Schritt 1 in einer Gruppe zusammengefaßt. Genauso wird in Schritt 2 mit I4 und I5 verfahren. Im letzten Schritt schließlich werden die beiden Gruppen mit der größten Heterogenität, also der größten Distanz, zusammengefaßt.

Aufgabe einer Marktsegmentierung ist jedoch nicht, alle Individuen letztlich in einer großen Gruppe zusammenzufassen. Die Zielsetzung ist, homogene Gruppen zu bilden, die im Verhältnis zu anderen Gruppen möglichst heterogen sind. Dieses läßt sich bei den hierarchischen Verfahren berücksichtigen, ohne daß vorher Höchstabstände zwischen den Teilmengen willkürlich festgelegt werden müssen[559]. Interpretiert man die verschiedenen Schritte der Clusteranalyse als

---

557 Vgl. Backhaus et al. l.c., S. 286.

558 Für das agglomerative Verfahren existieren nochmals unterschiedliche Methoden: Single-, Complete-, Average-Linking, Centoid, Median und Ward.

559 Vgl. Nieschlag/Dichtl/Hörschgen l.c., S. 770.

eine Substitutionskette, so können etwa durch Verwendung eines Gütemaßes r^2 Trendbrüche identifiziert werden. Das Verfahren weist dann selbständig auf Vereinigungen hin, die im Verhältnis zu anderen Gruppierungen sehr große Distanzen aufweisen.
Das Verfahren der Clusteranalyse führt im Ergebnis dazu, daß aus einer heterogenen Gesamtmenge von Objekten homogene Teilgruppen gebildet werden. Es ist insbesondere bei einer Vielzahl von Konsumenten dazu geeignet, die Nachfrageseite eines relevanten Marktes zu identifizieren.

dd.) Zusammenfassung

In diesem Abschnitt wurde zunächst auf die Motivationsbildung von Individuen eingegangen. Unter einem „bestimmten Bedarf" im Sinne des Kammergerichtes ist ein hinreichend konkretisiertes Bedürfnis eines Individuums zu verstehen. Das Austauschbarkeitsurteil kann sich nur auf in Form von Gütern manifestierte Ausprägungen eines einheitlichen Bedürfnisses beziehen. Verbraucher mit ähnlichen Beurteilungsmaßstäben über die Austauschbarkeit von Gütern bilden die Nachfrageseite eines relevanten Marktes. Unter dieser Voraussetzung homogene Gruppen von Verbrauchern zu finden, kann sich im Einzelfall als schwierig erweisen. Das in der Betriebswirtschaft entwickelte multivariate Verfahren der Clusteranalyse kann zur Identifikation derartiger Teilmengen eingesetzt werden. Nachdem die Verbraucherseite abschließend analysiert worden ist, ergibt sich die vertikale Dimension einer Markt-Feld-Matrix:

S1
S2
...
...
Sn

S1 bis Sn sind die Gruppen von Verbrauchern mit in sich homogenen Beurteilungsstrukturen. Jede dieser Gruppen bildet die Nachfrageseite eines in sich geschlossenen Marktes. Ziel der nun folgenden Betrachtung wird sein, die damit korrespondierende horizontale Dimension der Markt-Feld-Matrix zu entwikkeln.

b.) Das Marktangebot

aa.) Die Unvollkommenheit des Angebots

Das Angebot ist als Reflex der Unternehmen auf die Wünsche der Verbraucher nicht vollkommen. Man kann sich ein Heilmittel gegen Multiple Sklerose oder ein Reisemittel wünschen, daß mit überhaupt keinem Zeitverlust verbunden ist. Der Markt ist, zumindest zum gegenwärtigen Zeitpunkt, jedoch nicht dazu in der Lage, diese Wünsche zu befriedigen. Er kann nur Medikamente zur Verfügung stellen, die die Symptome der Erkrankung lindern oder Reisemittel, die mit einem in Relation zu anderen Alternativen geringen Zeitverlust verbunden sind.

Darüber hinaus sind viele Bedürfnisse komplex strukturiert. Die am Markt angebotenen Güter können mitunter nur einen Teil des empfundenen Mangels befriedigen. Das Individuum wird danach streben, die Befriedigung des empfundenen Mangels zu maximieren, indem es diejenigen Güter mit dem von ihm wahrgenommenen größten Teilnutzen auswählt. Hierbei setzt das Einkommen des Individuums seinen Möglichkeiten zur Befriedigung eine Grenze.

Schließlich produzieren die Hersteller ihre Güter nicht im Hinblick auf den Bedarf eines einzelnen Individuums, sondern sie versuchen, den Durchschnitt des in ihrer Zielgruppe empfundenen Mangels möglichst maximal zu befriedigen.

Diese Gründe führen dazu, daß dem Individuum nach dem Erwerb eines oder einer Mehrzahl von Gütern häufig noch ein Restmangel verbleibt. Das Urteil über die Austauschbarkeit bedarf auch aufgrund des verschiedenen Befriedigungswertes einzelner Güter eindeutiger Bezugsobjekte. Dieses können nur die am Markt tatsächlich oder demnächst vorhandenen Güter sein. Das Individuum wird nur solche Güter für miteinander austauschbar ansehen, die ihm als mit einem ähnlichen, möglichst maximalen Nutzenwert verbunden erscheinen.

bb.) Definition der horizontalen Markt-Feld-Dimension

Den Verbrauchern sind die am Markt zur Befriedigung des Bedürfnisses vorhandenen sowie die in Kürze[560] erhältlichen Güter in konkreter Form zu präsentieren. Hierüber haben sie ihr Austauschbarkeitsurteil zu fällen. Nur auf diese Weise läßt sich ein realistisches Abbild der tatsächlich am Markt existierenden Wettbewerbsverhältnisse erzeugen.

[560] Vgl. oben in diesem Kapitel Nr. 1 b.).

Wir wollen die Angebotsseite der Markt-Feld-Matrix wie folgt definieren:

Die Angebotsseite der Markt-Feld-Matrix besteht aus der Summe derjenigen real oder nach einiger Wahrscheinlichkeit demnächst am Markt vorhandenen Güter, die zur Befriedigung des empfundenen Mangels zumindest in einer der Verwendungsmöglichkeiten des vom Verfahren betroffenen Gutes als grundsätzlich geeignet erscheinen.

(Definition 4-3)

Auf den Fall ECS/AKZO übertragen bedeutet dieses: Bezyolperoxid ist im wesentlichen als Mehlbleichmittel und als Kunststoffkatalysator zu verwenden. Für beide Verwendungsmöglichkeiten sind alle denkbaren Substitute zu ermitteln. Alle auf diese Weise gefundenen Erzeugnisse bilden die Angebotsseite der Markt-Feld-Matrix.

cc.) Die adäquate Beschreibung von Gütern

Nachdem alle denkbaren Einsatzmöglichkeiten von Gütern sowie deren Substitute ermittelt worden sind, müssen letztere in einer für die Verbraucher adäquaten Art und Weise beschrieben werden. Der Verbraucher soll dazu in der Lage sein, ein abschließendes Urteil über die Austauschbarkeit zu fällen. Im Fall einfacher chemischer Verbindungen, wie Benzyolperoxid, ist dieses verhältnismäßig leicht zu bewerkstelligen. Ungleich schwieriger wird es, wenn ein Gut durch eine Vielzahl von Merkmalen und deren Ausprägungen beschrieben werden kann.

Ein Beispiel hierfür sind die im letzten Kapitel bereits angesprochenen Dienstleistungen aus dem Tourismusbereich. Selbst wenn man auf die heute handelsüblichen Pauschalarrangements abstellt, kommt man auf eine schier unüberschaubare Anzahl von möglichen Merkmalen wie z.B. Reiseziel, Jahreszeit, Preis, Transportmittel, notwendige Visa, erforderliche Impfungen, Risiken, kulturelle Inhalte, Landessprache, akzeptierte Zahlungsmittel am Zielort, Komfort, Behindertengerechtigkeit, Erholungswert. Diese Aufzählung ließe sich praktisch unbegrenzt fortsetzen. In der Kombination ergeben bereits diese Merkmale mit ihren jeweiligen Ausprägungen einige Millionen unterschiedlicher Reisen.

Der Vergleich aller Alternativen ist dem Verbraucher offensichtlich unzumutbar. Allerdings sind einige Merkmale für den Reisenden wichtiger als andere. So wird der Zielort der Reise vermutlich stärker ins Gewicht fallen als der Standort des frequentierten Reisebüros. Um die Anzahl der unterschiedlichen

Reisetypen für den Verbraucher in einem für das Austauschbarkeitsurteil akzeptablen Rahmen halten zu können, ist es erforderlich, die Anzahl der Merkmale zu reduzieren.

dd.) Die Conjoint-Analyse

Die Conjoint-Analyse dient der Beantwortung der Frage, welchen Beitrag einzelne Komponenten bei der Bewertung von Objekten leisten. Im Rahmen dieses Verfahrens werden aus empirisch erhobenen globalen Urteilen über multiattributive Alternativen die spezifischen Beiträge einzelner Attribute für das Globalurteil ermittelt[561].

Bei der Conjoint-Analyse werden also nicht Einzelurteile über die Wichtigkeit von Eigenschaften oder ihrer Ausprägungen abgegeben, sondern es wird umgekehrt der Beitrag einzelner Attribute aus dem Gesamturteil herauspartialisiert. Die Conjoint-Analyse ist damit zur Gruppe der dekompositionellen Verfahren zu rechnen[562]. Letztere haben im Gegensatz zu den auf attributiven Einzelurteilen beruhenden kompositionellen Verfahren den Vorteil, daß der Proband nicht einzelne Attribute, sondern Produktganzheiten beurteilen muß. Dieses führt zu einem größeren Realitätsbezug[563] und damit zu Ergebnissen mit einem höheren Grad an Validität.

Die einzelnen Verfahrensschritte lassen sich wie folgt untergliedern[564]:

- Ermittlung der relevanten Eigenschaften und ihrer Ausprägungen;
- Zusammenstellung des Erhebungsdesigns;
- Bewertung der Stimuli;
- Schätzung der Nutzenwerte;
- Aggregation der Nutzenwerte.

Im ersten Schritt des Verfahrens sind die relevanten Eigenschaften und ihre jeweiligen Ausprägungen zu ermitteln. Die mit dem Gut grundsätzlich verbundenen Eigenschaften sind auf diejenigen zu reduzieren, die für die Auswahlentscheidung des Individuums von Bedeutung sind. In diesem Zusammenhang existieren unterschiedliche Verfahren, die zur Ermittlung der sogenannten „modalrelevanten" Merkmale geeignet sind[565]. Die ausgewählten Merkmale müssen

---

561 Vgl. Nieschlag/Dichtl/Hörschgen l.c., S. 787.
562 Vgl. hierzu auch Becker l.c., S. 160f.
563 Vgl. Nieschlag/Dichtl/Hörschgen l.c.
564 Vgl. hierzu Backhaus et al. l.c., S. 501ff.
565 Vgl. Weiber/Rosendahl, Anwendungsprobleme der Conjoint-Analyse, in: Marketing ZFP 2/1997, S. 107ff. (111).

durch den Hersteller beeinflußbar sein und in einer kompensatorischen Beziehung zueinander stehen[566].

Wir wollen uns wieder den oben als Beispiel angeführten Pauschalreisen zuwenden. Als erster Schritt zur Bestimmung des relevanten Marktes ist eine Clusteranalyse für alle denkbaren Abnehmer einer Pauschalreise durchgeführt worden. Das Ergebnis soll annahmegemäß sein, daß ein Konsumentencluster mit in sich in etwa homogenen Austauschbarkeitsurteilen über Pauschalreisen in der Gruppe der Studenten zu sehen ist.

Nun soll ermittelt werden, wie Pauschalreisen adäquat untergliedert werden können. Dazu sind zunächst die relevanten beschreibenden Eigenschaften zu isolieren.

Die Pauschalreisen waren durch eine Vielzahl von möglichen Eigenschaften gekennzeichnet. Der erste Schritt der Conjoint-Analyse isoliert die „modalrelevanten" Eigenschaften. Wir wollen annehmen, daß folgende fünf Eigenschaften für die Gesamtnutzenbewertung von Pauschalreisen durch die Studenten als besonders relevant beurteilt wurden: Reiseziel, Jahreszeit, Preis, Art des Transportmittels und die Dauer der Reise.

Im nächsten Schritt ist das Erhebungsdesign zu generieren. Das in diesem Zusammenhang übliche Verfahren ist die Profilmethode. Den Probanden werden bei dieser Methode Stimuli mit einer vollständigen Kombination von Eigenschaftsausprägungen zur Beurteilung vorgelegt. Unter einem Stimulus wird eine mögliche Kombination von Eigenschaftsausprägungen verstanden[567]. In unserem Beispiel soll sich das Ausgangsdesign wie in Abbildung 4-3 dargestellt konstituieren.

Die als relevant ermittelten Eigenschaften werden durch den „Faktor" operationalisiert. Die möglichen Ausprägungen werden durch die „Labels" als Zahlen kodiert.
Die folgende Conjoint-Analyse wurde mittels eines computergestützten Verfahrens mit dem Programm SPSS für Windows durchgeführt.

---

566 Vgl. Backhaus et al. l.c., S. 501. Grundsätzlich sollen im Rahmen der Conjoint-Analyse die Eigenschaften zusätzlich voneinander unabhängig sein. Wir wollen auf dieses Kriterium an dieser Stelle bewußt verzichten, da voneinander abhängige Eigenschaften die zu präsentierenden Produktkonzepte ergeben können; vgl. hierzu die Ausführungen über die anschließende Faktorenanalyse unten in diesem Kapitel Nr. 2 b.) ee.).
567 Vgl. Backhaus et al. l.c., S. 503.

Faktor	Wert	Label
Preis	1	bis 2.000,--
	2	über 2.000,--
Transportmittel	1	ohne Präferenz
	2	Flugzeug
Dauer	1	bis eine Woche
	2	mehr als eine Woche
Ziel	1	weltweit
	2	Europa
	3	Deutschland
Zeit	1	Semesterferien
	2	o. Bedeutung

Abbildung 4-3: Ausgangsdesign

Zunächst ist festzustellen, daß auch im Rahmen dieser sechs Eigenschaften immer noch 48 verschiedene Reisen kombinierbar sind. Die Beurteilung einer derartigen Menge von Stimuli kann den Rezipienten nicht ohne verzerrende Wirkung zugemutet werden. Mit Hilfe eines computergestützten Verfahrens läßt sich ein reduziertes Design erzeugen, welches alle Ausprägungen der Eigenschaften in einem repräsentativen Maß berücksichtigt[568]. Die Reduktion führte in unserem Beispiel zu einer repräsentativen Anzahl von acht Stimuli.

Diese acht Stimuli wurden in einem nächsten Schritt einer Gruppe von Studenten vorgelegt, deren Aufgabe es war, die ihnen präsentierten Stimuli nach der subjektiven Vorziehenswürdigkeit in eine ordinale Reihenfolge zu bringen.

Nachdem dieses erfolgt war, wurden die Ergebnisse mittels SPSS analysiert und aggregiert. Nach der Ausführung des Programms ergab sich folgende Ergebnisstruktur:

[568] Zur computergestützten Durchführung der Conjoint-Analyse mittels SPSS für Windows vgl. Bühl/Zöfel, Professionelle Datenanalyse mit SPSS für Windows, 1. Auflage, München 1996, S. 137ff.

Subfile Summary

Avaraged Importance	Utility	Factor	
29,02	1,1667	Preis	bis 2.000,--
	-1,1667		über 2.000,--
21,56	-0,6250	Transportmittel	ohne Präferenz
	0,6250		Flugzeug
14,54	-0,6250	Dauer	bis eine Woche
	0,6250		mehr als eine Woche
23,34	0,6111	Ziel	weltweit
	-0,6806		Europa
	0,0694		Deutschland
11,54	0,1667	Zeit	Semesterferien
	-0,1667		o. Bedeutung

4,3472 (Const.)

Pearson`s R: 0,991 Significance: 0,0000

Kendall`s tau: 1,000 Significance: 0,0003

Abbildung 4-4: Ergebnisse der Prozedur CONJOINT

In der Spalte „Utility" werden die Teilnutzenwerte der einzelnen Eigenschaftsausprägungen ausgegeben. Aus den Eigenschaftsausprägungen lassen sich beliebige Gesamtnutzenwerte für alle möglichen Stimuli berechnen. Der höchste Wert ergibt sich für die Reise - bis DM 2.000,-- - mit dem Flugzeug - mehr als eine Woche - weltweit - in den Semesterferien. Zuzüglich der Konstanten, die im Sinne eines Basisnutzens zu interpretieren ist, ergibt sich für diese Merkmalskombination ein Wert von 7,4118. In der Spalte „Averaged Importance" wird die Wichtigkeit der einzelnen Merkmale für die Gesamtuntersuchung ausgegeben. Pearson`s R und Kendall`s τ sind Gütemaße für die Qualität der Untersuchung. Die Güte des Ergebnisses ist um so größer, je näher diese Werte bei dem Maximalwert „1" liegen. In diesem Beispiel bestehen gegen die statistische Signifikanz insgesamt also keine Bedenken.

Wir wollen nun untersuchen, welche Bedeutung dieses Ergebnis für die Abgrenzung des relevanten Marktes für Pauschalreisen hat. Zunächst erhalten wir Aussagen über die Wichtigkeit der Eigenschaften für die Auswahlentscheidung. Offensichtlich hat der Preis mit 29,02% eine stärkere Bedeutung für die Auswahlentscheidung als der Reisezeitpunkt, der nur 11,54% zu der Gesamtentscheidung beisteuert. Tendenziell scheint damit die Marktabgrenzung bei Studenten eher am Reisepreis, als am Zeitpunkt der Reise vorzunehmen zu sein.

Diese Vermutung wird durch die Teilnutzenwerte bestätigt. Die Spannweite der Werte beträgt beim Preis 2,3334, beim Zeitpunkt der Reise jedoch nur 0,3334. Demzufolge liegen die Urteile bei divergierenden Zeitpunkten deutlich näher beieinander als bei unterschiedlichen Preisen.

Man könnte weiter schlußfolgern, daß alle diejenigen Kombinationen von Pauschalreisen, die in der Summe einen ähnlichen Gesamtnutzen aufweisen, auch miteinander austauschbar sind.

Fraglich ist jedoch die Validität einer solchen Interpretation. Es ist zweifelhaft, ob von Gesamtnutzenwerten tatsächlich auf Austauschbeziehungen geschlossen werden kann. Wir haben zuvor festgestellt, daß ein Individuum nur solche Güter für miteinander austauschbar ansehen wird, die einen vergleichbaren Gesamtnutzen aufweisen[569]. Diese Feststellung ist jedoch keineswegs identisch mit dem Schluß, daß alle Güter mit vergleichbaren Nutzenwerten auch miteinander austauschbar sind. Es ist vielmehr anzunehmen, daß eine Vielzahl von Faktoren Einfluß auf das Austauschbarkeitsurteil ausüben und ein vergleichbarer Gesamtnutzen für letzteres nur eine notwendige Bedingung ist.

Zudem mißt die Conjoint-Analyse die empfundenen Teilnutzen auf der Grundlage von objektiven Produktumschreibungen. Dieses entspricht jedoch nicht der Struktur des Austauschbarkeitsurteils eines Individuums. Abbildung 4-5 verdeutlicht den meßtheoretischen Ansatz der Conjoint-Analyse[570]:

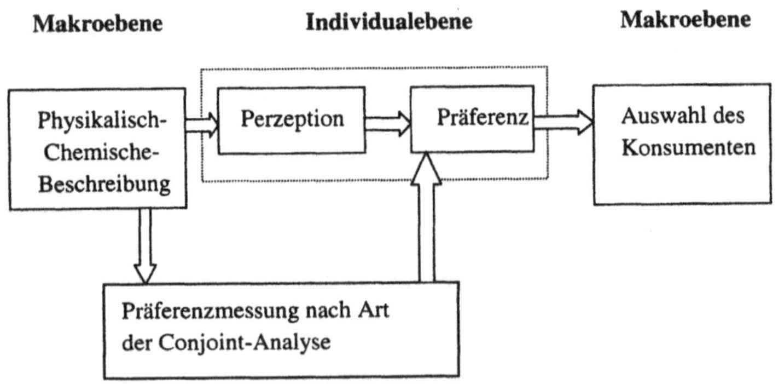

Abbildung 4-5: Präferenzmessung der Conjoint-Analyse

[569] Vgl. oben in diesem Kapitel Nr. 2 a.) aa.).

[570] Abbildung variiert nach Hausruckinger/Herker, Die Konstruktion von Schätzdesigns für Conjoint-Analysen auf der Basis von Paarvergleichen, in: Marketing ZFP 2/1992, S. 99ff. (100).

Wie bereits oben mit Hilfe von Abbildung 4-1[571] veranschaulicht wurde, hängt die Auswahlentscheidung des Konsumenten nicht nur von den objektiven Produktattributen ab, sondern sie wird gleichermaßen durch die Perzeption beeinflußt. Letztere wird von der Conjoint-Analyse jedoch gar nicht erfaßt. Die Auswahlentscheidung wiederum bestimmt durch die Ziel-Mittel-Wahrnehmung auch die in Frage kommenden Substitute. Damit ist die Conjoint-Analyse für die Messung von Austauschbarkeitsurteilen ungeeignet.

ee.) Anwendungsbereich der Conjoint-Analyse

Wir wollen die Erkenntnisse dieses Abschnittes zusammenfassen: Güter vermögen ein Bedürfnis nicht immer vollkommen zu befriedigen. Für das subjektive Austauschbarkeitsurteil eines Individuums oder einer Gruppe von Individuen ist zunächst erforderlich, daß die betrachteten Güter das Bedürfnis in einem ähnlichen Maße befriedigen. Neben einem vergleichbaren Gesamtnutzen sind aber weitere Faktoren für die Präferenzbildung eines Individuums maßgeblich. Daher sind Güter mit einem ähnlichen Gesamtnutzen nicht auch zwangsläufig miteinander austauschbar.

Die Conjoint-Analyse mißt allein Teilnutzenwerte von Eigenschaften, die zur Zusammenstellung von Gütern mit vergleichbaren Gesamtnutzenwerten herangezogen werden können. Zudem vernachlässigt die Conjoint-Analyse den Einfluß der Perzeption auf das Austauschbarkeitsurteil. Sie ist damit zur Identifikation von austauschbaren Gütern ungeeignet.

Wir können die Conjoint-Analyse jedoch in einem anderen Zusammenhang verwenden. Die Unterteilung von Gütern wird um so komplizierter, je mehr Eigenschaften zur Umschreibung eines Produktes geeignet sind. Dieses wurde exemplarisch für Pauschalreisen gezeigt. Das Urteil über die Austauschbarkeit bedarf jedoch eines Bezugsobjektes, so daß es erforderlich wird, die überhaupt in Frage kommenden Güter im Sinne der Definition 4-3 in homogene Gruppen zu unterteilen. Die Conjoint-Analyse kann in diesem Zusammenhang dazu verwendet werden, die für die Unterscheidung der Güter relevanten Eigenschaften zu identifizieren.

Anhand der relevanten Eigenschaften sind diejenigen Güter zusammenzustellen, die als realistisches Marktangebot angesehen werden können. So wird das gewünschte Reiseziel „weltweit" regelmäßig mit dem Wunsch nach einer Flugreise zusammenhängen. In den Semesterferien wird dagegen die geplante Reisedauer kaum „bis eine Woche" betragen. Derartige Zusammenhänge lassen sich mit Hilfe der Faktorenanalyse identifizieren. Eigentliches Ziel dieses Ver-

[571] Vgl. oben in diesem Kapitel Nr. 1 c.) aa.).

fahrens ist es, redundante Daten zu eliminieren[572]. Spiegelbildlich läßt es sich allerdings dazu einsetzen, Korrelationen zwischen den Antworten der Verbraucher aufzuzeigen[573].

In unserem Beispiel ergibt sich folgende horizontale Seite der Markt-Feld-Matrix: Reisen mit einem Preis von mehr als 2.000,-- sind bei einer Gesamtwichtigkeit des Faktors von 29,02% nicht mit den günstigen Reisen austauschbar. Sie gehören nicht dem gleichen relevanten Markt an. Auch das Transportmittel scheint mit 21,56% Relevanzanteil eine dominierende Rolle zu spielen. Dieses hängt mit den stark unterschiedlichen Zielpräferenzen (23,34%) zusammen. Die Ziele Deutschland, Europa und weltweit sind unterschiedlichen Märkten zuzuordnen. Andere Transportmittel als das Flugzeug sollten daher nur bei einem vertretbaren Zeitanspruch mit in den relevanten Markt einbezogen werden. Der Zeitpunkt (11,54%) ist genauso wie die exakte Dauer der Reise (14,54%) eher unbedeutend. Die maßgebliche Dauer liegt also zwischen einer und zwei Wochen.
Damit ergibt sich beispielsweise eine horizontale Dimension für weltweite Flugreisen mit einem Preis von bis zu DM 2.000,-- und einer Dauer von sieben bis 14 Tagen. Über die unter diese Definition fallenden Reisen hätte die Verbraucherseite der Studenten ihr Austauschbarkeitsurteil zu fällen.

Nachdem die Güter in homogene Gruppen unterteilt wurden, ergibt sich die horizontale Markt-Feld-Definition:

X_1	X_2	...	...	X_m

X1 bis Xm sind die Güter mit in sich homogenen Eigenschaften. Jedes dieser Güter ist zur Befriedigung des empfundenen Mangels nach dem vom Verfahren betroffenen Gut in zumindest einer von dessen Verwendungsmöglichkeiten grundsätzlich geeignet.

[572] Vgl. Vahlens Großes Wirtschaftslexikon l.c., Band 2, S. 649.

[573] So wurde die Faktorenanalyse beispielsweise dazu eingesetzt, Beurteilungsstrukturen von Flugreisen aufzuzeigen; vgl. Kotler/Bliemel l.c., S. 220. Wir haben Conjoint-Analyse und Faktorenanalyse in unserem Ansatz nacheinander durchgeführt, damit nicht am Anfang der Conjoint-Analyse ein Informationsverlust eintritt. Die Faktorenanalyse wird anstatt anfangs erst am Ende eingesetzt, um relevante Produktganzheiten zusammenzustellen.

c.) Die Abgrenzung des sachlich relevanten Marktes

In den beiden vorausgegangenen Abschnitten wurden die vertikale und die horizontale Dimension der Markt-Feld-Matrix entwickelt. In diesem Abschnitt sollen die gewonnenen Ergebnisse gegenübergestellt werden.

aa.) Die Markt-Feld-Matrix

Die Gegenüberstellung der beiden Markt-Feld-Dimensionen ergibt das in Abbildung 4-6 dargestellte Bild.

S1 bis Sn sind Abnehmerseiten jeweils eigenständiger relevanter Märkte. Der gestrichelte Kasten ist damit die maximale Ausdehnung des sachlich relevanten Marktes mit der Abnehmerseite S1.

Die Gütergruppen X1 bis Xm müssen für ihre Einordnung in den relevanten Markt folgenden Bedingungen genügen:

- Sie müssen für die Befriedigung des Bedarfs der Abnehmergruppe S1 grundsätzlich geeignet sein;
- Die Abnehmer des Segmentes S1 müssen die Güter als für miteinander austauschbar ansehen.

		Gütergruppen			
		X1	**X2**	**...**	**Xm**
Abnehmer-typen	**S1**	S1X1	S1X2	...	S1Xm
	S2	S2X1	S2X2	...	S2Xm
	...	...	...	...	...
	Sn	SnX1	SnX2	...	SnXm

Abbildung 4-6: Die Markt-Feld-Matrix

Alle Gütergruppen, die diesen beiden Kriterien genügen, sind dem gleichen sachlich relevanten Markt zuzuordnen. Um dieses zu verdeutlichen, wollen wir nochmals exemplarisch auf den Fall ECS/AKZO zurückgreifen. Dieser stellt sich nach Einordnung in die Markt-Feld-Matrix wie folgt dar:

	Benzyolperoxid	Sonstige Mehlzusätze	Sonstige Kunststoff-Katalysatoren
Mühlen	+	+	-
Kunststoffhersteller	+	-	+

(Tabelle 4-1)

In diesem Fall sind sowohl die unterschiedlichen Abnehmersegmente, als auch die unterschiedlichen Güter unproblematisch zu erkennen. Insofern bedarf es weder einer Cluster-, noch einer Conjoint-Analyse. Felder mit einem „+“ erfüllen die Bedingungen für einen relevanten Markt: Sie enthalten Güter, die zur Deckung des Bedarfs der jeweiligen Abnehmersegmente grundsätzlich geeignet sind und vom Verbraucher als austauschbar bewertet wurden. Der Einfachheit halber wurden die Mehlzusätze Kaliumbromat und Vitaminmischungen als „Sonstige Mehlzusätze“ zusammengefaßt. Ebenso wurde mit den Kunststoffkatalysatoren verfahren.

Die Ermittlung des Austauschbarkeitsurteils ist mittels einer empirischen Erhebung in einem repräsentativen Ausschnitt des jeweiligen Marktes durchzuführen.

bb.) Austauschbarkeit für einen erheblichen Teil des Marktes

Eine positive Austauschbarkeit muß ferner für einen „erheblichen Teil“ des relevanten Marktes gegeben sein[574]. Das Problem einer solchen Feststellung liegt in der Quantifizierung eines „erheblichen Teils“. Eine allgemeingültige Normierung ist nicht möglich. Mit der Anzahl der als Substitute in Betracht kommenden Güter sinkt tendenziell der absolute Wert der Austauschbarkeit: Wenn für ein Gut nur ein in Frage kommendes Ersatzprodukt existiert, wird der Anteil derjenigen, die dieses für mit dem betrachteten Gut als austauschbar ansehen, verhältnismäßig groß sein. Existieren dagegen 50 Ersatzmöglichkeiten, werden die Verbraucher gemäß ihrer persönlichen Einschätzung Präferenzen bilden. Sie werden einige Güter als austauschbar ansehen, andere dagegen nicht. Die einzelnen Werte der Austauschbarkeit jedes Gutes mit dem betrachteten Erzeugnis

[574] Vgl. Kommission, Ford/Volkswagen, Slg. 1990-1992, S. 510ff. (511).

werden im Trend deutlich unter dem Wert für den Fall eines einzigen Ersatzproduktes liegen.

Wenn die Austauschbarkeit für einen „erheblichen Teil" nicht mit Hilfe absoluter Werte bestimmt werden kann, müssen die Austauschbarkeitsurteile in Relation zueinander bewertet werden. Dieses läßt sich mit Hilfe von Brüchen in der Substitutionskette ermitteln. Wir wollen die Meßbarkeit solcher Brüche am Beispiel ECS/AKZO verdeutlichen. Betrachtet werden sollen die Mühlen A, B und C. Alle diese verwenden Benzyolperoxid (BZP) als Mehlzusatz. Die alternativen Erzeugnisse seien Kaliumbromat (KB) und die Vitaminmischungen (V) eins bis drei. Bezüglich der Alternativen geben A, B und C verschiedene Urteile über die Austauschbarkeit mit Benzyolperoxid ab. In den einzelnen Zellen steht für das Urteil der Austauschbarkeit eine „1" und für den Fall der Nicht-Austauschbarkeit eine „0". Für das vorliegende Beispiel ergibt sich das durch Tabelle 4-2 dargestellte Ergebnis. In der Zeile „Summe" befinden sich die Summen der einzelnen Spalten.

	BZP	KB	V1	V2	V3
A	1	0	1	1	0
B	1	1	0	1	0
C	1	1	1	0	1
Summe	3	2	2	2	1
Summe^2	9	4	4	4	1

(Tabelle 4-2)

Diese sind nach ihren absoluten Werten in absteigender Reihenfolge sortiert. Die in der letzten Zeile durchgeführte Quadrierung der Summen dient lediglich der besseren Identifikation von Sprüngen in der Substitutionskette. Überträgt man diese Werte in ein Diagramm, so ergibt sich folgendes Bild:

Abbildung 4-7

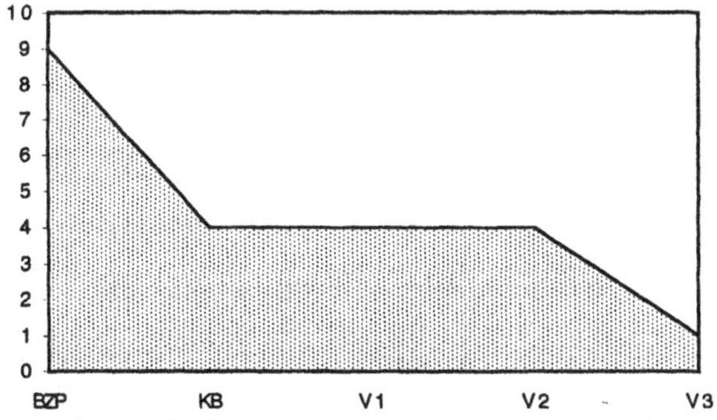

Abbildung 4-7 verdeutlicht das auf diese Weise gewonnene Ergebnis. Das eigentlich betrachtete Erzeugnis Benzyolperoxid weist mit einem Wert von „9" das maximale Ergebnis auf. Die Ersatzprodukte Kaliumbromat sowie die Vitaminmischungen V1 und V2 befinden sich auf dem höchsten Substitutionsniveau mit einem Wert von „4". Ein Bruch in der Substitutionskette entsteht bei der Vitaminmischung V3, welche einen starken Abfall des Substutionsniveaus verzeichnet[575].

Wir kommen für den vorliegenden Fall zu dem Ergebnis, daß Kaliumbromat und die Vitaminmischungen V1 und V2 von einem „erheblichen Teil" für mit Benzyolperoxid austauschbar bewertetet werden. Die Vitaminmischung V3 dagegen wird nicht von einem derartigen Anteil der Verbraucher als Ersatzprodukt für Benzyolperoxid angesehen.

Die hier vorgeschlagene Festsetzung eines „erheblichen Teils" kann in der Praxis durch die Besonderheiten des Einzelfalls auf Schwierigkeiten stoßen. Es ist bei einer großen Anzahl von in Frage kommenden Substituten ohne weiteres möglich, daß die Substitutionskette eine Vielzahl von Sprüngen enthält.

Aus diesem Grund wollen wir einen „erheblichen Anteil" der Verbraucher wie folgt definieren:

Eine Austauschbarkeit für einen „erheblichen Anteil" der Verbraucher ist immer dann gegeben, wenn mehr als die Hälfte dieser Abnehmer zwei Erzeugnisse als miteinander austauschbar ansehen (Per-Se-Regel). Die Grenze zwischen Erheblichkeit und Nicht-Erheblichkeit eines Austauschbarkeitsurteils einer kleineren Anzahl von Verbrauchern ist dort gegeben, wo der quadratische Abstand zwischen zwei Substitutionsniveaus maximal wird.

(Definition 4-4)

Auch dieser Definition kann nur Indizwirkung zugesprochen werden. So kann es beispielsweise sein, daß ein Erzeugnis von 6% und ein anderes Gut von 1% der Verbraucher für mit dem betrachteten Gut als austauschbar angesehen wird. Nach Definition 4-4 wäre dann das Gut mit einem Votum von 6% noch zum relevanten Markt zu rechnen. Ein Erzeugnis, welches aber überhaupt nur von 6-

---

575 Die vorliegende Darstellung ist aufgrund des kleinen Umfangs der Probanden stark vereinfacht. In der Praxis werden sich allerdings auch bei einer großen Anzahl von Abnehmern Substitutionsplateaus erkennen lassen, die durch Sprünge voneinander getrennt sind. Für die Untersuchung sind diejenigen Sprünge von Bedeutung, die einen besonders starken Abfall des Substitutionsniveaus erkennen lassen. Ein Sprung, der im Vergleich zu den anderen Sprüngen als besonders groß erscheint, deutet auf die Grenze des relevanten Marktes hin.

7% der Verbraucher substituiert werden kann, ist wohl eher als monopolistisches Angebot zu werten. Insofern ist zusätzlich die Anzahl der Substitute insgesamt zu berücksichtigen.

Definition 4-4 kann als eine Hilfestellung für die bisher von der Rechtsprechung verfolgte Vorgehensweise der zumeist intuitiven oder auf der selbst zugesprochenen Sachkunde des Gerichts beruhenden Feststellung von Marktgrenzen angesehen werden. Im Gegensatz zum bisherigen Verfahren ist die Feststellung von Austauschbarkeitsgrenzen aufgrund von Sprüngen des Substitutionsniveaus zumindest empirisch fundiert. Die Besonderheiten des Einzelfalles können jedoch zu begründeten Ausnahmen von dieser Grundsatzregel führen.

Mittels der Markt-Feld-Matrix lassen sich die Substitutionssprünge folgendermaßen ermitteln:

- Ermittlung der zur Befriedigung des Bedarfs grundsätzlich geeigneten Güter;
- Erhebung der Austauschbarkeitsurteile in einem repräsentativen Ausschnitt der Nachfrageseite S_i;
- Operationalisierung der Urteile wie in Tabelle 4-2 exemplarisch durchgeführt;
- Sortieren der Quadratsummen in absteigender Reihenfolge[576];
- Erstellen eines Diagramms;
- Ermittlung der Substitutionssprünge.

cc.) Vereinbarkeit mit der bestehenden Rechtslage

Nachdem die Markt-Feld-Matrix als systematisches Instrument zur Marktabgrenzung entwickelt worden ist, wollen wir uns nun der Verträglichkeit des Verfahrens mit den bestehenden gesetzlichen Vorschriften zuwenden. Dabei sollen weiterhin Art. 82 EGV und § 19 GWB als Gegenstand der Betrachtungen herangezogen werden.

In die Markt-Feld-Matrix eingeordnet ergeben Ausbeutungs- und Behinderungsmißbrauch das in Abbildung 4-8 dargestellte Bild.
Die grau unterlegten Felder der linken Tabelle sind diejenigen Markt-Feld-Kombinationen, die von der Nachfrageseite S1 als mit dem betrachteten Gut austauschbar bewertet wurden. Diese Felder bilden demnach den relevanten Markt.

576 Die nun folgenden Schritte lassen sich ohne nennenswerten Aufwand mit dem Programm „Excel" durchführen.

Abbildung 4-8: Ausbeutungs- und Behinderungsmißbrauch

Ausbeutungsmißbrauch findet lediglich innerhalb dieses Marktes in horizontaler Richtung statt. § 19 Absatz 4 Nr. 2 GWB bezieht sich genau auf diese Fallkonstellation.

Wie oben bereits festgestellt wurde, kann Behinderungsmißbrauch grundsätzlich in zwei Richtungen stattfinden[577]. Er ist zum einen wie der Ausbeutungsmißbrauch in horizontaler Richtung denkbar. Dann bleibt er auf den relevanten Markt beschränkt. Dieses war bei AKZO der Fall, die nur für den Bereich der Mehlzusätze den Preis für Benzyolperoxid über Gebühr gesenkt hatte. In einem solchen Fall ist unter Anwendung deutscher Vorschriften § 19 Absatz 4 Nr.1 GWB heranzuziehen. Dieser bezieht sich nach seinem Wortlaut explizit auf eine Beeinträchtigung der Wettbewerbsmöglichkeiten anderer Unternehmen innerhalb eines relevanten Marktes.

Wie Abbildung 4-8 aber weiter verdeutlicht, ist Behinderungsmißbrauch auch in der vertikalen Markt-Feld-Dimension denkbar. In diesem Fall setzt er an mehreren oder allen denkbaren Verwendungen eines Erzeugnisses an. Ein solcher Einsatz wirtschaftlicher Macht ist von Marktgrenzen weitgehend unabhängig. Hätte AKZO beispielsweise den Preis für Benzyolperoxid sowohl auf dem Markt für Mehlzusätze, als auch auf dem Markt für Kunststoffkatalysatoren unter den Selbstkostenpreis gesenkt, wären die Konkurrenten von AKZO auf beiden Märkten betroffen gewesen. Diese Konstellation wäre von der Generalklausel des § 22 Absatz 4 Satz 1 GWB a. F. erfaßt worden. Entgegen man-

[577] Vgl. oben in diesem Kapitel Nr. 1 a.).

cher gegenteiliger Aussagen[578] war der Anwendungsbereich der Generalklausel also keineswegs von untergeordneter Bedeutung.

Art. 82 EGV ist als generalklauselartige Vorschrift dazu in der Lage, beide Arten des Mißbrauchs zu erfassen. Dieser Artikel wurde von den europäischen Rechtsprechungsorganen stets als Norm angesehen, die auch mißbräuchliche Verhaltensweisen außerhalb des relevanten Marktes erfaßt[579].

Es läßt sich folglich feststellen, daß die Marktabgrenzung mit Hilfe der Markt-Feld-Matrix mit den vorhandenen Rechtsvorschriften nicht mehr kompatibel ist, wenn man nicht § 19 Absatz 1 GWB als generalklauselartige Regelung interpretieren will, die auch die Auswirkungen auf Drittmärkten erfaßt. Hiergegen spricht allerdings der Beispielskatalog von § 19 Absatz 4 GWB, der sich allein auf Mißbräuche innerhalb eines geschlossenen Marktes beschränkt. Im Sinne der Rechtssicherheit ist die Wiedereinführung der Generalklausel als Satz 1 von § 19 Absatz 4 GWB zu fordern. Die in §§ 20 bis 23 GWB getroffenen Regelungen reichen für einen umfassenden Schutz von Drittmärkten keineswegs aus.

dd.) Zusammenfassung

Im Rahmen des nunmehr abgeschlossenen vierten Kapitels haben wir mit der Markt-Feld-Matrix ein systematisches Instrument zur Abgrenzung relevanter Märkte entwickelt. Hierzu wurden die beiden zuvor ermittelten Markt-Feld-Dimensionen in einer Matrix gegenübergestellt. Es wurde gezeigt, daß alle grundsätzlich für die Deckung des Bedarfs geeigneten Güter von der relevanten Marktnachfrageseite auf die Austauschbarkeit mit dem eigentlich betrachteten Gut hin beurteilt werden müssen. Diejenigen Güter, die von einem „erheblichen Teil" der Verbraucher als mit dem betrachteten Erzeugnis austauschbar bewertet wurden, gehören zum gleichen relevanten Markt.

Weiter wurde eine Möglichkeit vorgestellt, den „erheblichen Teil" der Verbraucher zu quantifizieren, ohne sich dabei willkürlich auf eine Grenze festlegen zu müssen. Dieser Feststellung kann jedoch aufgrund im Einzelfall möglicher atypischer Konstellationen nur Indizwirkung zukommen.

Die Kompatibilität einer mit Hilfe der Markt-Feld-Matrix operationalisierten Marktabgrenzung mit den bestehenden gesetzlichen Vorschriften konnte nach der Neufassung des GWB allerdings nicht mehr für jeden erdenklichen Fall positiv festgestellt werden. Im Fall eines marktübergreifenden Behinderungsmiß-

[578] Vgl. Bechthold l.c., § 22 GWB, Rn. 53.
[579] Vgl. Vgl. EuGH, Commercial Solvents, Slg. 1974, S. 223ff. (251).

brauchs besteht insofern eine Regelungslücke. Hier ist die Wiedereinführung der Generalklausel aus § 22 Absatz 4 Satz 1 GWB a. F. zu fordern.

Das vorgeschlagene Verfahren erweist sich darüber hinaus im Hinblick auf die spezielle Konstellation des Einzelfalls als besonders leistungsstark: Je nach der Problematik der zu bewältigenden Abgrenzung können optional multivariate Analysemethoden als Hilfsinstrumente herangezogen werden.

Die universelle Einsetzbarkeit dieser Matrix ist bisher jedoch noch unbewiesen. Im folgenden Kapitel soll der Versuch unternommen werden, die Markt-Feld-Matrix auf die einzelnen in Kapitel 3 analysierten Branchen anzuwenden. Nur wenn sich dabei zeigt, daß das hier vorgestellte Verfahren sowohl alle branchenspezifischen Besonderheiten als auch den branchenübergreifenden Kriterien[580] zu genügen vermag, eignet sich unser Verfahren für die Anwendung in der Rechtspraxis.

[580] Vgl. hierzu die Zusammenfassung im dritten Kapitel.

Kapitel 5

Anwendbarkeit der Markt-Feld-Matrix in der Praxis

Die branchenbezogene Rechtsprechungsanalyse in Kapitel 3 beschäftigte sich vornehmlich mit den Nahrungs- und Genußmitteln, Gebrauchsartikeln, pharmazeutischen Erzeugnissen, Kultur- und Sportangeboten, Investitionsgütern, Handel, Energie, Transport, Tourismus sowie Medien und Informationen.

Wir wollen die Anwendbarkeit der Markt-Feld-Matrix auf alle diese Branchen überprüfen, indem einige Urteile exemplarisch mit Hilfe des in Kapitel 4 entwickelten Verfahrens systematisch untersucht werden.

Es liegt auf der Hand, daß in der vorliegenden Arbeit keine empirischen Erhebungen über die genaue Zusammensetzung aller Branchen durchgeführt werden können. Insofern werden die horizontale und die vertikale Markt-Feld-Dimension intuitiv abgegrenzt. In der Rechtspraxis wären bei Zweifeln an den Abgrenzungskriterien entsprechende Cluster- oder Conjointanalysen erforderlich.

Alle Felder, bei denen eine positive Austauschbarkeit zweifelhaft ist, werden mit einem „?“ markiert. An dieser Stelle sind Aussagen über bestehende Wettbewerbsbeziehungen ohne empirische Erhebungen nicht möglich.

1. Nahrungs- und Genußmittel

a.) Die Abnehmerseite

Die Konsumenten von Nahrungs- und Genußmitteln setzen sich aus allen Bevölkerungsgruppen zusammen. Eine Unterteilung in einzelne, in sich homogene Gruppen wird in einigen Fällen erforderlich erscheinen, während sie in anders gelagerten Sachverhalten unterbleiben kann.
Bei Grundnahrungsmitteln wie etwa Obst oder Gemüse läßt sich vermuten, daß keine segmentspezifischen Präferenzen bestehen. Etwas anderes kann allerdings im Fall unterschiedlicher Qualitäten gelten. Hier kommt eine Einteilung der Abnehmer nach Kriterien wie Einkommen und Lebensstil in Betracht.
Fragen des persönlichen Geschmacks sind dagegen individuell ausgeprägt. Hier lassen sich ohne eine Clusteranalyse keine sicheren Aussagen über das Bestehen von Nachfragesegmenten machen.

b.) Das Marktangebot

Bei Lebensmitteln treten die Abgrenzungskriterien für das Marktangebot in aller Regel offen zutage. Bei Grundnahrungsmitteln ist nach Art und Qualität zu unterscheiden. Mitunter können unterschiedliche Vertriebswege eine zusätzliche Unterscheidung des Angebots bedingen.
Liegen unterschiedliche Geschmacksvarianten vor, können diese in der horizontalen Markt-Feld-Dimension grundsätzlich nicht zusammengefaßt werden, sondern sind zu unterscheiden. Unterschiedliche Geschmacksrichtungen können dann dem gleichen relevanten Markt zuzuordnen sein, wenn anzunehmen ist, daß die Auswahl der betreffenden Variante regelmäßig wechselt oder von situativen Faktoren abhängig ist. Dieses könnte beispielsweise bei unterschiedlichen Eissorten in einer Eisdiele der Fall sein.

c.) Urteilsanalyse

Für die Nahrungs- und Genußmittelbranche sollen exemplarisch die Urteile „Chiquita" und „Mars/Langnese-Schöller" herangezogen werden.

aa.) Chiquita

Bei dem Chiquita-Urteil wurden von der Kommission Verbraucheruntersuchungen durchgeführt, die auch bei der späteren Urteilsbegründung des EuGH herangezogen wurden. Insofern ist dieses Urteil für unsere Untersuchung besonders geeignet. In die Markt-Feld-Matrix eingeordnet ergibt sich für den Sachverhalt folgendes Bild:

	Bananen	Birnen	Tafeltrauben	Sonstiges Obst
Undifferenzierte Abnehmer[581]	+	-	-	-

(Tabelle 5-1)

Das mit Hilfe der Markt-Feld-Matrix gewonnene Ergebnis ist mit der Marktabgrenzung von Kommission und EuGH vollkommen deckungsgleich. Ein Differenzierung der Abnehmer wurde auch von den europäischen Gremien nicht für erforderlich gehalten. Da bezüglich der Austauschbarkeitsurteile entsprechende Untersuchungen gemacht wurde, lassen sich in die einzelnen Felder zweifels-

[581] Die bedingten regionalen Unterschieden sollen hier vernachlässigt werden.

freie Einteilungen in „+“ und „-“ vornehmen. Der relevante Markt besteht allein aus Bananen.

bb.) Mars/Langnese-Schöller

Dieser Fall vermag die Problematik unterschiedlicher Vertriebswege besonders gut zu veranschaulichen. Es ergibt sich folgende Markt-Feld-Matrix:

	Ausportioniert, Straßenverkauf	Ausportioniert, Gastronomie	Handel, Einzel-portion	Handel, Groß-portion	Groß-handels-portion
Privater Konsum	?	-	+	-	-
Großverbraucher	-	-	-	?	+

(Tabelle 5-2)

In diesem Beispiel wurde die Marktabgrenzung durch die zuständigen Stellen ohne weiter Untersuchungen beim Verbraucher vorgenommen. Einige der Ergebnisse sind durchaus nachvollziehbar. Die betrachteten Güter sind die Einzelportionen von Eis im Handel. Der private Verbraucher, der sofort ein Eis konsumieren möchte, wird weder den Großhandel noch eine Großpackung aus dem Einzelhandel in Betracht ziehen. Der in der Gastronomie vorhandene Mehrwert in Form von Sitzplatz, Bedienung und Erlebnis unterscheidet dieses Angebot von den anderen Möglichkeiten des Eiskonsums. Diese Annahmen erscheinen auch ohne empirische Erhebungen als zutreffend.
Allerdings ist keineswegs sicher, ob nicht zwischen den Angeboten von Eisdielen für den Straßenverkauf und den Einzelverpackungen im Handel ein Wettbewerbsverhältnis bestehen könnte. Hier wären weitergehende Untersuchungen erforderlich gewesen. Eine solche Untersuchung bedarf keines größeren Aufwandes. Es wäre lediglich erforderlich gewesen, eine statistisch signifikante Anzahl von Konsumenten nach ihrer Ansicht über eine solche Austauschbarkeit zu befragen.

Die Markt-Feld-Matrix kommt im diesem Fall zu keinem grundsätzlich von der Rechtsprechung abweichenden Ergebnis. Sie deutet allerdings darauf hin, daß weitere Untersuchungen erforderlich gewesen wären. Weiterhin ist nicht vollkommen zweifelsfrei bewiesen, daß die Geschmacksrichtung für die Auswahl von Eis ohne dominante Bedeutung ist. Sollten in der Praxis hieran Zweifel bestehen, müßte die Erheblichkeit des Geschmacks für die Auswahlentscheidung mittels einer Conjoint-Analyse untersucht werden.

2. Gebrauchsartikel

a.) Die Abnehmerseite

Die Abnehmer von Gebrauchsartikeln mit einfachem Grundnutzen bedürfen grundsätzlich keiner weiteren Unterteilung, da sie in allen gesellschaftliche Schichten gleichermaßen vertreten sein dürften.
Wenn es sich bei den betrachteten Gütern allerdings um profilierte Markenartikel handelt, sind weitere Untersuchungen der Verbraucherstruktur grundsätzlich angebracht. Markenartikelkäufer werden im Regelfall entweder durch ein Qualitäts- und/oder Sicherheitsbedürfnis motiviert oder verbinden mit dem Markenartikel ein besonderes Prestige. Diese besonderen Bedürfnisse lassen segmentspezifische Besonderheiten vermuten. Das gleiche gilt für die Abnehmergruppe von Luxusartikeln. Ein weiterer Grund, bei den Abnehmern von Gebrauchsartikeln eine Clusteranalyse durchzuführen, kann die Implementierung eines Zusatznutzens in das Produkt sein. So erfüllen Produkte mit einem ansprechenden Design neben dem eigentlichen Grundnutzen auch das Bedürfnis nach einem dauerhaften ästhetischen Erlebnis.

b.) Das Marktangebot

Gebrauchsartikel sind in aller Regel nicht besonders schwer zu unterscheiden. Nur Güter mit einem einheitlichen Grundnutzen können überhaupt miteinander vergleichbar sein. Besteht ein Zusatznutzen, wie die Gewährung von Sicherheit, Prestige oder eines ästhetischen Erlebnisses, so sind diese Angebote in der horizontalen Markt-Feld-Dimension jeweils gesondert auszuweisen.

c.) Urteilsanalyse

Wir wollen uns exemplarisch dem Hi-Fi-Markt zuwenden. Zunächst wären nach unseren Annahmen die Verbraucher in einer Clusteranalyse zu untersuchen. Als Ergebnis einer solchen Untersuchung soll angenommen werden, es bestünden folgende drei Konsumentencluster: Grundnutzenkäufer, Qualitätskäufer[582] und Erlebniskäufer. Das betrachtete Gut sei ein CD-Player mit einem besonderen Design. Die Markt-Feld-Matrix kommt zu dem in Tabelle 5-3 visualisierten Ergebnis. Es ist festzustellen, daß es nicht ausreichend sein kann, mit der Kommission[583] einen übergeordneten Markt für Geräte abzugrenzen, die den Orginalton möglichst genau wiedergeben.

---

[582] Diese sollen nach unserer Annahme auch die Markenartikelkäufer beinhalten.
[583] Vgl. unten die Entscheidung „Pioneer Hi-Fi-Geräte" auf S. 62f.

	Einfacher CD-Player	Qualitäts-CD-Player	Design-CD Player	Kompakt-anlage	Andere Geräte
Grundnutzenkäufer	+	-	-	-	-
Qualitätskäufer	-	+	?	-	-
Erlebniskäufer	-	?	+	-	-

(Tabelle 5-3)

Wettbewerb besteht zwischen den einzelnen Geräten teilweise überhaupt nicht. Wer einen CD-Player sucht, wird kaum eine Kompaktanlage und vermutlich auch kein anderes Gerät auswählen. Der Erlebniskäufer wird kein Gerät mit einfachem Grundnutzen als zur Erfüllung seines Wunsches nach einem besonderen Design geeignet ansehen. Ob er ein Gerät mit besonderer Qualität als austauschbar ansieht, muß näher untersucht werden.

Die Markt-Feld-Matrix kommt damit in diesem Fall zu einem anderen Ergebnis als die Kommission. Da sie sich streng an wirklich bestehenden Wettbewerbsbeziehungen orientiert, erweist sie sich für den vorliegenden Sachverhalt als überlegen. Insbesondere deckt sie alle bereits in Kapitel 3 intuitiv geäußerten Bedenken am Verfahren der Kommission systematisch auf.

Auch die anderen bei den Gebrauchsartikeln analysierten Sachverhalte lassen sich unter den Aspekten Grund- und Zusatznutzen in Form von Qualität (Marke) oder Erlebnis in die Markt-Feld-Matrix einordnen und erzeugen ein ähnliches Bild. Auf eine weitere Betrachtung der Gebrauchsartikel kann daher verzichtet werden.

3. Pharmazeutische Erzeugnisse

Die Analyse der bisher betrachteten Branchen mit Hilfe der Markt-Feld-Matrix stieß auf keinerlei Schwierigkeiten. Es ist jedoch denkbar, daß eine Markt-Feld-Matrix trotz des Einsatzes multivariater Instrumente Dimensionen aufweist, die für eine praktische Handhabung nicht mehr geeignet sind. Dieses Problem kann insbesondere bei pharmazeutischen Erzeugnissen auftreten. Wir wollen dieses am Beispiel des Valium-Falles verdeutlichen.

In der sogenannten „Roten Liste“, einem Nachschlagewerk für Ärzte und Apotheker, sind 314 Präparate verzeichnet, die als Psychopharmaka in Betracht kommen[584]. Da die einzelnen Präparate auf unterschiedliche chemische Verbin-

[584] Vgl. Rote Liste 1997, Arzneimittelverzeichnis des Bundesverbandes der Pharmazeutischen Industrie e.V., Nr. 71.

dungen zurückzuführen sind, ist eine Zusammenfassung unter gemeinsamen Gesichtspunkten kaum möglich. Man kommt zu dem Ergebnis, daß die horizontale Markt-Feld-Dimension aus 314 verschiedenen Präparaten besteht.

Die Abgrenzung der einzelnen Verbrauchertypen führt zu einer schier unüberschaubaren Anzahl von Matrixfeldern: Zunächst ist bei Medikamenten auf die Sicht der Verbrauchsdisponenten, also der Ärzte, abzustellen. Diese müssen bezüglich der Austauschbarkeit von einzelnen Medikamenten homogene Urteilsstrukturen aufweisen. Letzteres ist aber nur gewährleistet, wenn man die vertikale Markt-Feld-Dimension nach Indikationen unterteilt. Für die 314 Präparate sind in der „roten Liste“ über 220 Indikationen verzeichnet[585]. Man erhält also insgesamt eine Markt-Feld-Matrix mit über 69.000 Feldern. Selbst wenn man die Verbrauchsdisponenten dazu bewegen könnte, alle für sie austauschbaren Präparate zu identifizieren, käme man bei dieser Dimensionierung kaum zu validen Ergebnissen. Dieses liegt in der kognitiven Überbelastung der Auskunftspersonen begründet[586].

Dichtl und Schobert haben für dieses Problem das multivariate Verfahren der Mehrdimensionalen Skalierung herangezogen[587]. Diese Untersuchung wies trotz des im Jahre 1979 deutlich geringeren Umfangs der in Frage kommenden Präparate das gleiche Problem auf. Die Autoren gehen im Rahmen ihrer Überlegungen ebenfalls von der hier vertretenen Ansicht aus, daß regelmäßig eine ganze Reihe von Produktalternativen zur Befriedigung eines bestimmten Bedürfnisses geeignet ist[588]. Diejenigen Alternativen, die dem Verbraucher aktiv in das Bewußtsein treten, bezeichnen Dichtl und Schobert als „Evoked Set“[589]. Bei diesem Set soll es sich definitionsgemäß nur um den subjektiv wahrgenommenen Ausschnitt des gesamten Spektrums an Möglichkeiten handeln.

Einer Auswahl von Ärzten wurden jeweils neun Präparate vorgelegt, mit der Bitte, bei jedem Produkt ohne Hilfe irgendwelcher Nachschlagewerke diejenigen Indikationen zu nennen, für die sie das jeweilige Präparat verschreiben würden. Einer anderen Gruppe von Ärzten wurden jeweils neun Indikationen genannt, für die sie mögliche Präparate angeben sollten. Insgesamt wurde das gesamte Spektrum von Präparaten und Indikationen abgedeckt.

---

[585] Vgl. Rote Liste l.c.

[586] Zum sogenannten „Information Overload“ bei empirischen Erhebungen vgl. Green/Srinivasan, Conjoint-Analysis in Consumer Resaerch: Issues and Outlook, in: Journal for Consumer Research 5/1978, S. 103ff. (109).

[587] Vgl. Dichtl/Schobert l.c., S. 89ff.

[588] Vgl. Dicht/Schobert l.c., S. 96.

[589] Vgl. Dichtl/Schobert l.c.

Das Ergebnis führte zunächst zu 54 Indikationen und 77 Präparaten, von denen jedoch 27 als Nicht-Psychopharmaka ausschieden[590]. Auf diese Weise ließen sich also zunächst die Dimensionen erheblich reduzieren. Die gefundene Anzahl der grundsätzlich in Betracht kommenden Präparate lag mit 50 unter der von Hoffman-La-Roche angegebenen Zahl von 120, aber weit über der Anzahl von sechs bzw. 12 Erzeugnissen, die das Kammergericht als mit Valium und Librium vergleichbar angesehen hatte.

Diese Matrix sollte nun der Gegenstand der weiteren Untersuchung sein. Da auch die reduzierten Dimensionen für den verfolgten Zweck noch immer als zu groß einzustufen waren, wurde die Ausgangsmatrix in vier gleich große Teilmatritzen unterteilt, die dann jeweils von einer Gruppe von Ärzten auf ihre Verwendbarkeit hin zu beurteilen waren.
Aus den Ergebnissen wurde eine Häufigkeitsmatrix gebildet. Sie diente der Ermittlung der Affinität jedes betrachteten Präparates zu jedem anderen auf Grundlage der Häufigkeit, mit der es für bestimmte Indikationen als geeignet angesehen wurde[591]. Durch den paarweisen Vergleich aller Präparate ließ sich eine Entfernungsmatrix gewinnen, die den Abstand eines jeden Erzeugnisse zu jedem anderen in einem 54-dimensionalen Raum angab. Als nächstes wurde die mehrdimensionale Skalierung durchgeführt. Auf die Einzelheiten dieses Analyseverfahrens soll an dieser Stelle nicht näher eingegangen werden. Es sei nur darauf hingewiesen, daß die Mehrdimensionale Skalierung anhand von aggregierten Ähnlichkeitsurteilen eine widerspruchsfreie Positionierung von Objekten in einem möglichst gering dimensionierten Produktraum anstrebt[592]. Für den vorliegenden Fall ergab das Verfahren der Mehrdimensionalen Skalierung den durch Abbildung 5-1 dargestellten Produktraum.
Die Dimensionen der Achsen sind unbedeutend. Ein Bezug der gefundenen Dimensionen des Wahrnehmungsraumes zu den empirisch erhobenen Eigenschaften der Objekte besteht bei der Mehrdimensionalen Skalierung grundsätzlich nicht[593].

Abbildung 5-1 veranschaulicht die von den Ärzten wahrgenommenen Ähnlichkeiten zwischen den Präparaten. Wir haben oben festgestellt, daß von einem bloßen Ähnlichkeitsurteil nicht zwangsläufig auf die Austauschbarkeit von Produkten geschlossen werden kann. Der vorliegende Sachverhalt ist jedoch in einer Hinsicht besonders: Die Ärzte wurden im Rahmen der Untersuchung des „Evoked Sets“ explizit nach alternativen Präparaten befragt. Damit mißt das Verfahren im vorliegenden Fall die Ähnlichkeiten bezüglich der Austauschbarkeit. Das Ergebnis zeigt damit tatsächlich die Austauschbarkeit der Präparate nach dem subjektiven Empfinden der Ärzte.

---

590 Vgl. Dichtl/Schobert l.c., S. 99.
591 Vgl. Dichtl/Schobert l.c.
592 Vgl. Vahlens Großes Wirtschaftslexikon l.c., Band 3, S. 1437.
593 Vgl. Backhaus et al. l.c., S. 433.

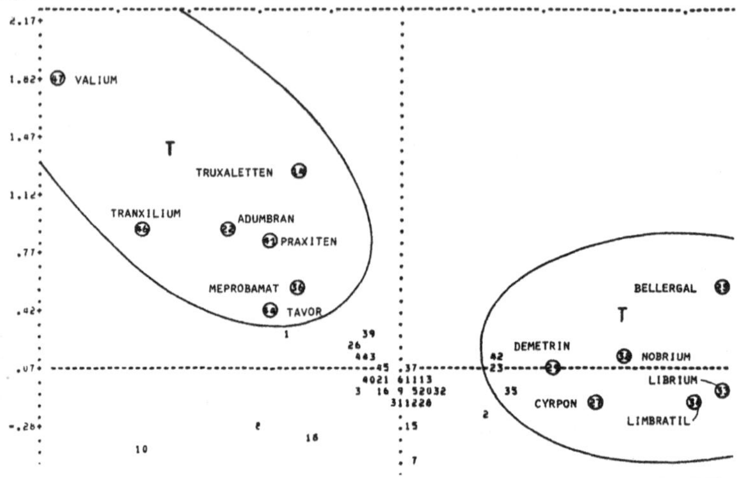

Abbildung 5-1: Produktraum der Psychopharmaka[594]

Dichtl und Schobert kommen so zu einem vom Kammergericht abweichenden Ergebnis. Aus der tatsächlichen Sicht der Verbrauchsdisponenten sind zu den vom Kammergericht angegebenen Präparaten noch Masmoran, Meprobamat, Miltaun, Miltaunetten, Omnisedan und Tonamyl in den relevanten Markt miteinzubeziehen[595]. Die vom Kammergericht vorgenommene Marktabgrenzung erweist sich damit als zu eng.

Es ist zunächst festzustellen, daß mit der Mehrdimensionalen Skalierung ein Verfahren existiert, daß auch bei überdimensionierten Markt-Feld-Matritzen zuverlässige Ergebnisse über die tatsächliche Austauschbarkeit von Gütern gewährleistet. Mit dem Stress-Wert von Kruskal[596] oder dem hierauf aufbauenden S-Stress von Takane, Young und de Leeuw[597] stehen Gütemaße zur Verfügung, die das gefundene Ergebnis hinsichtlich seiner Aussagekraft qualifizieren. Im Fall eines optimalen Ergebnisses nehmen die Stress-Werte einen Wert von „0" an.

Zudem ist das Verfahren der Mehrdimensionalen Skalierung in statistischer Hinsicht der in Definition 4-4 gegebenen Vorgehensweise zur Ermittlung eines

---

594 Abbildung entnommen aus: Dichtl/Schobert l.c., S. 101.

595 Vgl. Dichtl/Schobert l.c., S. 100.

596 Vgl. Kruskal, Multidimensional Scaling by Optimizing Goodness of a Fit to a Nonmetric Hypothesis, in: Psychometrika 29/1964, S. 1ff.

597 Vgl. hierzu Schiffman/Reynolds/Young, Introduction to Multidimensional Scaling, 1. Auflage, Orlando 1981, S. 354.

„erheblichen Teils" des relevanten Marktes überlegen. Während letzterer nur Indizwirkung zugebilligt werden kann, liefert die Mehrdimensionale Skalierung bei einem wie von Dichtl und Schobert vorgeschlagenen Erhebungsdesign konkrete Gruppen von nach Ansicht der Verbraucher miteinander austauschbaren Erzeugnissen.

Um die Definition 4-4 aber grundsätzlich zugunsten der Mehrdimensionalen Skalierung zu verwerfen, ist noch ein weiteres Kriterium erforderlich. Das vorgeschlagene Verfahren müßte auch im Hinblick auf seine Praktikabilität vorzuziehen sein. Mit anderen Worten: Die Mehrdimensionale Skalierung müßte zur Ermittlung von austauschbaren Gütern im Hinblick auf ihren zeitlichen und finanziellen Aufwand vertretbare Anforderungen stellen.

Der hier besprochene „Valium-I-Fall" war bereits ohne eingehende empirische Erhebungen von einem großen zeitlichen und finanziellen Aufwand gekennzeichnet[598]:

- Juli 1973 bis Oktober 1974: Verfahren vor dem Bundeskartellamt;
- November 1974 bis Januar 1976: Verfahren vor dem Berliner Kammergericht;
- Dezember 1976: Zurückverweisung an das Kammergericht durch den Bundesgerichtshof;
- Dezember 1976 bis August 1978: Erneutes Verfahren vor dem Kammergericht;
- September 1978 bis Februar 1980: Verfahren vor dem Bundesgerichtshof.

Das Verfahren gegen die Hoffmann La Roche AG dauerte damit nahezu sieben Jahre. Im Rahmen einer jeden Marktabgrenzung die Durchführung einer Mehrdimensionalen Skalierung zu fordern, würde die Dauer der Verfahren noch weiter in die Länge ziehen und die Kosten noch mehr in die Höhe treiben. Über die Dauer des eigentlichen Skalierungsverfahrens hinaus würden dessen Ergebnisse sicherlich Gegenstand eigener Verfahren werden.

Die Mehrdimensionale Skalierung sollte nur in solchen Fällen Anwendung finden, in denen ihr Einsatz aufgrund von überdimensionierten Markt-Feld-Matritzen unabdingbar ist. Für die „Valium-Fälle" führt nur dieses betriebswirtschaftliche Analyseverfahren zu zuverlässigen Ergebnissen über das Austauschbarkeitsurteil der verschreibenden Ärzte. In der überwiegenden Mehrzahl der Fallkonstellationen ist der Einsatz einfacher Markt-Feld-Matritzen die für die Praxis geeignetere Methode. Im Fall ECS/AKZO bedurfte es so zum Beispiel überhaupt keiner weiteren empirischen Erhebungen, um die Struktur der einzelnen relevanten Märkte feststellen zu können.

---

598 Vgl. Berg l.c., S. 294f.

4. Kultur und Sport

Angebote aus dem Bereich der Kultur und des Sports können ebenfalls die Problematik einer größeren Dimensionierung aufweisen.

a.) Die Abnehmerseite

Die Aufteilung der Konsumenten in homogene Teilgruppen ist in diesen Bereichen ohne eine Clusteranalyse normalerweise nicht möglich. Dieses läßt sich am Beispiel einer modern inzinierten Mozartoper verdeutlichen: Das Publikum wird sich hier aus Mozartfreunden, avantgardistischen Befürwortern von neuzeitlichen Interpretationen, Intellektuellen, Konsumenten mit klassischem Musikgeschmack, die eigentlich lieber eine konservative Inzinierung genießen würden, Kritikern, Besuchern, die einfach klassische Musik mögen, ohne sie näher zu kennen, Freikarteninhabern und einigen anderen Gruppen zusammensetzen. Es steht zu vermuten, daß alle diese Gruppen unterschiedliche Kulturangebote als mit der Mozartoper austauschbar ansehen werden. Eine Clusteranalyse kann hier dazu beitragen, die Abnehmerseite zumindest nach Grundtendenzen zu unterteilen.

b.) Das Marktangebot

Für alle Konsumenten zusammen wird bei kulturellen Leistungen genau wie bei Sportveranstaltungen eine Vielzahl von möglichen Alternativen in Betracht kommen. So bieten sich für unsere Mozartoper grundsätzlich eine weitere Mozartoper in einer nahegelegenen Stadt, eine Wagneroper, ein klassische Konzert, ein Musical, ein modernes Schauspiel, eine Dichterlesung und viele weitere Alternativen zum Austausch an.

Durch die Clusteranalyse werden die Abnehmer jedoch in homogene Teilgruppen mit ähnlichen Grundauffassungen über die wesentlichen Merkmale der von ihnen favorisierten Angebote aufgeteilt. Hierdurch wurde die Vielzahl möglicher Alternativen bereits wesentlich reduziert: Bestünde ein Cluster beispielsweise aus den Freunden klassischer Musik, reduzierten sich denkbaren Ersatzmöglichkeiten auf Angebote dieses Genres.
Ist auch nach der Clusteranalyse die Anzahl der Alternativen für die Einordnung in die horizontale Markt-Feld-Dimension noch zu groß, muß das gesamte Angebot wie im Valium-Fall in weitere Teilgruppen untergliedert werden. Danach sind die Teilgruppen verschiedenen Gruppen aus dem betreffenden Cluster zur Beurteilung der Austauschbarkeit vorzulegen. Genau wie im zuvor genannten Verfahren von Dichtl und Schobert ist sodann eine Multidimensionale Skalierung durchzuführen. Das Ergebnis zeigt dann die Produkträume der betreffen-

den Kultur- oder Sportleistungen, die als jeweils eigenständige relevante Märkte zu interpretieren sind.

Im Ergebnis läßt sich also feststellen, daß manche Problemstellungen aufgrund der großen Anzahl unterschiedlicher Konsumenten oder Angebote für die Einordnung in eine Markt-Feld-Matrix ungeeignet sind. Die Durchführung einer Clusteranalyse kann die in Betracht kommenden Alternativen bereits wesentlich reduzieren. Wenn sich die Dimensionen hiernach für eine praktikable Handhabung in der Markt-Feld-Matrix immer noch als zu groß erweisen, ist die Multidimensionale Skalierung zur Ermittlung homogener Produkträume einzusetzen. Insgesamt können wir konstatieren, daß je nach der Problematik des Einzelfalles betriebswirtschaftliche Verfahren zur Verfügung stehen, die die Ermittlung relevanter Märkte unter der Berücksichtigung der tatsächlichen Wettbewerbsverhältnisse zuverlässig ermöglichen.

5. Investitionsgüter

a.) Abnehmerseite

Das vierte Kapitel hat gezeigt, daß der Auswahlprozeß bei Investitionsgütern anderen Regeln folgt, als der Erwerb von Konsumgütern.
Die Anzahl der in Betracht kommenden Abnehmer ist bei Investitionsgütern zumeist geringer, als bei Konsumartikeln. Darüber hinaus entscheiden die Einkäufer zumeist auf Grundlage objektiver Kriterien. Damit hängt das Urteil über eine mögliche Austauschbarkeit nur in einem geringen Maße von subjektiven Präferenzen ab. Demzufolge wird ein vergleichbares Produktionsprogramm bei verschiedenen Unternehmen zu vergleichbaren Urteilen über die Ersatzmöglichkeiten führen.
Eine Clusteranalyse zur Bestimmung homogener Abnehmergruppen wird aus diesen Gründen im Normalfall entbehrlich sein. Das Beispiel des Falles ECS/AKZO wurde im Rahmen des vierten Kapitels ausführlich behandelt. Dabei hat sich gezeigt, daß die Bestimmung der vertikalen Markt-Feld-Dimension bei Investitionsgütern häufig wesentlich problemloser erfolgen kann als bei Konsumartikeln.

b.) Das Marktangebot

Die Beschreibung der angebotenen Investitionsgüter ist im Regelfall einfach. Die Leistung einer Maschine kann nur mit ähnlichen Leistungen verglichen werden. Produktionsmittel sind an ihrer Eignung für den spezifischen Produktionszweck zu messen. Allerdings sind unterschiedliche Qualitäten und Verarbeitungsstufen in der horizontalen Dimension getrennt auszuweisen, da diese Varianten häufig einem getrennten Markt zuzuordnen sein werden. Bei Verbundgeschäften sind die Märkte für das Grundgeschäft und die Folgegeschäfte zu trennen. Conjoint-Analysen zur Ermittlung der für eine Auswahlentscheidung dominanten Kriterien sind bei Investitionsgütern normalerweise nicht erforderlich.

c.) Urteilsanalyse

Das vierte Kapitel hat mit dem Fall ECS/AKZO bereits einen für Investitionsgüter typischen Sachverhalt ausführlich behandelt. Dabei hat sich die Eignung der Markt-Feld-Matrix für diese Branche bereits erwiesen. Wir wollen uns an dieser Stelle zusätzlich mit den Fällen „Tetra Pak II" und „Vitamine" beschäftigen. Der erste Sachverhalt ist ein typisches Beispiel für echte Verbundgeschäfte, während der Vitamin-Fall dem EuGH offensichtlich derartige Schwierigkeiten bereitet hat, daß er die Marktabgrenzung im Ergebnis offengelassen hat.

aa.) Tetra-Pak II

Bei Verbundgeschäften sind die Märkte für Grund- und Folgegeschäft zu trennen. Es ergeben sich daher zwei Markt-Feld-Matitzen:

	Verpackungs-Anlagen von Tetra-Pak	Verpackungs-Anlagen anderer Hersteller
Produzenten mit Verpackungsmittelbedarf	+	+

(Tabelle 5-4)

Tabelle 5-4 zeigt zunächst den Markt für die Verpackungsanlagen. Hier stehen die Angebote von Tetra-Pak noch in direktem Wettbewerb mit den Verpackungsmaschinen anderer Anbieter. Tabelle 5-5 dagegen zeigt den abgeleiteten Markt für Verpackungsmittel. Das „?" besagt, daß nicht genau feststeht, in welchem Ausmaß andere Anbieter dazu in der Lage sind, Verpackungsmittel für die Anlagen von Tetra-Pak herzustellen. Im Fall bestehender Patente wäre hier ein „-" einzutragen. Dann wäre durch die Entscheidung eines Produzenten, eine Analge von Tetra-Pak zu erwerben, ein nachgelagerter monopolistischer Markt entstanden. Durch den Einsatz einer doppelten Markt-Feld-Matrix kommt man also auch im Fall von Verbundgeschäften zu zuverlässigen Ergebnissen.

	Verpackungs-Mittel von Tetra-Pak	Verpackungs-mittel anderer Hersteller
Produzenten mit Verpackungsmittelbedarf	+	?

(Tabelle 5-5)

bb.) Vitamine

Im Vitamine-Fall wurden vom EuGH selbst drei in Betracht kommende Zielgruppen von Vitaminen festgestellt: Die Anbieter von Therapieleistungen, Lebensmittelproduzenten und Futtermittelhersteller. Trotz dessen bestehen beim EuGH offensichtliche Unsicherheiten über die korrekte Marktabgrenzung. Wir wollen diesen Sachverhalt daher in die Markt-Feld-Matrix überführen:

	Vitamine	Sonstige Wirkstoffe für Therapien	Sonstige Lebens-Mittel-Zusätze	Sonstige Futter-mittel-zusätze
Therapieleistungen	+	+	?	?
Lebensmittel	+	?	+	?
Futtermittel	+	?	?	+

(Tabelle 5-6)

Aus der Markt-Feld-Matrix lassen sich klare Handlungsanweisungen ableiten: Es ist zunächst zu untersuchen, ob die für die jeweilige Zielgruppe in Betracht kommende Ersatzmöglichkeit auch für die anderen Zielgruppen eine praktikable Alternative darstellt. Ist dieses der Fall, enthalten alle bisher mit einem „?" markierten Felder ein „+". Dann besteht zwischen allen Gütern ein Wettbewerbsverhältnis und es besteht nur ein einziger relevanter Markt. Stellt sich dagegen heraus, daß die Substitutionsmöglichkeiten segmentspezifisch sind, besteht kein gemeinsamer relevanter Markt. Dann existieren einzelne Märkte für Vitamine in Verwendung für Therapieleistungen, für Lebensmittel- und für Futtermittelherstellung.

Auch für diesen Sachverhalt erweist sich die Markt-Feld-Matrix als besonders leistungsfähig. Sie deutet ohne einen nennenswerten Aufwand auf noch offene Fragen hin. Zeigt sich, daß bei näherer Hinsicht einige Felder mit einem „-" zu versehen sind, kann auf weitere Untersuchungen verzichtet werden und es ist von getrennten relevanten Märkte auszugehen.

Insgesamt hat sich gezeigt, daß die Markt-Feld-Matrix für die Branche der Investitionsmittel besonders gut einzusetzen ist. Aufgrund der eingangs erläuterten besonderen Struktur der Markt-Feld-Dimensionen kann auf Cluster- und Conjoint-Analysen regelmäßig verzichtet werden. Bereits die Überführung des betreffenden Sachverhaltes in eine Markt-Feld-Matrix deutet auf bestehende Informationsdefizite konkret hin. Sobald diese ausgeräumt sind, läßt sich ohne Zweifel beantworten, ob von einem einzigen oder getrennten relevanten Märkte auszugehen ist.

6. Handel

a.) Abnehmerseite

Die Kunden das Handels lassen sich in groß- und Einzelhandelskunden aufteilen.
Großhandelskunden bestreiten mit den erworbenen Gütern regelmäßig das eigene Tagesgeschäft. Die dazugehörigen relevanten Märkte weisen die typischen Charakteristika von Investitionsgütermärkten auf. Es ist jedoch zu berücksichitgen, daß Großhandelskunden normalerweise kleiner sind, als Industrieabnehmer. Ihr Austauschbarkeisturteil steht vermutlich nicht auf einer vergleichbaren objektiven Basis.
Einzelhandelskundengruppen dagegen setzten sich aus privaten Konsumenten zusammen. Ihre Einkaufmotive und Bedürfnisse sind herterogen und lassen sich nicht unter dem Gesichtspunkt eines einheitlichen Warensortimentes zuammenfassen. Wie wir bereits in der Rechtsprechungsanalyse in Kapitel 3 feststellen konnten, bestimmen die Einkaufmotive grundsätzlich die Betriebsformenakzeptanz[599]. Pauschalisiert lassen sich die Konsumenten in Grund- und Zusatznutzenkäufer einteilen. Der gewünschte Zusatznutzen kann in einer besonderen Qualität, einer intensiven Beratung oder einem poistiven Einkaufserlebnis bestehen.
Zur Unterteilung der Konsumenten sind zunächst die potentiellen Käufer einer bestimmten Produktgruppe[600] zu ermitteln. Diese sind dann mittels einer Clusteranalyse in homogene Gruppen zu unterteilen.

---

[599] Vgl. Nr. 1 d.) in Kapitel 3.

[600] Wie wir ebenfalls in Kapitel 3 festgestellt haben, hat die Unterteilung des Angebots nach Produktgruppen zu erfolgen. Daraus folgt, daß die vertikale Markt-Feld-Dimension im Hinblick auf dieses Angebot abzugrenzen ist.

b.) Das Marktangebot

Das Marktangebot besteht grundsätzlich aus allen Alternativen, die für eine bestimmten Produktgruppe am Markt bestehen. Diese Angebote sind nach ihrer qualitativen Leistung in der horizontalen Markt-Feld-Dimension getrennt auszuweisen. Die qualitative Leistung wird normalerweise durch die verschiedenen Betriebstypen charakterisiert. Wir wollen uns der Produktgruppe der Bekleidung als Beispiel zuwenden. Hier können wir im wesentlichen die Betriebstypen Discounter, SB-Warenhaus, Versand, Boutique und Spezialgeschäft unterscheiden. Diese fünf Vertreibsformen wollen wir im folgenden als die horizontalen Elemente der Markt-Feld-Matrix ansehen.

c.) Urteilsanalyse

Im Rahmen des dritten Kapitels wurde ausführlich erläutert, warum die Sortimentsichtweise der Rechtsprechung abzulehnen ist. Die Abnehmer sollen sich annahmegemäß in die oben genannten Grund- und Zusatznutzenkäufer unterteilen. Es ergibt sich dann folgende Markt-Feld-Matrix:

	Discounter	SB- Warenhaus	Versand	Boutique	Spezialgeschäft
Grundnutzenkäufer	+	+	+	-	-
Qualitätskäufer	-	?	?	?	?
Beratungskäufer	-	?	-	+	+
Erlebniskäufer	-	-	-	+	?

(Tabelle 5-7)

Das Ergebnis in Tabelle 5-7 verdeutlicht, daß eine intuitive Abgrenzung des Bekleidungsmarktes nicht möglich ist. Für eine endgültige Marktdefinition ist die Ermittlung der Austauschbarkeitsurteile der einzelnen Verbraucher unverzichtbar.

Einzelhandelsmärkte bedürfen eines signifikanten Erhebungsaufwandes. Zunächst sind die Konsumenten in homogene Teilgruppen zu unterteilen. Hierfür wird normalerweise die Durchführung einer Clusteranalyse obligatorisch sein. Weiterhin sind alle am Markt zur Verfügung stehenden Bezugsmöglichkeiten zu ermitteln. Schließlich müssen für alle Alternativen Austauschbarkeitsurteile erhoben werden. Nur so ist es möglich, die bestehenden relevanten Märkte auch dort abzugrenzen, wo Wettbewerb wirklich besteht. Die Markt-Feld-Matrix ermöglicht die Einbeziehung multivariater Analyseverfahren, wo immer ein entsprechenden Erhebungsaufwand festzustellen ist. Damit ist sie auch zur Ermittlung von Einzelhandelsmärkten gut geeignet.

7. Energie

a.) Abnehmerseite

Die Abnehmer von Energie lassen sich in Einzelhaushalte und Großabnehmer unterteilen. Weitere Differenzierungen können nach den Energieträgern vorgenommen werden. So wird Wärmeenergie beispielsweise mit Hilfe von Heizöl, Strom, Gas oder Festbrennstoffen erzeugt oder kann via Fernwärmeleitungen zum Abnehmer transportiert werden.

b.) Das Marktangebot

Die einzelnen Alternativen zur Energieerzeugung sind getrennt in die horizontale Markt-Feld-Dimension aufzunehmen.

c.) Urteilsanalyse

Wir wollen uns die Struktur eines Energiemarktes anhand des Beispiels von Wärmeenergie veranschaulichen. Dabei soll von Einzelhaushalten als Abnehmern ausgegangen werden.

	Heizöl	Gas	Fern-wärme	Strom	Festbrenn-stoff
Haushalt mit Öltank	+	-	-	-	-
Haushalt mit Gasanschluß	-	+	-	-	-
Haushalt mit Fernwärmeanschluß	-	-	+	-	-
Haushalt mit Stromheizung	-	-	-	+	-
Haushalt ohne Anschluß	-	-	-	-	+

(Tabelle 5-8)

Tabelle 5-8 verdeutlicht, daß die verschiedenen Arten der Wärmeenergieerzeugung auch unterschiedlichen relevanten Märkte zuzuordnen sind. Aufgrund der vorhandenen Anschlüsse ist es keinem der Haushalte möglich, ohne größere Anstrengungen auf alternative Energieträger auszuweichen. Insbesondere werden moderate Preiserhöhungen bei einem der Medien zur Wärmeenergieerzeugung aufgrund der hohen Umstellungskosten keine nennenswerten Abwanderungen zu den anderen Alternativen zur Folge haben.

8. Transport

a.) Abnehmerseite

Bei den Abnehmern von Transportleistungen ist nach den unterschiedlich strukturierten Bedürfnissen an die betreffenden Dienstleistung zu unterscheiden. So kann ein besonderer Wunsch nach einem schnellen, sicheren oder preisgünstigen Transport bestehen. Darüber hinaus bestehen bei den Kunden von Fracht- und Personentransporten unterschiedliche Vorstellungen über mögliche Alternativen. Zudem haben die Abnehmer von Stückguttransporten andere Präferenzen, als die Interessenten an Massentransporten.

b.) Das Marktangebot

Das Marktangebot ist an den Bedürfnissen der Kunden orientiert. Grundsätzlich läßt sich zwischen See-, Luft- und Landtransporten unterscheiden. Für jede dieser Formen existieren zahlreiche Varianten. Bei Seetransporten kann man sich beispielsweise zwischen dem Linienverkehr, der Trampschiffahrt und einem Charter entscheiden.

c.) Urteilsanalyse

Wir wollen uns exemplarisch mit dem Seefrachtransport befassen. Dazu soll der Fall „Reederausschüsse in der Frankreich-Westafrika-Fahrt" herangezogen werden. Die betrachtete Dienstleistung soll der Linienschifftransport sein.
Die Abnehmer eines Transportes von Frankreich nach Westafrika unterteilen sich grundsätzlich in Interessenten an einem Stücktransport und solche, die Massengut befördert haben möchten..
Der Stückguttransport wiederum ist mit Linien- oder Trampschiffahrt möglich. Zusätzlich kommt bei dieser Variante auch der Flugtransport in Betracht. In die Markt-Feld-Matrix eingeordnet stellt sich dieser Sachverhalt wie folgt dar:

	Linien-Schiff	Tramp-schiff	Schiff-Charter	Luft-transport	Landweg
Massenguttransport-Kunde	-	-	+	-	x
Stückgut-Kunde	+	?	-	?	x

(Tabelle 5-9)

Man kann zunächst feststellen, daß die Linienschiffahrt für Massengut-Kunden nicht von Interesse ist. Der relevante Markt umfaßt folglich keine Massenguttransporte. Möglich ist eine Austauschbarkeit mit der Trampschiffahrt und dem Lufttransport. In dieser Hinsicht sind weitere Untersuchungen erforderlich. Westafrika kann auf dem Landweg nicht erreicht werden. Deshalb ist dieses Feld mit einem „x“ gekennzeichnet.

Die Markt-Feld-Matrix führt in Transportfällen schnell zu zuverlässigen Ergebnissen. Cluster- und Conjointanalysen werden im Regelfall nicht erforderlich sein. Die Erhebung der allein notwendigen Austauschbarkeitsurteile bedarf keiner größeren zeitlichen oder finanziellen Aufwendungen.

9. Tourismus

Auch für die Bestimmung von Tourismusmärkte erweist sich die Markt-feld-Matix als geeignet. Dieses wurde bereits im vierten Kapitel ausführlich diskutiert[601]. Zur Ermittlung dieser Märkte werden allerings normalerweise sowohl Cluster- als auch Conjointanalysen erforderlich sein.

10. Medien und Informationen

a.) Die Abnehmerseite

Der Bedarf von Mediennutzern ist je nach den gewünschten Inhalten unterschiedlich. Zunächst kann zwischen den Konsumenten von Unterhaltungsangeboten und Informationsinhalten unterschieden werden. Konsumenten mit einem Unterhaltungsbedürfnis sind nach den Regeln der oben bereits analysierten Kulturkunden zu unterteilen[602].

Wir wollen uns nun näher mit den Konsumenten von Informationen beschäftigen. Die nach Informationen suchenden Individuen unterscheiden sich im Hinblick auf die gewünschten Informationsinhalte, die Informationstiefe und die präferierte Frequenz der Informationsabfolge.

Es können allgemeine Informationen über das Tagesgeschehen erwünscht sein, oder solche, die einen sehr speziellen Inhalt haben. Die Nachfrager sind zunächst nach der Art der gewünschten Informationen aufzuteilen. In einer Clusteranalyse ist dann diese generelle Einteilung daraufhin zu untersuchen, ob weitere segmentspezifische Präferenzen bestehen.

---

601 Vgl. Nr. 2 b.) dd.) in Kapitel 4.

602 Vgl. oben in diesem Kapitel Nr. 4.

Werbekunden dagegen suchen weder Informationen und noch Unterhaltung. Sie sind grundsätzlich einem eigenen Kundencluster zuzuodnen und damit Bestandteil eines eignen relevanten Marktes.

b.) Das Marktangebot

Das Marktangebot hat sich weitgehend an die Präferenzen der Kunden angepaßt. Die Angebote aus dem Unterhaltungsbereich sind genau wie die dazugehörigen Konsumenten nach den Regeln für kulturelle Güter zu anlysieren.

Unterschiedliche Medien werden aufgrund der verschiedenen Informationsvermittlung im Normalfall unterschiedlichen relevanten Märkten zuzuordnen sein[603].

Als Marktangebot kommen zunächst alle Medien in Betracht, die grundsätzlich als dazu geeignet erscheinen, das spezielle Informationsbedürfnis eines bestimmten Konsumentenclusters zu erfüllen. Die Angebote sind nach Medienart, Informationstiefe, Informationsinhalt und der zeitlichen Abfolge getrennt in die horizontale Markt-Feld-Dimension zu übernehmen.

c.) Urteilsanalyse

Wir wollen uns exemplarisch mit der Marktabgrenzung des relevanten Informationsmarktes einer generell als seriös bezeichnenten Tageszeitung auseinandersetzen. Die zuvor durchgeführte Clusteranlyse über alle Konsumenten, die zumindest täglich aktuelle Informationen über das Tagesgeschehen suchen, soll annahmegemäß ergeben haben, daß ein Konsumentencluster mit in sich homogenen Austauschbarkeitsurteilen in der Gruppe von berufstätigen Personen zu sehen ist, die selbständig sind oder zumindest die Position eines leitenden Angestellten bekleiden.

Die für diese Gruppe denkbaren Alternativen zur Informationsgewinnung sind in die Markt-Feld-Matrix überführt worden. Daraus ergibt sich folgendes Bild:

---

[603] Was allerdings nicht heißt, daß unterschiedliche Medien nicht im Einzelfall einem gemeinsamen Markt zuzuordnen sein können.

	Betrachtete Tageszeitung	Andere Tages-zeitung	andere Tageszeitung (Straßenvertrieb)
Kunden mit gehobenem Status	+	?	?

	Publikums-Zeitschrift	Fach-zeitschrift	Fernsehen	Radio
Kunden mit gehobenem Status	-	-	?	?

(Tabelle 5-10)

Ob die betrachtete Tageszeitung mit in einem Austauschverhältnis mit den anderen Tageszeitungen steht, muß durch entsprechende Erhebungen ermittelt werden. Es werden sich mit einiger Wahrscheinlichkeit verschiedene in Frage kommende Alternativen ermitteln lassen.

Ebenso müßte ein Austauschverhältnis zu Straßenverkaufszeitungen ermittelt werden. Ein solches ist allerdings weniger wahrscheinlich, da sich letztere regelmäßig über eine „reißerische" Berichterstattung auszeichnen[604].

Zeitschriften und Fachzeitschriften kommen als Ersatz nicht in Betracht, weil sie nicht täglich erscheinen. Informationen, die über Radio oder Fernsehen transportiert werden, sind vermutlich ebenfalls keine adäquaten Substitute für Tageszeitungen, weil bei diesen Medien Ort, Zeitpunkt und Geschwindigkeit der Informationsaufnahme nicht durch den Konsumenten gesteuert werden kann. Abschließende Aussagen sind hier allerdings erst nach der Ermittlung der Austauschbarkeitsurteile der Verbraucher möglich.

Die in Betracht kommenden Alternativen können bei der Vielzahl der heute vorhandenen Zeitungen, Zeitschriften, Radio- und Fernsehprogramme schnell zu einer für ein einzelnes Individuum nicht mehr überschaubaren horizontalen Markt-Feld-Dimension führen. In einem solchen Fall muß eine multidimensionale Skalierung durchgeführt werden, um relevante Produkträume zu ermitteln.

11. Einbeziehung der Kriterien ohne Branchenbezug

Das dritte Kapitel schloß mit einem Katalog branchenübergreifender Kriterien, die für eine Marktabgrenzung im Einzelfall relevant sein können. Nunmehr soll

[604] Vgl. Nr. 1 g.) aa.).

überprüft werden, ob die Markt-Feld-Matrix dazu geeignet ist, alle diese Determinanten zu berücksichtigen.

Der relevante Markt soll zunächst dergestalt in sich homogen sein, daß seine Güter zur Deckung eines einheitlichen Bedarfs als besonders geeignet erscheinen und mit anderen Erzeugnissen nur in einem geringen Maße miteinander austauschbar sind[605]. Dieses kann nicht dahingehend gewertet werden, daß ein identisches Erzeugnis im Einzelfall nicht auch unterschiedlichen Märkten zugeordnet werden kann. Diese Tatsache stellt der EuGH selbst ausdrücklich fest[606].

Für die Einordnung eines Gutes in verschiedene relevante Märkte können beispielsweise unterschiedliche Vertriebswege[607] oder differierende Marketingstrategien[608] sprechen. Sowohl unterschiedliche Vertriebswege als auch differierende marketingpolitische Ansätze lassen sich in der horizontalen Markt-Feld-Dimension berücksichtigen. Ihre tatsächliche Relevanz für die Auswahlentscheidung läßt sich bei Bedarf mit Hilfe der Conjoint-Analyse feststellen.

Von der Rechtsprechung wurde offengelassen, welches der drei Marktelemente der Homogenitätsbedingung genügen muß. Wenn sogar ein identisches Erzeugnis unterschiedlichen Märkten zugeordnet werden kann, kann die Homogenität der Güter im Markt bei gleichzeitiger Heterogenität zu Gütern außerhalb des Marktes kein Kennzeichen des relevanten Marktes sein. Die Homogenität muß sich vielmehr auf das Austauschbarkeitsurteil beziehen. Homogen müssen also die Urteile der Verbraucher über die Austauschbarkeit der betrachteten Güter sein. Dieses haben wir im vierten Kapitels bereits ausführlich erläutert.

Wenn in dieser Hinsicht homogene Abnehmergruppen nicht wie im Fall ECS/AKZO offensichtlich sind, kann zu ihrer Identifikation die Clusteranalyse herangezogen werden. Die Marktabgrenzung mittels der Markt-Feld-Matrix kann damit der Homogenitätsbedingung genügen.

Neben unterschiedlichen Vertriebswegen und differierenden Marketingstrategien können eine Vielzahl weiterer Indikatoren für eine Einordnung ähnlicher Güter in unterschiedliche relevante Märkte sprechen. Von der Rechtsprechung wurden beispielsweise verschiedene Qualitätsstufen[609] oder ein unterschiedlicher Verarbeitungsgrad[610] als Abgrenzungskriterien herangezogen. Ebenso wurden verschiedene Wertschöpfungsniveaus als zur Abgrenzung geeignet an-

[605] Vgl. EuGH, Continental Can Company Inc., Slg. 1973, S. 215ff. (248).
[606] Vgl. EuGH, Vitamine, Slg. 1979, S. 436ff. (515f.).
[607] Vgl. Kommission, Mars/Schöller-Langnese, Slg. 1990-1992, S. 560ff (568).
[608] Vgl. WUW/E BGH, Mannesmann - Brueninghaus, 1711ff (1714).
[609] Vgl. Kommission, Pilzkonserven, Slg. 1973-1980, S. 150ff.
[610] Vgl. Kommission, Reuter/BASF, Slg. 1973-1980, S. 293ff (294).

gesehen[611]. Auf physikalisch-technische oder chemische Determinanten soll es dagegen grundsätzlich nicht ankommen[612].

Allen diesen Abgrenzungskriterien ist gemein, daß sie Merkmale darstellen, die dem Produkt unmittelbar oder mittelbar anhaften und zu seiner Beschreibung verwendet werden können. Bestehen im Einzelfall unterschiedliche Ansichten über ihre Relevanz, so läßt sich die Bedeutung der Merkmale für die Marktabgrenzung mit Hilfe der Conjoint-Analyse ermitteln. Die auf diese Weise gewonnenen Produktumschreibungen bilden die horizontale Markt-Feld-Dimension. In einem weiteren Schritt sind dann die Verbraucher nach ihren Austauschbarkeitsurteilen zu befragen.

Im Einzelfall zählt die Rechtsprechung potentielle Konkurrenz zum relevanten Markt[613]. Auf die fließenden Grenzen des relevanten Marktes aufgrund sich kontinuierlich wandelnder Effektivzinserwartungen wurde bereits hingewiesen[614]. Unter den im vierten Kapitel genannten Voraussetzungen können potentielle Konkurrenzprodukte in die horizontale Dimension der Markt-Feld-Matrix mit aufgenommen werden.

Für die Abgrenzung des relevanten Marktes können rein subjektive Kriterien, die nicht auf der Verwendbarkeit des Gutes beruhen, maßgeblich sein[615]. Dabei ist die tatsächliche Handhabung von ausschlaggebender Bedeutung[616].

Die Berücksichtigung dieser Voraussetzung wird durch die isolierte Untersuchung der Austauschbarkeit der Güter gewährleistet. Im Rahmen der empirischen Erhebung ist es unerheblich, ob das Austauschbarkeitsurteil auf objektiven oder subjektiven Kriterien beruht.

Im Sinne einer effizienten Rechtsanwendung ist weiter zu fordern, daß die gefundene Operationalisierung die Verfahren nicht unnötig verkompliziert. Auch in dieser Hinsicht erweist sich die Markt-Feld-Matrix als besonders geeignet. In einem einfachen Verfahren, wie im Fall von ECS/AKZO, bedarf es keiner weiteren empirischen Erhebungen, um die horizontale und die vertikale Markt-Feld-Dimension zu identifizieren. Beide Dimensionen sind aufgrund der offen zutage tretenden Unterscheidungen zwischen den Abnehmern und der in Betracht kommenden Güter leicht zu erkennen. Insofern bedarf es allein einer Un-

[611] Vgl. Kommission, Eilkurierdienstleistungen in den Niederlanden, ABl. 1990, Nr. L 10/47ff. (10/48).
[612] Vgl. BGHZ 67, Vitamin-B-12, S. 105ff. (113).
[613] Vgl. Kommission, Tetra-Pak I, ABl. 1988, Nr. L 272/27ff. (Nr. 272/38).
[614] Vgl. oben in Kapitel 4 Nr. 1 b.).
[615] Vgl. WUW/E OLG, Bockhorner Klinker, 709ff. (711f.).
[616] Vgl. BGHZ 101, Inter Mailand, S. 100ff. (103).

tersuchung bei den Abnehmergruppen, die die Ermittlung der subjektiv empfundenen Austauschbarkeit der Güter zum Ziel hat.

Wenn die Unterscheidungskriterien nicht ohne weiteres festgestellt werden können, bieten sich je nach Bedarf die oben in Grundzügen vorgestellten multivariaten Analysemethoden an.

12. Schlußbetrachtung der operationalisierten Marktabgrenzung

Wir wollen die aufgeworfenen Hypothesen und die gefundenen Lösungsansätze noch einmal zusammenfassen:

- Freiem Wettbewerb ist in seiner vollkommen ungezügelten Spielart die Tendenz zur Selbstaufhebung immanent. Zur Bewahrung des Wettbewerbs bedarf es folglich der staatlichen Intervention. Wirtschaftliche Macht läßt sich durch ihre Auswirkungen auf einem Beherrschungsobjekt identifizieren. Dieses Beherrschungsobjekt ist der relevante Markt. Ein wettbewerbsbezogener relevanter Markt kann nur wettbewerbsbezogen abgegrenzt werden. Er besteht aus den drei Elementen Nachfrager, Anbieter und den dort gehandelten Gütern.

- Die bisher von der Rechtsprechung herangezogenen Kriterien sind in mancherlei Hinsicht anzuzweifeln: Die Kreuzpreiselastizität ist ein theoretisches und in der Praxis nicht operationalisierbares Konstrukt. Der verständige Verbraucher kann zwar im Bereich von Investitionsgütern, nicht aber für Konsumgüter als ein rational handelnder Konsument verstanden werden. Die Marktgrenzen sind hinsichtlich der potentiellen Konkurrenz aufgrund sich wandelnder Effektivzinserwartungen der Konkurrenten fließend. Es wurde gezeigt, welche potentiellen Konkurrenten als ein Bestandteil des relevanten Marktes anzusehen sind. Viele Probleme bei der Abgrenzung des relevanten Marktes entstehen durch den Versuch, Ausbeutungs- und Behinderungsmißbrauch den gleichen Regeln zu unterwerfen.

- Nach der Rechtsprechung gehören alle Güter, die zur Deckung eines einheitlichen Bedarfs geeignet sind, zum relevanten Markt. Entsprechend der Kasuistik können auch identische Erzeugnisse unterschiedlichen Märkten zuzuordnen sein. Die Einheitlichkeit des Bedarfs kann damit nicht an dem Marktelement „Güter“ zu messen sein, sondern muß sich auf die Nachfrageseite beziehen. Zur Deckung eines einheitlichen Bedarfs sind aus Verbrauchersicht diejenigen Güter geeignet, die über einen einheitlichen Nutzenwert hinaus auch nach der subjektiven Konsumentenmeinung als austauschbar angesehen werden. Es entspricht einer Erkenntnis der betriebswirtschaftlichen Marktsegmentierung, daß unterschiedliche Verbrauchertypen auch unterschiedliche Urteile über die Austauschbarkeit von Gütern abgeben. Dann aber kann die Nachfrageseite des relevanten Marktes nur aus solchen Verbrauchern mit in sich homogenen Austauschbarkeitsurteilen über die Güter bestehen. Zur Feststellung von Verbrauchertypologien läßt sich die betriebswirtschaftliche Clusteranalyse einsetzen.

- Das Austauschbarkeitsurteil der Verbraucher muß sich auf die Güter beziehen. In der Regel lassen sich Güter recht einfach beschreiben. Es gibt jedoch auch solche Erzeugnisse, die durch eine Vielzahl von Eigenschaften beschrieben werden können. Dieses wurde für das Beispiel der Pauschalreisen gezeigt. Hier sind die entscheidungsrelevanten von den eher irrelevanten Merkmalen zu trennen. Zur Feststellung der für eine Güterbeschreibung relevanten Eigenschaften kann die Conjoint-Analyse eingesetzt werden.

- Durch Gegenüberstellung von Verbrauchertypologien und der zur Befriedigung des Bedarfs grundsätzlich in Frage kommenden Güter ergibt sich die Markt-Feld-Matrix. Alle Güter, die ein bestimmtes Cluster von Verbrauchern als miteinander austauschbar ansieht, gehören zum gleichen relevanten Markt. Dabei ist es erforderlich, daß ein „erheblicher Teil" des Clusters eine Austauschbarkeit anerkennt. Zur Identifizierung eines „erheblichen Teils" wurde eine Vorgehensweise vorgeschlagen, die auf eine willkürliche Quantifizierung verzichten kann. Man kann dabei in eine Per-Se-Regel und eine mathematisch operationalisierte Regel unterscheiden. Dieser Vorgehensweise soll jedoch nur Indizwirkung zugestanden werden.

- Die Anwendung der Markt-Feld-Matrix auf die im Rahmen des dritten Kapitels analysierten Branchen führte zu dem Ergebnis ihrer universellen Anwendbarkeit. Sie hat sich insbesondere deswegen gegenüber den bisherigen Verfahren als überlegen erwiesen, weil sie schnell zu zuverlässigen Ergebnissen führt und auf noch bestehende Informationsdefizite konkret hinweist.

- Für den Fall überdimensionierter Markt-Feld-Matritzen wird die empirische Ermittlung von Austauschbarkeitsurteilen häufig problematisch. Unbefriedigend ist auch der Fall, daß die Ermittlung des „erheblichen Teils" nach der oben genannten Regel mit dem Einzelfall nicht vereinbar erscheint. Für die Lösung derartiger Konstellationen ist die Mehrdimensionale Skalierung verwendbar.

- Nach der branchenbezogenen Rechtsprechungsanalyse ergab sich ein Katalog von übergeordneten Marktabgrenzungskriterien, die im Einzelfall für alle Branchen von Bedeutung sein können. Es wurde festgestellt, daß alle diese Kriterien bei der Marktabgrenzung mit Hilfe der Markt-Feld-Matrix berücksichtigt werden

Abbildung 5-2: Systematische Marktabgrenzung

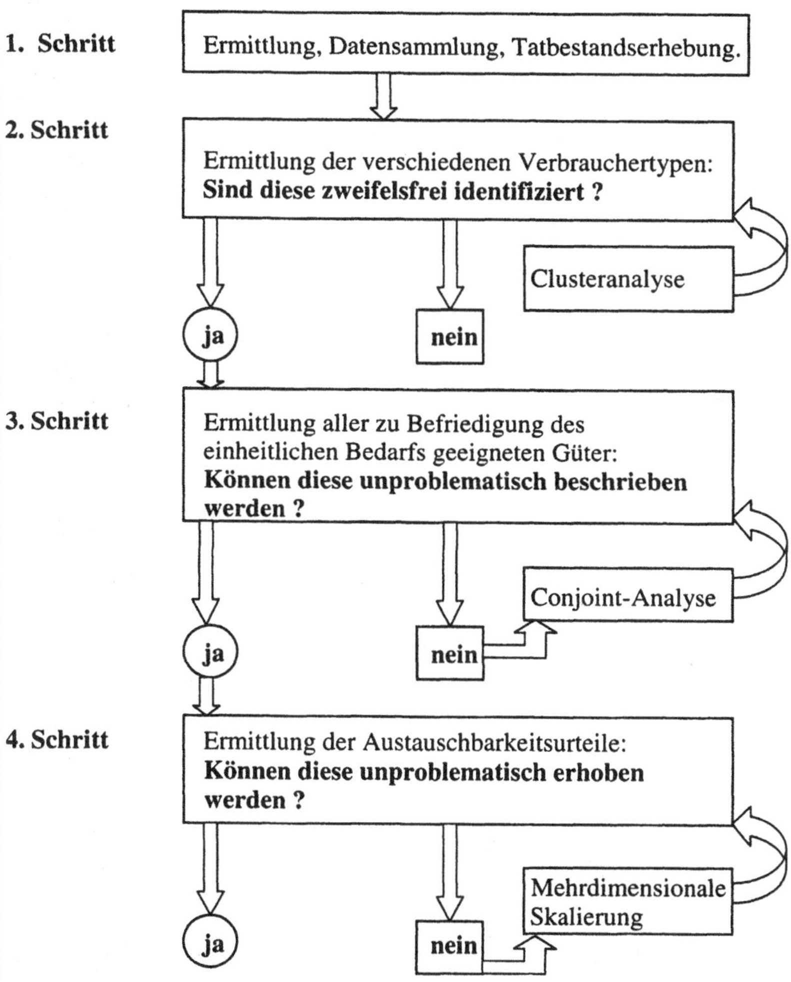

- Schließlich ist das vorgeschlagene Verfahren in hohem Maße flexibel. Betriebswirtschaftliche Analysemethoden sind nur dort einzusetzen, wo Abgrenzungkriterien nicht offen zutage treten. Damit können sowohl der zusätzliche zeitliche Anspruch, als auch der finanzielle Mehraufwand auf ein Mindestmaß beschränkt bleiben.

Abbildung 5-2 verdeutlicht abschließend die einzelnen Verfahrensschritte einer Marktabgrenzung mit Hilfe der Markt-Feld-Matrix.

Literaturverzeichnis

Abbot, C.: Qualität und Wettbewerb, München 1958

Aktionsgemeinschaft Soziale Marktwirtschaft (Hrsg.), Eisermann, Günter/Rüstow, Alexander: Wirtschaftsordnung und Menschenbild: Persönlichkeit und Werk, Köln 1960

Amt für amtliche Veröffentlichungen der europäischen Gemeinschaften: Sammlung der Entscheidungen der Kommission auf dem Gebiet des Wettbewerbs, Artikel 85, 86 und 90 EWG-Vertrag, Bände 1-6, Luxemburg

*Arndt, J.:*Anpassung und Gleichgewicht am Markt, in: JbNSt 170 (1958), S. 217ff.

Attorney General of the Antitrust Division (USA): National Committee to study the Antitrust Laws, Report, Washington D.C. 1955

Backhaus, Klaus/Erichson, Bernd/Plinke, Wulff/Weiber, Rolf: Multivariate Analysemethoden, 8. Auflage, Münster 1996

Bartlett, Christopher A./Goshal, Sumantra: Managing Across Borders, 1. Auflage, Cambridge (MA) 1989

Baum, Herbert: Der relevante Markt als Problem der Wettbewerbspolitik, in: WuW 6/1980, S. 401ff.

Bechthold, Rainer: Kartellgesetz, Gesetz gegen Wettbewerbsbeschränkungen, Kommentar, 1. Auflage, München 1993

ders.: Zwischenbilanz zum EG-Fusionskontrollrecht, in: EuZW 1994, S. 653ff.

Becker, Jochen: Marketingkonzeption: 3. Auflage, München 1990

Beckmann, Peter: Die Abgrenzung des relevanten Marktes im Gesetz gegen Wettbewerbsbeschränkungen, 1. Auflage, Bad Homburg 1968

Berg, Hartmut: Wettbewerbspolitik, in: Bender, Dieter (Hrsg.), Vahlens Kompendium der Wirtschaftstheorie und Wirtschaftspolitik, 5. Auflage, München 1992, Band 2, S. 239ff.

Borchhardt, Knut/Fikentscher, Wolfgang: Wettbewerb, Wettbewerbsbeschränkung, Marktbeherrschung, Abhandlungen aus dem gesamten Handelsrecht, Bürgerlichen Recht und Konkursrecht, Heft Nr. 24, Stuttgart 1957

Brede, Helmut: Möglichkeiten zur Bestimmung von Nachfrageverwandtschaft mit Hilfe von Indikatoren, 1. Auflage, Frankfurt a. M. 1976

Bühl, Achim/Zöfel, Peter: Professionelle Datenanalyse mit SPSS für Windows, 1. Auflage, München 1996

Bundesministerium für Wirtschaft: Eckpunkte für eine Novelle des Gesetzes gegen Wettbewerbsbeschränkungen, Bonn 1996

Bundesverband der Pharmazeutischen Industrie e. V.: Rote Liste 1997

Bunte, Josef: Kommentar zum deutschen und europäischen Kartellrecht, 7. Auflage, Berlin 1994

Däumler, Klaus-Dieter: Grundlagen der Investitions- und Wirtschaftlichkeitsrechnung, 8. Auflage, Felde-Jägerlust 1994

Dichtl, Erwin/Issing, Ottmar (Hrsg.): Vahlens Großes Wirtschaftslexikon, 2. Auflage, München 1994 (zitiert als: Vahlens Großes Wirtschaftslexikon, Band)

Dichtl, Erwin/Schobert: Rudolf, Mehrdimensionale Skalierung, 1. Auflage, München 1979

Ebel, Hans-Rudolf: Kartellrecht, GWB und EG-Vertrag, Kommentar (Stand: 29. Ergänzungslieferung 1996), Berlin

Emmerich, Volker: Kartellrecht, 7. Auflage, München 1994

Eucken, Walter: Grundlagen der Nationalökonomie, 7. Auflage, Berlin 1959

Europäische Kommission: XXIV. Bericht über die Wettbewerbspolitik, Luxemburg 1994

Felderer, Bernhard/Homburg, Stefan: Makroökonomik und Neue Makroökonomik, 5. Auflage, Bochum und Dortmund 1990

Fischötter, Werner: Verkehrsbefragung bei Bestimmung des relevanten Marktes ?, in: Festschrift für Gerd Pfeiffer 1988, S. 627ff.

ders: Gedanken zum selektiven Vertrieb, in: WuW 1981, S. 478ff.

Frazer, Tim: Monopoly, Competition and the Law: The Regulation of Business Activity in Britain, Europe and America, New York 1988

Gamm, Otto Friedrich Frhr. v.: Potentieller Wettbewerb – Substitutionswettbewerb, in: Festschrift für Gerd Pfeiffer 1988, S. 643ff.

Gloy, Wolfgang (Hrsg.): Handbuch des Wettbewerbsrechts, 2. Auflage, München 1997 (zitiert als: Gloy - Bearbeiter)

Green, P.E./Srinivasan V.: Conjoint-Analysis in Consumer Research: Issues and
Outlook, in: Journal for Consumer Research 5/1978, S. 103ff.

Greene, Charles: Kundenanforderungen nach der Jahrtausendwende, Wohin will
der Homo electronis ?, Asw 4/1997, S. 42ff.

Groeben, Hans von der/Thiesing, Jochen/Ehlermann, Claus-Dieter (Hrsg.): Kommentar zum EWG-Vertrag, 4. Auflage Baden-Baden 1991, Band 1 (zitiert als: Groeben/Thiesing/Ehlermann)

Gröppel, Andrea: Competitive Retailing Strategies in Germany: An Empirical Study, in: Levy M./ Grewal, D. (Hrsg.), Developments in Marketing Science, 1. Auflage, Miami 1993, S. 643ff.

dies.: Einkaufsmotive und Betriebsformenrelevanz, in: Thexis 10/4 1993, S. 4ff.

dies.: Die Dynamik der Betriebstypen - Ein Erklärungsversuch aus Konsumentensicht, in: Forschungsgruppe Konsum und Verhalten (Hrsg.), Konsument-enforschung, 1. Auflage, München 1994, S. 379ff.

Hafner, Siegbert: Kalkulation im Handel, in: Lexikon Handel und Absatz, 3. Auflage, München 1988, S. 382ff.

Hall C.S./Lindzey G.: Theorien der Persönlichkeit, 1. Auflage, München 1978

Hausruckinger, Gerhard/Herker, Armin: Die Konstruktion von Schätzdesigns für Conjoint-Analysen auf der Basis von Paarvergleichen, in: Marketing ZFP 2/1992, S. 99ff.

Herberg, Horst: Preistheorie - Eine Einführung, 3. Auflage, Stuttgart 1994

Hirsch, Martin/Burkhart, Thomas (Hrsg.): Kommentar zum EG-Kartellrecht, 4. Auflage, Heidelberg 1993 (zitiert als: Gleiss/Hirsch)

Hoppmann, Erich: Die Abgrenzung des relevanten Marktes, 1. Auflage, Baden-Baden 1974

Immenga, Ulrich/Mestmäcker, Ernst-Joachim: Gesetz gegen Wettbewerbsbeschränkungen, Kommentar, 1. Auflage, München 1992 (zitiert als: Immenga/Mestmäcker - Bearbeiter)

Jahrmann, F.-Ulrich: Aussenhandel, 8. Auflage, Ludwigshafen (Rhein) 1981

Jensen, Sören: Die Abzocker, in: MM 10/1997, S. 56ff.

Kantzenbach, Erhard/Krüger, Reinald: Zur Frage der richtigen Abgrenzung des sachlich relevanten Marktes bei der wettbewerbspolitischen Beurteilung von Unternehmenszusammenschlüssen, in: WuW 6/1990, S. 472ff.

Kieker, Jürgen: Fusionskontrolle im Rundfunk, in: WuW 2/1990, S. 128ff.

Kilian, Wolfgang: Europäisches Wirtschaftsrecht, 1. Auflage, München 1996.

Kleemann, Dietrich: Das neue französische Wettbewerbsrecht, in: WuW 1987, 628ff.

Knöpfle, Robert: Ist es für die Beurteilung, ob ein Unternehmen eine marktbeherrschende Stellung hat, notwendig, den relevanten Markt zu bestimmen ?, in: DB 27-28/1990, S. 1385ff.

Krelle, Wilhelm: Preistheorie, 1. Auflage, Tübingen 1961

Kroeber-Riehl, Werner: Konsumentenverhalten, 3. Auflage, München 1984

Kotler, Philip/Bliemel, Friedhelm: Marketing-Management, 8. Auflage, Stuttgart 1995

Kruskal, J.B.: Multidimensional Scaling by Optimizing Goodness of a Fit to a Nonmetric Hypothesis, in: Psychometrika 29/1964, S. 1ff.

Lampert, Heinz: Die soziale Marktwirtschaft in der Bundesrepublik Deutschland, in: Bundeszentrale für Politische Bildung (Hrsg.), Wirtschaftspolitik, Bonn 1991

Lange, Knut Werner: Räumliche Marktabgrenzung in der deutschen Fusionskon trolle, in: BB 49/1996, S. 1997ff.

Lenz, Carl Otto: Kommentar zu dem Vertrag zur Gründung der Europäischen Gemeinschaften, 1. Auflage, Luxemburg 1994

Libbert, W.: Fusionskontrolle im Rundfunk, in: WuW 2/1990, S. 128ff.

Lingen Verlag (Hrsg.): Das Große Lingen Universallexikon, ständig aktualisierte Nachauflage, Köln 1985

Lob, Harald: Die Entwicklung der französischen Wettbewerbspolitik bis zur Verordnung Nr. 86-1243 vom 01. Dezember 1986, Hohenheimer Volkswirtschatliche Schriften, Band 7, Frankfurt am Main 1988

Lüllmann, Heinz/ Mohr, Klaus/ Ziegeler, Albrecht: Taschenatlas der Pharmakologie, 3. Auflage, Stuttgart 1996

Marshall, Alfred: Principles of Economics, 8. Auflage, London 1956

Maslow, Abraham: Motivation and Personality, 1. Auflage, New York 1954

Mestmäcker, Ernst-Joachim: Das marktbeherrschende Unternehmen im Recht der Wettbewerbsbeschränkungen, in: Vorträge und Aufsätze des Walter Eucken Instituts, Heft Nr. 2, Tübingen 1959

Monopolkommission: Hauptgutachten (diverse), Baden-Baden

Müller-Hagedorn, Lothar: Handelsmarketing, 2. Auflage, Stuttgart 1993

Nationalkongress USA: 21th Congressial Record, Washington D.C. 1890

Nieschlag, Robert/Dichtl, Erwin/Hörschgen, Hans: Marketing, 16. Auflage, Berlin 1991

Palandt, Otto (Begr.): Bürgerliches Gesetzbuch, Kommentar, 56. Auflage, München 1997 (zitiert als: Palandt-Bearbeiter)

Paschke, Marian: Die räumliche Marktabgrenzung in der GWB-Fusionskontrolle nach dem Backofenmarktbeschluß des BGH vom 24. 10. 1995, in: ZHR 1996, S. 673ff.

Porter, Michael E.: Wettbewerbsstrategie, 8. Auflage, Frankfurt a. M. 1995

ders.: Wettbewerbsvorteile, 4. Auflage, Frankfurt a. M. 1996

Rittner, Fritz: Wettbewerbs- und Kartellrecht, 5. Auflage, Heidelberg 1995

Robinson, Joan: The Economics of Imperfect Competition, 2. Auflage, London 1969

Säcker, Franz Jürgen/Rebmann, Kurt (Hrsg.): Münchner Kommentar zum Bürgerlichen Gesetzbuch, 2. Auflage, München 980, Band 3, 2. Halbband (zitiert als: Münchner Kommentar - Bearbeiter)

Scherer, Frederic M./Ross, David: Industrial Market Structure and Economic Performance, 2. Auflage, Chicago 1980

Schiffman S.S./Reynolds, M.L./Young, F.W.: Introduction to Multidimensional Scaling, 1. Auflage, Orlando 1982.

Shepherd, William G.: Public Politic Toward Business, 7. Auflage, Homewood (Ill.) 1985

Schmidt, Ingo/Rittaler, Jan B.: Die Chicago School of Antitrust Analysis, Ökonomische Analyse des Wettbewerbsrechts, in: WiSt 15/1986, S. 283ff.

Smith, Adam: An Inquiry Into the Nature of the Wealth of Nations, Chicago u.a. 1952

Stackelberg, Heinrich von: Marktform und Gleichgewicht, Wien 1934

Stein, Otto: Bedarf und Bedürfnis, in: HdSW, Bd.1, Stuttgart 1956, S. 707ff.

Stern, Louis W./El-Ansary, Adel: Marketing Channels, 4. Aufalge, Englewood Cliffs (N.Y.) 1992

Thiesing, Jochen: Die Abgrenzung des relevanten Marktes in der Rechtsprechung des Europäischen Gerichtshofes zu Art. 85 und 86. EWGV, in: FIW Schriftenreihe, Heft 75, Wettbewerbsordnung im Spannungsfeld von Wirtschafts- und Rechtswissenschaft, Festschrift für Gunther Hartmann, München 1976, S. 355ff.

Triffin, Robert: Monopolistic Competition and General Equilibrium Theory, 1. Auflage, Cambridge (MA)

Trommsdorf, Volker: Konsumentenverhalten, 2. Auflage, Stuttgart 1993

Webster, Frederick E./Wind, Yoram: Organizational Buying Behavior, 1. Auflage, Englewood Cliffs (N.Y.) 1972

Weiber, Rolf/Rosendahl, Thomas: Anwendungsprobleme der Conjoint-Analyse, in: Marketing ZFP 2/1997, S. 107ff.

Weise, Jochen: Der sachlich relevante Markt für Energieversorgungsunternehmen, Dissertation, Bonn 1982.

Westwrick, Ulrich: Gesetz gegen Wettbewerbsbeschränkungen, Kommentar (Stand: 14. Ergänzungslieferung), Berlin (zitiert als: Westwrick/Loewenheim)

Witt, Frank-Jürgen: Käuferschicht-bezogene Abgrenzung des relevanten Marktes und Marktanteilsbetrachtung nach §§ 22 GWB ff. bei Handelsunternehmen, in: WRP 3/1990, S. 149ff.

Woratschek, Herbert: Die Positionierung von Handelsbetrieben: Ein Modell zur Unterstützung der Positionierungsentscheidung, in: Trommsdorf, Volker (Hrsg.), Jahrbuch der Forschungsstelle für den Handel 1996, Wiesbaden 1996, S. 3ff.

ders.: Betriebsform, Markt und Strategie, 1. Auflage, Wiesbaden 1992

Zäch, Roger: Wettbewerbsrecht der Europäischen Union, Praxis von Kommission und Gerichtshof, Zürich 1994

Zink, Christoph (Hrsg.): Psychrembel - Klinisches Wörterbuch, 255. Auflage, New York 1986

Gerhard Ring (Hrsg.)

Gewerblicher Rechtsschutz in der Praxis

Tagungsband des 1. Freiberger Seminars zur Praxis des Gewerblichen Rechtsschutzes

Frankfurt/M., Berlin, Bern, New York, Paris, Wien, 1999. XIV, 102 S.
ISBN 3-631-34258-6 · br. DM 39.–*

In einem Überblick werden die Leistungsangebote des Deutschen Patentamtes dargestellt. Die gerichtliche Durchsetzung von Schutzrechten sowie die verfahrensrechtlichen Besonderheiten in Patentstreitsachen werden erörtert. Der Bereich Intellectual Property Management, mit dem Ziel, die entsprechenden Leistungen eines Unternehmens durch das jeweils geeignete Schutzrecht abzusichern, steht im Mittelpunkt eines weiteren Beitrags.

Aus dem Inhalt: Leistungsangebote des Deutschen Patentamtes · Durchsetzung von Schutzrechten · Einführung in den Gewerblichen Rechtsschutz · Ergänzender wettbewerblicher Leistungsschutz nach § I UWG

Frankfurt/M · Berlin · Bern · New York · Paris · Wien
Auslieferung: Verlag Peter Lang AG
Jupiterstr. 15, CH-3000 Bern 15
Telefax (004131) 9402131
*inklusive Mehrwertsteuer
Preisänderungen vorbehalten

FSC
www.fsc.org
MIX
Papier | Fördert gute Waldnutzung
FSC® C083411

Kolibri 360 GmbH
Ferdinand-Jühlke-Straße 7
99095 Erfurt, Deutschland
produktsicherheit@kolibri360.de

Druck:
CPI Druckdienstleistungen GmbH
im Auftrag der
Kolibri 360 GmbH
Ferdinand-Jühlke-Str. 7
99095 Erfurt